中国乡村社会大调查 CRSS 项目系列成果
China Rural Social Survey

民族地区中国式现代化调查研究丛书 何 明 主编

# 水源保护区乡村
# 如何振兴

## 来自云南昆明市盘龙区的调研报告

柯尊清 杨曦 等 著

## How to Revitalize Villages
## in Water Source Protection Areas

A Research Report from Panlong District,
Kunming City, Yunnan Province

社会科学文献出版社
SOCIAL SCIENCES ACADEMIC PRESS (CHINA)

# 中国乡村社会大调查(CRSS)云南样本县分布图

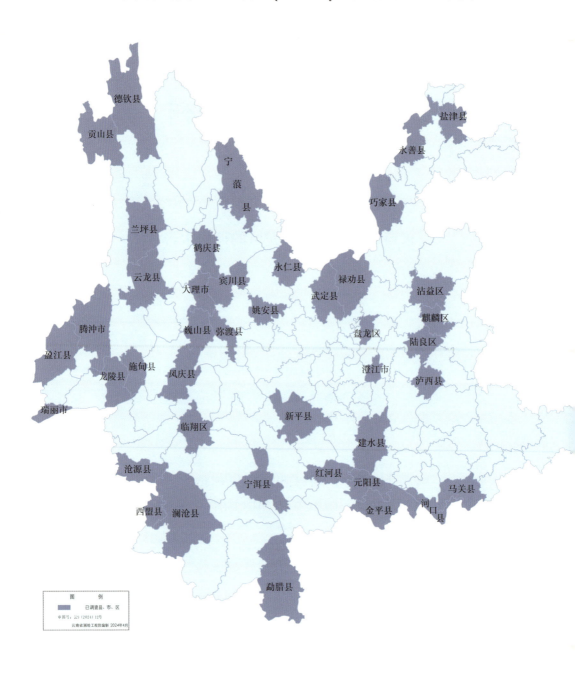

德钦县
贡山县
宁蒗县
兰坪县
鹤庆县
云龙县
永仁县
大理市
宾川县
姚安县
腾冲市
巍山县
弥渡县
盈江县
施甸县
龙陵县
凤庆县
瑞丽市
临翔区
沧源县
宁洱县
西盟县
澜沧县
勐腊县
盐津县
永善县
巧家县
禄劝县
武定县
沾益区
麒麟区
盘龙区
陆良区
澄江市
泸西县
新平县
建水县
红河县
元阳县
马关县
金平县
河口县

图　例
已调查县、市、区
审图号：云S（2024）12号
云南省测绘工程院编制 2024年4月

# 中国乡村社会大调查学术指导委员会

# 总　序

中国近代的现代化进程，如果把发轫追溯到 1840 年鸦片战争催生的国民警醒，已有一百多年的历史。从近百年中国乡村研究的学术史看，我国学界很早就清醒地认识到，中国走向现代化的最大难题是乡村发展。在这一进程中，通过社会调查来深入了解现代化背景下中国乡村发展的道路和难题，一直是中国社会学、民族学、人类学的学科使命。事实上，自 20 世纪我国著名社会学家陶孟和首倡实地社会调查以来，几代学人通过开展乡村社会调查，对中国乡村社会的发展进程进行了长时间、跨地域的动态记录与分析。这已经成为中国社会学、民族学、人类学"从实求知"、认识国情和改造社会的重要组成部分。

云南大学作为中国社会学、民族学和人类学的起源地之一，为丰富中国社会的乡村调查传统做出了持续性的贡献。80 多年前，国难当头之际，以吴文藻、费孝通为代表的一批富有学术报国情怀的青年学者，对云南乡村社会展开了实地调研，取得了丰硕的学术成果，留下了"报国情怀、社会担当、扎根田野、自由讨论、团队精神、传承创新"的"魁阁精神"。中华人民共和国成立之后，云南大学全面参与了民族识别和民族大调查的工作，推动云南各民族融入中华民族大家庭的进程，积累了大量民族志资料。21 世纪初，云南大学又组织开展了覆盖全国 55 个少数民族的"中国民族村寨调查"，真实书写了中国少数民族半个世纪的发展历程及文化变迁。

党的二十大报告强调，"全面建设社会主义现代化国家，最艰巨最繁重的任务仍然在乡村"。"仍然在乡村"的认识，一方面是指，在我国人多地少的基本国情下，振兴乡村成为一个难题由来已久；另一方面也是指，乡村振兴的问题至今还没有得到根本解决，城乡发展的差距仍然较大，农业、农村和农民发展的"三农"问题仍然是中国实现现代化的艰巨任务。所以说，在我国经济社会发展的新阶段，调查乡村、认识乡村、发展乡村、振兴乡村，仍是推进中国式现代化的重中之重。

2022 年，为了服务国家"全面推进乡村振兴"和"铸牢中华民族共同体意识"的大局，落实中央《关于在全党大兴调查研究的工作方案》的文件精神，赓续魁阁先辈学术报国之志，云南大学又启动和实施了"中国乡村社会大调查"（CRSS）这一"双一流"建设重大项目。

本次云南大学推动的"中国乡村社会大调查"项目是针对云南省乡村居民的大规模综合社会调查。该调查以县域研究为视角，通过概率抽样的方式，围绕"产业振兴、人才振兴、文化振兴、生态振兴、组织振兴"以及铸牢中华民族共同体意识等主题对云南省 42 个样本区县进行了定量和定性相结合的调查。该调查以云南大学为主体，联合中国社会科学院、北京大学、复旦大学、华东师范大学、上海大学、西南大学、贵州省社会科学院、贵州财经大学、云南师范大学、玉溪师范学院、昭通学院等 15 家高校和研究机构，组成了 875 名师生参与的 42 个调查组，深入云南省 42 个区县的 348 个行政村、696 个自然村进行问卷调查和田野访谈工作。调查团队最终行程 7 万余公里，收集了 348 份目标村居问卷和 9048 份目标个人问卷，访谈地方相关部门成员、村干部和村民累计近千次。

在实际组织过程中，本次调查采用了"以项目为驱动、以问题为导向、以专家为引领"的政学研协同方式，不仅建立了省校之间的紧密合作关系，还设立了由我和云南大学原党委书记林文勋教授担任主任的学术指导委员会。委员均为来自北京大学、清华大学、中国社会科学院等高校和研究机构的社会学家、民族学家和人类学家，直接参与了调查方案设计、专题研讨以及预调研工作，充分保障了调查支持体系的运行。中国社会学会原秘书长谢寿光，卸任社会科学文献出版社社长后，受聘为云南大学特聘教授，以其多年组织全国性社会调查的经验，作为本次调查执行领导小组的负责人，具体组织实施了调查和成果出版工作。此外，为了便利后续的跟踪调查，更好地将学校小课堂延伸到社会大课堂、更好地服务于地方发展，本次调查还创建了面向国内外的永久性调查基地，并在此基础上全面推进全域调查基地建设、全面打造师生学习共同体，这一点在以往大型社会调查中是不多见的。

本次调查在方法设计方面也有一些值得关注的特色。首先，过去的许多大型社会调查以量化问卷调查为主，但这次调查着重强调了混合方法在大型调查中的应用，特别是质性田野调查和社会工作服务如何与量化问卷调查相结合。其次，这次调查非常重视实验设计在大型调查中的应用，对抽样过程中的匹配实验、问卷工具中的调查实验和社会工作实践中的干预实验都进行了有针对性的设计，这在国内的社会调查中是一个值得关注的方向。再次，与很多以往调查不同，本次调查的专题数据库建设与调查同步进行，从而能够及时地存储和整合调查中收集到的各种数据，包括但不限于问卷调查数据、田野访谈录音、官方数据、政策文件、实践案例、地理信息、照片、视频、村志等多种文本和非文本数据，提高了数据的共享程度、丰富程度和可视化程度。最后，本次调查在专题数据库建设过程中，开创性地引入了以 ChatGPT 为代表的人工智能技术，并开发研制了"数据分析与文本生成系统"（DATGS），在智能混合分析和智能文本生成方面进行了深入探索，这无疑有助于充分挖掘数据潜力。

本次调查的成果定名为"民族地区中国式现代化调查研究丛书"，这一定名全面地体现了本次调查的特色与价值，也体现了云南大学百年来在乡村社会调查中的优良传统，标志着云南大学乡村社会调查传统的赓续进入一个新的阶段。丛书约有 50 种，包括调查总报告、若干专题研究报告以及 42 部县域视角下的针对所调查区县的专门研究。作为一项庞大而系统的学术探索，本丛书聚焦于民族地区乡村社会的多个层面，翔实而深入地记录和分析了当代中国民族地区在迈向现代化的进程中所经历的变迁和挑战，描述和揭示了这一进程的真实面貌和内在逻辑，同时也为相关战略、政策的制定和实施提供了科学依据和理论支持。

本丛书研究成果的陆续推出，将有助于我们更加全面而深入地理解我国民族地区乡村社会转型和发展的多样性和复杂性，为民族学和社会学的发展注入新活力、新思想。期待本丛书成为推动中国社会学和民族学发展一个重要里程碑。

李培林

2023 年 10 月 31 日于北京

# 序

　　实施乡村振兴战略，是党中央做出的重大决策部署，是全面建设社会主义现代化国家的重大历史任务，是新时代"三农"工作的总抓手。乡村振兴事关亿万农民对美好生活向往的实现。党的十九大提出"实施乡村振兴战略"，党的二十大强调"全面推进乡村振兴"。2022 年和 2023 年中央一号文件聚焦"全面推进乡村振兴重点工作"。在我国全面推进乡村振兴的过程中，不同地区因自然环境、资源禀赋、区位条件、区域经济等方面的差异，在落实乡村振兴战略中形成了不同的类型和模式。

　　昆明市盘龙区是云南省省会城市的主城区之一，其涉农的四个街道背靠省会城市核心区，距离市场较近，具备都市驱动发展的优势条件。同时，该地区内有昆明市城市饮用水源保护区，总面积的 72% 为松华坝水源保护区（629.8 平方千米）。① 自 2016 年以来，盘龙区辖区内的松华坝水库日均供水量为 45 万立方米，占昆明城区日供水量的 50% 以上，是昆明主城防洪和饮用水源的主要工程，松华坝水库水质安全直接关系到昆明的城市安全和社会稳定。盘龙区绝大部分农村区域属于水源保护区，这决定了盘龙区的乡村振兴必须以严守环境安全为底线，树立生态优先的绿色发展理念，探索一条满足水源保护需求的乡村振兴之路。

　　盘龙区的乡村振兴实质上就是城市饮用水源区的乡村振兴，水源区生态保护是底线也是红线。在巩固拓展脱贫攻坚成果和续写乡村振兴新篇章的实践中②，盘龙区以"较好"完成脱贫攻坚任务为基本起点，全面推进乡

---

① 昆明市盘龙区农业农村局：《盘龙区农业农村局 2022 年工作总结及 2023 年计划》，2022 年 11 月 8 日。

② 2016 年，盘龙区全区 2 个省级建档立卡贫困村出列；2017 年，867 户贫困户、3228 名贫困人口全部实现脱贫，并在昆明市对县（区）党委政府和市级行业部门扶贫开发工作成效考核中获得"较好"等次；从 2018 年起，盘龙区脱贫攻坚工作正式转入巩固提升阶段。

村"五大振兴"。结合盘龙区城市饮用水源保护区的地方实际及其区域优势，盘龙区乡村振兴在城市饮用水源区保护、产业生态化、城乡融合等现有的制度空间、资源禀赋、条件约束下，精准施策、创新载体、合作共治，探索出一条水源区乡村振兴的新路径。在注重水源保护的同时，以生态发展、绿色发展为理念，对水源保护区进行适度的生态化、绿色化开发，协调资源利用与保护之间、经济社会发展与环境之间的矛盾，努力实现生态、经济、社会三大效益的协调统一。

在"全党大兴调查研究之风"的背景下，为响应党和国家的乡村振兴战略，云南大学在推进"双一流"建设的过程中，秉持20世纪三四十年代"魁阁"学术共同体的学术传统，于2021年底开始筹划设计"中国乡村社会大调查"项目（简称"乡村社会大调查"）；2022年，经过多次专家论证和修改，完成最终调查方案；2023年初正式启动乡村社会大调查，联合15所高校和科研院所，奔赴云南省42个县（区）进行深入调查研究。盘龙区是乡村社会大调查42个县（区）样本之一。

作为"中国乡村社会大调查"项目领导小组的执行组长，我亲历了"中国乡村社会大调查"从动议到调查方案设计、从调查执行到成果输出的全过程，也亲历了乡村社会大调查数据库平台的构思和建设过程。在乡村社会大调查如火如荼推进过程中，2022年12月，美国人工智能研究实验室OpenAI新推出一种人工智能技术驱动的自然语言处理工具"ChatGPT"。作为长期关注社会学知识生产的学者，我留意到ChatGPT将为社会学研究带来一次巨大的变革，并开始不断思考AI大语言模型能否在本次乡村社会大调查中大显身手。在云南大学的支持下，"中国乡村社会大调查"领导小组与法雨科技（北京）有限责任公司合作，推动运用生成式人工智能大模型技术，以乡村社会大调查的数据为基础，建立乡村振兴领域的专项人工智能数据分析和文本生成系统"DATGS"，力图更有专业性、更具创造性地开展调查研究工作。目前，尚处于研发阶段的"DATGS"数据库，最早的开发蓝本就是盘龙区的调查数据和调查报告。由于我以云南大学特聘教授身份担任"中国乡村社会大调查"项目领导小组执行组长，对社会学知识生产中文本生成大语言模型的"情有独钟"，以及同盘龙区乡村社会大调查负责人柯尊清博士、杨曦博士及其调研团队的机缘，我也自然成为盘龙区乡村社会大调查的首席指导。在"DATGS"专项模型构思，本书提纲拟定、文稿撰写、统稿过程中，以及与这一群年轻人的学术交流中，集思广益，科技辅助，历时数月，几易其稿，最终成篇。本书尽管存在一些不完善的地方，但是对盘龙区推进乡村振兴之路以及水源保护区乡村振兴的模式与道路的思考还是达到了一定的深度，同时，作为"DATGS"专项模型的"打样板"，在对社会学知识生产中文本生成大语言模型的探索中也是"第一个吃螃蟹的人"。希望这群青年学人以本次乡村社会大调查、"DATGS"专项模型研创为契机，学涯共进，研路同行致远。

云南大学特聘教授
中国出版协会副理事长
2023 年 9 月 26 日

# 目　录

# 绪论　盘龙区乡村社会大调查总报告

　　党的十八大以来，为了实现两个百年的奋斗目标，党和国家将扶贫事业作为重要任务。2021 年，中国共产党成立 100 周年之际，习近平总书记庄严宣告："我国脱贫攻坚战取得了全面胜利，现行标准下 9899 万农村贫困人口全部脱贫，832 个贫困县全部摘帽，12.8 万个贫困村全部出列，区域性整体贫困得到解决，完成了消除绝对贫困的艰巨任务。"① 党的十九大报告提出"实施乡村振兴战略"，并将其列为决胜全面建成小康社会的七大战略之一。党的二十大提出中国式现代化的宏伟命题，以全面推进中华民族伟大复兴。农业和农村的现代化，是中国式现代化的核心组成部分，乡村振兴战略关系到社会主义现代化的全面实现。

　　盘龙区是云南大学"中国乡村社会大调查"（CRSS）42 个调查样本县（区）中唯一一个省会城市的主城区，与大城市的关联最为密切。在调查的样本县（区）中，城市化率最高，达到 93.8%，在中心城市的辐射下，乡村振兴呈现独特的路径与特征，也带给我们不同的思考与启示。其中最典型的问题是，在中国式现代化的过程中，是将农民搬迁出农村，还是保留大部分乡村，力图使乡村的生活水平与城市看齐？对这个问题的回答是区别于西方国家现代化发展的重要指标，将是盘龙区乡村社会大调查的主要关切命题。

## 一　盘龙区调查的背景

### （一）水源区保护：盘龙区乡村振兴的底线与特色

　　盘龙区是云南省省会昆明市的主城区之一，下辖 12 个街道中有 4 个涉

---

① 《习近平庄严宣告：我国脱贫攻坚战取得了全面胜利》，https://www.gov.cn/xinwen/2021-02/25/content_5588768.htm? jump=true，最后访问日期：2024 年 1 月 20 日。

农街道，涉农街道和昆明市中心的东风广场最远距离为52.3公里、最近距离为22.6公里，驾车时间在1.5个小时以内。昆明市的城市饮用水源——松华坝水库——位于盘龙区，盘龙区水源保护区面积占辖区总面积的72%①。基于盘龙区2018～2022年三次产业的增加值、同比增速以及占地区生产总值比例（见表0-1）可以看出，第一产业产值在盘龙区地区生产总值中占比较小、同比增速明显低于第二、第三产业，且主要由占盘龙区总面积72%的城市饮用水源保护区所承载。综上，我们可以形成对盘龙区巩固拓展脱贫攻坚成果与乡村振兴有效衔接以及全面推进乡村振兴的基本认识。

第一，盘龙区的乡村振兴就是城市饮用水源保护区的乡村振兴，水源保护区乡村振兴在考虑非水源保护区的要素保障和条件支持的同时，还需要将乡村振兴战略实施置于现有的水源保护政策框架内予以考量。

第二，需要跳出乡村社会来审视和评价盘龙区乡村振兴，尤其是生态振兴和产业振兴的效应。评价盘龙区乡村振兴不能以经济指标尤其是第一产业产值和地区生产总值占比来衡量；生态效益及其生态指标是盘龙区乡村振兴的底色和底线，也是特色和亮点，绿色、有机、生态是盘龙区乡村振兴的基本盘，水源区产业生态化的成功实践蕴含着乡村产业振兴与生态振兴协调发展的要义。

第三，盘龙区乡村地区距离省会城市中心较近的现实，一方面凸显了盘龙区乡村振兴中城乡融合、都市驱动的区位优势，另一方面水源保护区政策的执行也对这一优势的发挥产生了限制。因此，对盘龙区巩固拓展脱贫攻坚与乡村振兴进行全面深入调查研究，体现了对乡村振兴战略实施的水源保护区区域实践和都市驱动发展的关注。

### （二）"较好"完成脱贫攻坚任务：盘龙区乡村振兴的基本起点

以"较好"完成脱贫攻坚任务为基本起点，盘龙区全面推进乡村"五大振兴"。2016年，盘龙区全区2个省级建档立卡贫困村出列；2017年，

---

① 昆明市盘龙区农业农村局：《盘龙区农业农村局2022年工作总结及2023年计划》，2022年11月8日。

表0-1 盘龙区2018~2022年三次产业基本信息统计

单位：亿元，%

| 三次产业 | 2018年 | | | 2019年 | | | 2020年 | | | 2021年 | | | 2022年 | | |
|---|---|---|---|---|---|---|---|---|---|---|---|---|---|---|---|
| | 增加值 | 同比增速 | 占地区生产总值比例 | 增加值 | 同比增速 | 占地区生产总值比例 | 增加值 | 同比增速 | 占地区生产总值比例 | 增加值 | 同比增速 | 占地区生产总值比例 | 增加值 | 同比增速 | 占地区生产总值比例 |
| 第一产业 | 5.1 | 1.50 | 0.72 | 5.69 | 1.50 | 0.6 | 5.95 | 2.20 | 0.64 | 6.29 | 1.20 | 0.62 | 5.96 | -5.26 | 0.56 |
| 第二产业 | 212.7 | 24.30 | 30.14 | 206.83 | 1.30 | 23.3 | 188.74 | -6.00 | 20.34 | 225.91 | 9.40 | 22.15 | 238.89 | 5.75 | 22.33 |
| 第三产业 | 487.86 | 5.10 | 69.14 | 676.73 | 5.00 | 76.1 | 733.47 | 5.50 | 79.02 | 787.83 | 6.40 | 77.23 | 824.86 | 4.70 | 77.11 |
| 合计 | 705.66 | 11 | 100 | 889.25 | 4.00 | 100 | 928.16 | 2.60 | 100 | 1020.03 | 7.00 | 100 | 1069.71 | 4.87 | 100 |

资料来源：根据2017~2021年昆明市盘龙区统计年鉴，以及盘龙区统计局提供的2022年的相关数据整理而来。

867 户贫困户、3228 名贫困人口全部实现脱贫，并在昆明市对县（区）党委政府和市级行业部门扶贫开发工作成效考核中获得"较好"等次；从 2018 年起，盘龙区脱贫攻坚工作正式转入巩固提升阶段。① 2019 年，围绕"两不愁三保障"标准，盘龙区投入扶贫资金 2153.65 万元（其中中央省市专项扶贫资金 1257.65 万元），其中 8 个产业扶贫项目 850 万元，阿子营街道岩峰哨人畜饮水及灌溉工程 490.65 万元，阿子营马军过水洞人饮灌溉工程建设项目 310 万元，大哨水质提升项目 503 万元；投入区级资金 1000 万元建设 5 个乡村振兴示范村；拨付补助资金 138900 元，用于低保特困人员参加城乡居民基本养老保险。② 2020 年以来，盘龙区落实"四个不摘"要求，将"两不愁三保障"及饮水安全作为巩固拓展脱贫攻坚成果必须守住的底线，大力发展乡村特色产业，不断补齐农村民生短板，优化提升农村人居环境，持续促进农村居民、脱贫人口增收，实现巩固拓展脱贫攻坚成果同乡村振兴有效衔接。2020 年，全区 835 户脱贫户 3328 人"两不愁三保障"全面达标。③ 2020 年上半年，全区农村常住居民人均可支配收入达 13425 元，同比增长 5.9%。④ 2021 年，建成有机示范种植基地 3 个，认证绿色有机农产品 24 类，产品 144 个，认证面积 3514 亩，云南锦苑花卉产业股份有限公司"锦苑月季鲜切花"、云南芸岭鲜生农业发展有限公司（以下简称"芸岭鲜生"）"芸岭鲜生牌有机甜脆玉米"获 2019 年"十大名品"称号。截至 2022 年，松华坝水源区已入驻有机种植企业 6 家，获有机认证证书 11 本、涉及品种 116 个，种植面积 5000 余亩。⑤ 通过推进"两不愁三

---

① 《真招＋实干！昆明 6 个县区亮出脱贫攻坚成绩单》，https：//www.km.gov.cn/c/2020 - 08 - 11/3627556.shtml，最后访问日期：2024 年 3 月 13 日。

② 昆明市盘龙区扶贫开发领导小组办公室：《盘龙区 2019 年脱贫攻坚工作总结》，2019 年 12 月 30 日。

③ 昆明市盘龙区巩固脱贫攻坚推进乡村振兴领导小组办公室：《盘龙区 2022 年巩固拓展脱贫攻坚成果工作总结》，2022 年 12 月 28 日。

④ 昆明市盘龙区扶贫开发领导小组办公室：《盘龙区扶贫办"十三五"及 2020 年脱贫攻坚工作总结暨"十四五"工作谋划及 2021 年工作安排》，2020 年 10 月 28 日。

⑤ 昆明市盘龙区农业农村局：《盘龙区农业农村局 2022 年工作总结及 2023 年计划》，2022 年 11 月 8 日。

保障"与公共服务提升衔接、推进产业扶贫与产业振兴衔接、推进扶志扶智与人才振兴衔接、推进生态扶贫与生态振兴衔接、推进素质提升与文化振兴衔接、推进阵地建设与组织振兴衔接,[1] 盘龙区积极推进巩固拓展脱贫攻坚成果与乡村振兴有效衔接,有效推进乡村"五大振兴"。

### (三)农村居民人均可支配收入持续增长面临一定压力

2018～2022年,盘龙区农村居民人均可支配收入明显高于云南省以及全国水平,其中2022年达到26760元,比云南省(15147元)高11613元,比全国(20133元)高6627元(见图0-1)。盘龙区居民人均可支配收入的城乡差距较云南省和全国低。从城乡居民人均可支配收入比重看,盘龙区农村居民人均可支配收入占城市居民人均可支配收入的比重均高于云南省和全国水平,其中2018～2022年五年占比的平均值,盘龙区为46.22%,比云南省(33.97%)高12.25个百分点,比全国(38.98%)高7.24个百分点(见图0-2)。从持续增长的维度看,盘龙区2018～2022年农村居民人均可支配收入增速总体上呈现增长态势,但是2020年和2022年增速出现下降;五年的平均增长速度(11.32%)低于云南省(12.05%),略高于全国水平(11.26%)(见图0-3)。

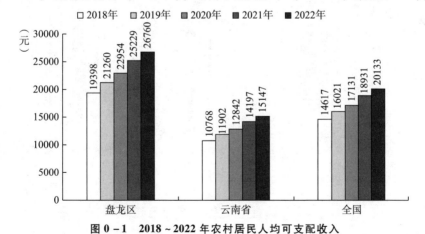

**图0-1　2018～2022年农村居民人均可支配收入**

资料来源:根据2018～2021年全国、云南省、昆明市盘龙区国民经济和社会发展统计公报整理而成。

---

[1] 盘龙区乡村振兴局:《盘龙区乡村振兴2021年工作总结暨2022年工作打算》,2021年。

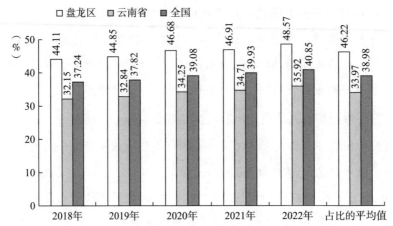

**图 0 - 2  2018～2022 年农村居民人均可支配收入占**
**城市居民人均可支配收入的比重**

资料来源：根据 2018～2021 年全国、云南省、昆明市盘龙区国民经济和社会发展统计公报整理而成。

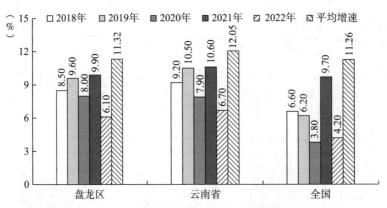

**图 0 - 3  2018～2022 年农村居民人均可支配收入增速**

资料来源：根据 2018～2021 年全国、云南省、昆明市盘龙区国民经济和社会发展统计公报整理而成。

## 二  调查的任务、方法与过程

### （一）调查任务

本书力图通过全面深入了解盘龙区巩固拓展脱贫攻坚成果同乡村振兴有效衔接的实践，呈现盘龙区乡村振兴的成就、经验和创新实践成果，识别发展面临的问题与挑战，发现乡村社会的机会与潜力，为盘龙区乡村振兴进行现实检视和学术反思，形成对水源保护区推进乡村振兴的理论思考。为此，课题组需要完成三项研究任务。

第一，面向社会现实，开展严谨、扎实的实证研究工作。按照"中国乡村社会大调查"总课题组统筹安排，完成156份家户问卷、样本行政村6份村居问卷。对盘龙区乡村振兴的相关部门领导、科室主要负责人，盘龙区农村地区（4个涉农街道）街道、村委会（居委会）、自然村、重要企业和社会组织负责人开展座谈、焦点小组、深度访谈等，力图形成对盘龙区乡村振兴多视角的认知和理解。

第二，围绕乡村社会"五大振兴"，对盘龙区典型案例进行总结和提炼，形成可推广、可复制的经验。

第三，全面整合关于盘龙区乡村振兴的多源信息和数据，结合社会学、公共管理学等多学科理论，对盘龙区乡村振兴进行学术化的描述与检视，形成全面深入的认识和解释。

### （二）问卷调查概况

按照云南大学"中国乡村社会大调查"课题组确定的分层PPS抽样（Stratified Probability Proportionate to Size Sampling），在盘龙区乡村社会大调查问卷调查部分，需要抽取6个行政村。在行政村抽样上，根据2020年云南省统计用区划代码和城乡划分代码确定乡村的所有村（居）委会的抽样框，根据从云南省统计局获得的"七普"统计资料，依照各村（居）委会常住人口总数等统计信息，以系统PPS抽样的方法抽取6个行政村样本，即双龙街道麦冲社区、松华街道团结社区、滇源街道中所村、滇源街道甸尾村、阿子营街道铁冲村、阿子营街道马军村。自然村抽样，按照6个行政村下的自然村名单确定抽样框，按照定量和定性相结合的抽样设计原则，每个行政村抽取2个自然村，课题组根据自然村典型性确定1个意向自然村，在随机抽样方案中确定12个自然村样本，即双龙街道麦冲社区九龙湾、麦冲自然村，松华街道团结社区雷打石、磨刀箐自然村，滇源街道中所村皮家营、庄科自然村，滇源街道甸尾村村北小组、村南小组自然村，阿子营街道铁冲村火烧营、牧羊口自然村,阿子营街道马军村猫猫箐、响坑自然村。家族户抽样阶段,将当地村(居)委会提供的每个自然村的人口信息花名册作为样本框,按照每个自然村的户数 $N$ 和目标家庭户样本量 $n$,计算出等距抽样的距离 $D = N/n$,并四舍五入取整,采用系统抽样(systematic sampling)的方法确定家族户抽样样本 156 个,在入户调查的前一周,在家庭户居住的家庭成员的 18~69 岁人口中随机抽取问卷调查对象。确定好抽样样本后,课题组于 2023 年 1 月 28 日~2023 年 2 月 15 日组织调研员进行入户问卷调查,最终完成入户问卷 161 份①。

### (三)实地调查访谈概况

以乡村社会产业、人才、文化、生态、组织"五大振兴"为框架,课题组于 2023 年 1 月 31 日至 8 月 27 日,通过半结构方式,先后在问卷调查的 6 个行政村村委会(社区居委会)②、4 个涉农街道③办事处、9 个区级党委政府部门进行焦点小组访谈,以及对芸岭鲜生等相关企业管理人员、滇源街道基层综合文化服务中心负责人以及村民进行深度访谈(见表 0-2)。

表 0-2    焦点小组和深度访谈法实施基本情况

| 调研时间 | 调研单位 | 访谈人员 |
|---|---|---|
| 1 月 31 日至 2 月 10 日 | 双龙街道麦冲社区居委会<br>松华街道团结社区居委会<br>滇源街道中所村委会<br>滇源街道甸尾村委会<br>阿子营街道铁冲村委会<br>阿子营街道马军村委会 | "三委"负责同志、种植养殖大户负责人 |
| 2 月 2 日至 4 月 26 日 | 芸岭鲜生铁冲基地、中所基地 | 副厂长、片区经理等 |

---

① 为了确保课题组集中完成 156 份有效的家族户问卷,按照抽样方法补充了家族户样本,所以实际完成的家族户问卷超过 156 份。

② 6 个样本村(社区),即双龙街道麦冲社区、松华街道团结社区、滇源街道中所村、滇源街道甸尾村、阿子营街道铁冲村、阿子营街道马军村。

③ 盘龙区 4 个涉农街道分别为双龙街道、松华街道、滇源街道、阿子营街道。

续表

| 调研时间 | 调研单位 | 访谈人员 |
|---|---|---|
| 2月9日 | 云南海升农业科技有限公司 | 阿子营街道铁冲种植基地负责人 |
| 3月15日 | 双龙街道办事处<br>双龙街道办事处麦地塘社区居委会<br>云南快达航空物流有限公司 | 双龙街道乡村振兴相关工作分管领导、业务科室负责人<br>双龙街道办事处麦地塘社区党委书记<br>云南快达航空物流有限公司总经理、副总经理 |
| 4月7日 | 松华坝水库水源区保护管理局 | 局长、科长 |
| 4月24~28日 | 区农业农村局（乡村振兴局）、区志办、区统计局、区文化和旅游局、滇源街道办事处、市生态环境局盘龙分局、区发改局、区委组织部、区民政局 | 乡村振兴相关工作分管领导、业务科室负责人 |
| 6月3日 | 滇源街道办事处 | 滇源街道党工委书记 |
| 6月12日 | 阿子营街道办事处 | 经济办主任，社会建设办主任，村委会（社区居委会）书记、主任 |
| 8月27日 | 滇源街道基层综合文化服务中心 | 负责人 |

资料来源：根据课题组调研情况整理。

在开展问卷调查和访谈的同时，课题组还对盘龙区涉农的4个街道办事处、6个样本村委会（社区居委会）辖区内与乡村社会"五大振兴"相关的项目和单位进行了实地考察，包括乡村振兴重点项目，集镇，集体经济组织，基层综合性文化服务中心和服务点，乡村文旅产业，物流、农业种植、文化创意等企业，有机蔬菜种植基地，等等。

## 三　盘龙区乡村社会的"五大振兴"

### （一）生态振兴：盘龙区乡村振兴的底色

盘龙区充分发挥生态优势，坚持生态优先、绿色发展理念，努力探索符合水源保护区实际的乡村振兴道路。

1. 土地综合整治

盘龙区土地综合整治以高标准农田建设为重点，关注资源高效利用和生态保护修复，积极探索水源保护区内水源保护和居民生存发展协调共存的路径，开展全域土地综合整治，整治方式日趋多元化。盘龙区"融发展于保护"，积极推进农用地整理，重点围绕高标准农田建设、耕地质量提升等展开工作。盘龙区通过加强土地规划管控和用途管制，强化耕地利用总体规划的整体管控。在农用地整理方面，盘龙区制定和实施了《盘龙区委、盘龙区人民政府关于加强耕地保护和改进占补平衡的实施意见》和《盘龙区耕地保护责任目标考核办法（暂行)》，从制度上保证耕地保护和永久基本农田工作落到实处；在高标准农田建设方面，盘龙区调配灌溉用水，推进耕地轮作休耕，提升农业综合生产能力。

2. 乡村生态保护与修复实现生态空间发展

在乡村生态保护与修复过程中，盘龙区首先关注湿地和湿地公园的建设和管理，推进乡村湿地保护示范区建设，完善湿地保护体系。实施营造林工程，通过退耕还林、"农改林"实现乡村生态保护与修复。自2006年以来，盘龙区在松华坝水源保护区范围内的冷水河、牧羊河及其支流沿岸共收租耕地4.7万亩实施"农改林"，分别在一级水源保护区建成永久性生态林带，在二级水源保护区建成永久性生态林（湿地）和苗木（经济林果）基地；探索"上截、中疏、下排"模式，构建"三横三纵一面"治水体系，依托面山防洪滞蓄工程，开展河道水系整治。这些是实现乡村生态保护与修复的重要举措，有助于实现生态空间发展。

3. 农村人居环境的改善

改善农村人居环境、建设生态宜居美丽乡村是提升农村居民生态福祉的重要抓手，更是实施乡村振兴战略的一项重要任务。自2018年农村人居环境整治三年行动实施以来，盘龙区农村长期以来存在的脏乱差局面得到显著改善。2016年，盘龙区政府打破社会资本进入环保等公共服务领域的阻隔，建立了农村垃圾处理的市场化体制；在"城乡环卫一体化"模式的指引下，开展生活垃圾分类试点示范，逐步建立和完善符合农村实际、方式多样的垃圾收运处置体系。盘龙区政府制定了《昆明市盘龙区2020年农村无害化卫生户厕建设实施方案》，按照群众接受、经济适用、维护方便、不污染公众水体的要求，因地制宜，合理确定农村户用无害化卫生厕所改造模式；以集中式饮用水水源地为重点，规范化治理农村生活污水；分类开展村庄污水治理提升工作，对全区自然村的农村生活污水进行改造和治理，加强对双玉污水处理厂、双龙污水处理厂的管理，以确保集中式污水处理厂的正常运行。

**（二）产业振兴：水源保护区倒逼乡村产业生态化**

总体上看，盘龙区乡村产业规模化的有机生态产业是主体和重要发展趋势，家庭经营的种植业是辅助，局部（双龙街道）的乡村旅游业是补充。为此，盘龙区探索出了一条水源保护区倒逼乡村产业生态化的乡村产业振兴之路。在盘龙区推进水源保护区建设的背景下，盘龙区第一产业占三次产业的比重由 2018 年的 0.72% 下降到 2022 年的 0.56%，2018～2022 年农业（种植业）总产值占农林牧渔业总产值的比重高达 78%，[①] 这就决定了盘龙区乡村产业振兴的实质就是水源保护区的绿色生态产业的振兴，其主体便是绿色有机种植业。

1. 乡村产业"三化"之路

在盘龙区生态环境好、市场距离近、产业环境优的背景下，通过产业发展规划、农村基础设施建设以及土地整治方面相关农业公共服务体系建设工作，盘龙区乡村产业发展走出了一条产业生态化、产业品牌化、产业惠民化之路。

第一，产业生态化是底色。聚焦农产品的特性、品质、文化背景以及市场竞争力，对于促进农业特色产业的发展和可持续性发挥着重要作用，同时也有助于提升农产品的附加值、改善农民生计、保护生态环境以及传承生态文化。在水源区保护的政策空间中，盘龙区在水源区一级保护区"禁耕禁养"，实施"农改林"生态建设项目，在二级、三级保护区进行适度开发，从可进行规模化种植的土地看，盘龙区可供使用的土地资源相对较少，因此，盘龙区的种植业不可能再走粗放型的模式，绿色种植、有机生产的品牌化模式才能够可持续发展。

---

① 2018～2022 年《昆明市盘龙区统计年鉴》。

第二，产业品牌化是特色。农业产业品牌化旨在赋予农产品特定的标识，以突出其特点、品质以及地域性。产业品牌化强调农产品的特色、文化渊源、生产方式和品质，从而使其在市场中脱颖而出。盘龙区将水源区主导产业定位为都市绿色高效品牌农业，旨在"绿色"转变生产方式、"高效"提高科技含量、"品牌"提升价值附加，其自带绿色生态内涵，对于产品有着天然的价值附加，这与新时代绿色生态消费理念不谋而合，使水源保护区与主城区城市之间形成绿色生态型市场供需端链条，有利于促进水源保护区乡村发展。

第三，产业惠民化是本色。盘龙区乡村产业发展中的利益联结机制凸显产业惠民本色。通过建立农民专业合作社绑定农户、龙头企业绑定农民专业合作社的"双绑"机制，各类新型经营主体与农户之间建立了完善的利益联结机制，农民能分享更多的产业增值收益。依托产业振兴，2022年全区58个村（社区）实现村级集体经济收入10万元以上。[①] 2018年，农村常住居民人均可支配收入为19398元，同比增长8.5%，增长率比城镇常住居民高出0.4个百分点。2022年，全区脱贫人口人均纯收入为12729.03元，同比增长16.88%。[②]

**2. 乡村产业发展的共建、共治与共享**

政府通过绿色有机产业的规划者、倡导者、监督者、服务者等多重角色的"在场"及其行动构建起了产业生态化的政策空间，而下乡资本、政府、村庄、村民通过建立共识、形成互利、生成互信、达成共享形成了产业发展的微观基础。

第一，党组织、党员、各区域之间的多元主体联动，聚集了产业发展合力。盘龙区突出党建引领，深入开展"两新联乡村·百企助振兴"行动，以"企业联村、党员联户、区域联产"为抓手，依托"电商赋能产业兴""红色义诊进乡村""爱心助你上大学"等特色活动载体，搭建村企合作连心桥，将"党建链"嵌入"产业链"，逐步"链"出乡村振兴、企业发展

---

① 盘龙区人民政府2023年《政府工作报告》。
② 盘龙区人民政府2023年《政府工作报告》。

的共"富"格局。①

第二，政府的多重角色的"在场"，拓展了产业生态化的政策空间。政府在盘龙区乡村产业发展中，通过绿色有机产业的规划者、倡导者、监督者、服务者等多重角色的"在场"构建起了盘龙区产业生态化的政策空间。

第三，下乡企业与村民、村委会、中介机构、品牌卖场的良性互动，构建了产业发展的微观基础。在乡村借助区资本下乡将资源转化的过程中，对于构建行动者网络的主体和要素进行识别后，我们可以发现：从生产要素看，其包括土地、劳动力、水源、资本、技术、农业基础设施、基本公共服务供给等；从行动主体看，有基层政府、村委会与合作社、村民、区农投公司、芸岭鲜生、盒马（中国）有限公司。在芸岭鲜生及其承接的"有机盒马村"成功落户并有效运营过程中，从行动者网络理论看，资本下乡成功推动乡村产业振兴的关键在于建立并扩大基于互利共赢的行动者网络体系。

### （三）文化建设：乡村文化振兴探索

盘龙区具有丰富的传统文化，在乡村振兴背景下，可以结合城市与乡村融合、生态保护和传统文化资源开展丰富的文化振兴实践。盘龙区以乡村文化事业发展为主线，通过逐步完善制度建设和基础设施建设，通过公共文化服务供给创新，以多样化乡村文化活动为基础，逐渐探索形成"公共文化＋"乡村文化振兴实践模式，将公共文化服务与节庆、教育、乡土人才、治理等内容相结合，提升公共服务供给质量，支持乡村文化服务队伍建设、优化乡村治理结构。

#### 1. 以节庆为依托

节庆是群众文化的重要组成部分，不同民族在历史长河中形成了不同的节庆活动。盘龙区有 21 个民族生活在一起，促进了民族之间的交往交流交融，也形成了多样化的节庆活动。目前，盘龙区乡村文化振兴实践也是

---

① 《云南昆明市盘龙区 两新联乡村 共"富"向未来》，《中国组织人事报》2023 年 5 月 17 日；《两新联村建"新"景》，http://zswldj. 1237125. cn/html/km/slxdgw/2023/5/15/fa0265f 2 - 8104 - 4492 - 8781 - 8172cafddb58. html，最后访问日期：2023 年 10 月 20 日。

依托多样化传统节庆活动，组织和支持传统文化活动，引导群众保护和发展自身文化，有效开展保护乡村文化、支持乡村文化、发展乡村文化工作。

2. 服务和教育相融合

加强乡村公共文化服务与乡村教育之间的联结，将公共文化活动带进校园，进行文化服务宣传和教育，开展"小手拉大手"活动，通过儿童文化教育带动儿童家长的宣传和动员工作，有助于推进文化工作。

3. 以乡村为主体

乡村文化振兴需要发挥农民主体性，不仅要有自上而下的文化建设，而且需要培育和发展乡土文化队伍和人才。近年来，盘龙区各乡村在自上而下政策的支持下，加强乡村本土草根文化队伍建设，加强与乡村文化骨干和新乡贤之间的联系，培育和支持文化骨干，提升了群众参与性和自我长期服务意识。

4. 促进治理优化

基层治理是国家治理的根基，公共文化活动能有效促进乡村社会治理。在盘龙区，随着公共文化活动的多元化开展，不仅实现了群众的广泛参与，提升了群众对社区的认同感，而且间接推动了群众志愿服务的开展。

**（四）人才振兴：引才与育才并举的人才兴乡之路**

盘龙区乡村人才振兴聚焦新型职业农民、农村科技人才、乡村卫生人才和乡村教育人才等几大关键人才群体，以"干部回乡规划乡村振兴运动"、"万名人才兴万村"行动、新农人培育为人才振兴项目抓手，采取引才与育才两大策略，为农村产业的振兴注入了新的活力。

1. 新型职业农民

在农业现代化和农村经济结构调整的背景下，新型职业农民逐渐成为农业生产和经营的新典范。盘龙区通过涉农街道农林水与应急处置服务中心进行了高素质农民的摸底调查，确定了培育对象，包括种植农户、专业合作社带头人、农业农资经营人和技术骨干等。盘龙区还健全了新型职业农民培训机制，完善了农民培训的顶层设计。盘龙区成立了高素质农民培育领导小组，将高素质农民培育纳入了区级的人才发展规划，并设定了明确的培育目标。同时，该区还健全了人才考核机制、资金保障机制、抽查机制和绩效评价机制，确保了培训项目的顺利进行和质量。

2. 农村科技人才

农村科技人才所掌握的先进农业技术和知识成为提高农业生产效率、降低成本并确保产品质量的核心因素。随着农业现代化的深入推进，他们有能力引导农业向规模化、集约化和机械化发展。在环境保护成为全球关注焦点的背景下，他们所倡导的生态农业和有机农业理念对于构建绿色、可持续农业来说尤为关键。在经济结构调整的大潮中，他们引领农村向服务业、休闲农业和乡村旅游业等新兴产业转型。通过培训和教育，他们能够将先进的知识和技能传播给广大农民，从而提高整体的农业生产和管理水平。

3. 乡村卫生人才

专业且熟练的卫生人才能够提供更高质量的医疗服务，从而减轻农村地区的疾病负担，提高居民的生活质量。根据 2017～2021 年的《昆明市盘龙区统计年鉴》，该区拥有 711 个卫生机构，能提供 7809 张实有床位，并雇用了 12626 名卫生技术人员。尽管盘龙区在医疗卫生方面有着一定的基础设施和人才储备，但在基层医疗服务的普及和人才分布方面，仍存在一定的不足。

4. 乡村教育人才

盘龙区全面实施了乡村教师和乡村医生的生活补助工作，以及"区管校聘"和"乡管村用"的管理改革，这不仅提高了这两类基础人才的待遇，而且优化了他们的管理体制。通过与高校和科研院所的合作，盘龙区建立了一套完善的"产学研用"一体化协同机制。该区从"土专家"、"田秀才"和"乡创客"中招募了一批特聘农技员，形成了一支能够满足产业需求、解决生产技术难题和促进农民发展致富的团队。

（五）组织振兴：以党建为纲推进"三治结合"

盘龙区以党建引领，夯实农村基层党组织，以农民为主体，以农业为中心，以农村为平台，构建起乡村基层党组织、基层政权组织、自治组织、社会组织、经济组织的乡村治理组织体系，为乡村振兴提供"治理有效"的组织依托。

1. 党建引领

盘龙区的基层党建工作为乡村振兴提供了一个全面而深入的案例，通过一系列精心设计的机制和措施，强化了基层党组织的组织建设和能力，从而更有效地推动了乡村振兴战略的实施。实施"双整百千"四级联创机制，全面强化了基层党组织建设；进一步通过"三项引领"（组织引领、产业引领、机制引领）和"四个支撑"（组织支撑、保障支撑、人才支撑、发展支撑）的实施，加强了基层党组织建设；通过制度创新和管理优化，为基层党组织提供了有力的制度保障。

2. "三治结合"

在自治方面，盘龙区推出了一项名为"民生小实事"的创新项目，被评选为2020年全国市域社会治理创新优秀案例，并获省市重要领导批示表扬。在法治建设方面，盘龙区全面推行了行政执法公示制度、执法全过程记录制度和重大行政执法决定法制审核制度。在德治方面，盘龙区针对各社区的特定需求和情况，推出了一系列创新性的治理措施，推动移风易俗、道德和文化建设，搭建了德治组织和平台。

3. 社会参与

盘龙区策略性地增设了基层社会管理和公共服务公益性岗位，通过支农、乡村法律援助、就业援助、养老、助残等岗位的设置，建立和完善"三社联动"、"五社联动"和"五级治理"社会治理体系，吸引社会组织中更多的社会工作者和志愿者加入乡村振兴。依托"盘龙一张网"App，对社区进行网格化管理，尤其是积极搭建社会工作服务网络，推进区、街道两级社会组织孵化中心建设，建成两个示范性街道社会工作服务站。

## 四 本书的结构安排

第一章，提供关于盘龙区现代化乡村建设的全面概览，探讨盘龙区的现状，着重关注历史沿革、经济社会发展、乡村生态文明、产业体系现代化、文化传承创新、社会治理均衡高效以及社会保障体系的建立健全等方面。第二章，聚焦盘龙区对符合水源保护区实际的乡村生态振兴道路的探索，从土地综合整治进展，农村生活垃圾治理、"厕所革命"、生活污水处理、危房改造、打造特色乡村风貌等方面的农村人居环境整治，农业绿色发展以及水源保护区的保护与利用分析盘龙区乡村生态振兴的进展。第三章，讨论了水源区保护倒逼乡村产业生态化的基础条件、乡村产业振兴实践、乡村产业振兴的特征与经验，以及面临的困难与反思。第四章，聚焦盘龙区乡村人才振兴和组织振兴实践，深入分析盘龙区人才兴乡的实践探索、激发基层治理组织能力，以及以党建为纲推进乡村社会自治、法治和德治"三治结合"。第五章，探究盘龙区乡村文化特征以及乡村文化振兴的实践，具体包括盘龙区乡村文化特点、乡村文化振兴的优势与限制条件、文化振兴的实践经验，以及面临的困境与优化路径。第六章，基于问卷调查、焦点小组和深度访谈，对麦冲社区、团结社区、甸尾村、中所村、马军村和铁冲村 6 个样本村（社区）的基本情况以及乡村振兴的特色与困难等进行阐释和分析。

# 第一章 盘龙区总体发展概况

## 第一节 盘龙区历史沿革

盘龙区位于昆明市主城区东北部，因盘龙江自北向南纵贯全境而得名。盘龙区有着悠久的历史和灿烂的古代文化。唐永泰元年（公元765年），南诏王阁罗凤派其长子凤伽异在昆明筑拓东城，意在"开拓东境"。拓东城址在今盘龙江和金汁河之间，即今盘龙区大部分地区。拓东城的兴建，开启了昆明城市发展的先河。自此以后，滇池地区乃至云南全省的政治、经济、文化中心就逐渐向此转移，为昆明成为全省中心奠定了坚实的基础。元代建立云南行省，在昆明设置中庆路府，把省治从大理迁到昆明，正式成为全省经济、政治、文化和交通中心。此时的盘龙区域，"双塔挺擎天之势，一桥横贯日之虹；千艘蚁聚于云津，万舶蜂屯于城垠；致川陆之百物，富昆明之众民"，一派繁华壮丽的景象。至明、清时期，昆明城区仍是云南府城，全省的重要行政机构大部分在盘龙区境内。1911年10月30日，昆明人民举行"重九起义"，响应辛亥革命，推翻清朝在滇统治；1913年，废云南府，改称昆明县；1922年，昆明市政公所成立；1928年，市政公所改为市，昆明市制正式确立。

云南和平解放后，昆明调整行政区划，将民国时期的8个区调整为6个区；1953年，再次调整，城区设一、二、三、四4个区；1956年，一、三两区合并，10月19日经云南省人民委员会批准，盘龙区正式成立。1966年"文化大革命"初期，盘龙区曾易名为"东风区"，1968年重新恢复盘龙区名称。盘龙区成立时共辖敷泽、吴井、五里、东华4个乡和近日、小南、长春、三义铺、太和、盘龙路、拓东、南强、珠玑、环城 10 个街道。在随后的几十年中，盘龙区的街道和乡经过分合、撤并及新建，到 2004 年 8 月共有长春、东站、东华、董家湾、环城、金碧、南强、太和、拓东、小南、珠玑 11 个街道，58 个社区，辖区面积为 15.1 平方千米。为加快建设现代新昆明发展战略的步伐，2004 年 7 月，昆明市委、市政府做出关于调整五华、盘龙、官渡、西山四区行政区划的决定。从 9 月 1 日起，四区按调整后的隶属关系履行经济、行政及社会事务管理职能。2009 年 8 月 1 日，盘龙区对嵩明县阿子营镇和滇源镇行使管辖权。2009 年 8 月，经盘龙区第十四届人大常委会第十四次会议批准同意撤销双龙乡和松华乡，设立双龙街道和松华街道。盘龙区行政区域扩大到 886.9 平方千米。① 2011 年 3 月，经省政府和市政府批准，滇源镇、阿子营镇改设街道。2017 年 11 月 22 日，云南省人民政府正式签发《云南省人民政府关于同意嵩明县阿子营街道调整至盘龙区管辖的批复》，同意将嵩明县阿子营街道调整至盘龙区管辖。现今，盘龙区下辖 12 个街道（拓东街道、鼓楼街道、东华街道、联盟街道、金辰街道、青云街道、龙泉街道、茨坝街道、松华街道、双龙街道、滇源街道、阿子营街道），2022 年，完成了 8 个"村改居"社区工作站增设工作，辖区总面积为 861.04 平方千米，主城建成区面积为 60.96 平方千米，水源保护区面积为 629.80 平方千米，现有 105 个社区（村）。②

在自然环境方面，盘龙区平均海拔约 1891 米，地处云贵高原，总体地势北部高、南部低，由北向南呈阶梯状逐渐降低。以湖盆岩溶高原地貌形态为主，红色山原地貌次之。海拔在 1891.60 ~ 2589.50 米，93.5% 的地区海拔在 2000 米以上。盘龙区属于低纬度的高原季风气候，年平均气温 16.0℃，冬无严寒，夏无酷暑，温暖宜人，平均年降水量约为 917 毫米。全区森林面积为 56100.89 公顷，森林蓄积量 363 万立方米，森林覆盖率达

---

① 《盘龙区 区情简介》，http://www.kmpl.gov.cn/c/2016 - 03 - 24/1000932.shtml，最后访问日期：2024 年 3 月 13 日。

② 《2022 年盘龙区简介》，http://www.kmpl.gov.cn/c/2023 - 05 - 04/6631495.shtml，最后访问日期：2024 年 3 月 13 日。

64.42%，森林覆盖率在昆明市 14 个县（区、市）中排名第一。2022 年盘龙区获得"中国天然氧吧"荣誉称号，有生态湿地 4038 亩，其全年空气质量优良率在 99% 以上。

## 第二节　人口结构与经济发展

### 一　盘龙区人口结构

根据 2020 年第七次全国人口普查（简称"七普"）数据，盘龙区常住人口 987955 人，城镇人口 927069 人，农村人口 60886 人，城镇化率为 93.8%。在盘龙区常住人口中，0～14 岁人口数为 139384 人，15～59 岁人口数为 695524 人，60 岁以上人口数为 153047 人，60 岁及以上老年人占到 15.49%。少数民族人口占 12.59%，大专及以上受教育程度人口占 33.32%（见表 1-1）。与云南省平均水平相比，盘龙区已高度城镇化，下辖 12 个街道有 8 个已经完全实现城镇化，人力资本水平高，少数民族人口集聚水平相对较低，人口年龄结构老化明显。

表 1-1　盘龙区人口结构

单位：人，%

| 乡镇街道 | 常住人口数量 | 人口结构 | | | |
| --- | --- | --- | --- | --- | --- |
| | | 60 岁及以上人口占比 | 少数民族人口占比 | 大专及以上人口占比 | 城镇化率 |
| 阿子营街道 | 25693 | 18.38 | 6.46 | 4.99 | 13.09 |
| 茨坝街道 | 86047 | 12.71 | 15.91 | 25.94 | 100 |
| 滇源街道 | 30011 | 20.90 | 11.61 | 5.81 | 13.46 |
| 东华街道 | 94936 | 19.27 | 11.21 | 42.29 | 100 |
| 鼓楼街道 | 37732 | 22.81 | 10.36 | 34.12 | 100 |
| 金辰街道 | 164875 | 16.18 | 11.41 | 36.61 | 100 |
| 联盟街道 | 156870 | 16.67 | 11.95 | 37.96 | 100 |
| 龙泉街道 | 155744 | 10.54 | 14.15 | 33.22 | 100 |

| 乡镇街道 | 常住人口数量 | 人口结构 | | | |
|---|---|---|---|---|---|
| | | 60 岁及以上人口占比 | 少数民族人口占比 | 大专及以上人口占比 | 城镇化率 |
| 青云街道 | 179664 | 12.48 | 13.89 | 33.91 | 100 |
| 双龙街道 | 11841 | 12.43 | 16.19 | 11.95 | 35.00 |
| 松华街道 | 7601 | 22.87 | 5.95 | 5.09 | 35.71 |
| 拓东街道 | 36941 | 25.26 | 10.96 | 44.55 | 100 |
| 总计 | 987955 | 15.49 | 12.59 | 33.32 | 93.84 |

资料来源：根据 2020 年"七普"数据整理而来。

　　盘龙区的人口数据揭示了该区域在社会、经济和文化层面上的多重特点和挑战。首先，一个显著的特点是盘龙区的高度城镇化。常住人口中的城镇化率达到 93.84%，这意味着该区域已经经历了快速的城市化进程。高度的城镇化通常与经济发展、工业化和现代化紧密相关，这可能意味着盘龙区在经济发展和基础设施建设方面已经取得了显著的进步。与此同时，高度的城镇化也可能带来一系列社会问题，如房地产价格上涨、交通拥堵、环境污染等。其次，盘龙区的人力资本水平较高，大专及以上受教育程度的人口占到 33.32%。这意味着该区域的教育资源和教育机会可能相对丰富，而且大部分居民能够接受较好的教育。高教育水平通常与高技能、高收入和高生活质量相关，这为盘龙区的经济发展和社会进步提供了有利条件。然而，盘龙区的人口结构也显示出一些潜在的社会挑战。60 岁及以上的老年人占到 15.49%，这意味着该区域的人口老化趋势明显。随着人口老化，可能会出现劳动力短缺、医疗和养老服务需求增加、家庭结构变化等问题。此外，少数民族人口在盘龙区的比例相对较低，占 12.59%。这可能反映了该区域的民族结构和文化特点。少数民族的文化和传统可能在该区域得到了保护和传承，但也可能面临一些融入主流文化的挑战。

## 二　经济发展概况

　　盘龙区是昆明的城市功能核心区，松华坝水源保护区占辖区总面积的

72%，水源区农业发展受限。盘龙区有别于传统农村产业结构的最大特征在于其第一产业占比较小，2021年底，第一产业（农、林、牧、渔业）占全区GDP的0.62%。同时，盘龙区是昆明市唯一没有工业园区的县区，受无规划工业用地、工业企业"退二进三"和"退城入园"等政策影响，大型工业企业逐步外迁。2021年底，盘龙区第二产业（制造业，电力、热力、燃气及水生产和供应业，建筑业）占全区GDP的22.15%。以服务业为主的第三产业是盘龙区的支柱产业，2021年底盘龙区第三产业占全区GDP的比重是77.23%。按照"现代服务业示范区"的功能定位，以发展壮大楼宇（总部）经济为支撑，大力发展现代服务业，特别是商贸流通、研发设计、信息服务、金融服务、商务服务等生产性服务业，不断提升产业能级，为昆明市产业链建链、补链、强链做出一定贡献。2021年底，盘龙区第三产业中占比最高的四项分别为营利性服务业、非营利性服务业、金融业以及批发和零售业。营利性服务业占GDP的比重在第三产业中最高，达18.65%，其中信息传输、软件和信息技术服务业、科学研究和技术服务业增长最快。非营利性服务业占GDP的比重在第三产业中居第二，达15.52%。金融业占GDP的比重在第三产业中居第三，达14.49%。批发和零售业占GDP的比重在第三产业中居第四，达12.93%。2022年，盘龙区地区生产总值为1069.71亿元，同比增长3.0%。分产业看，第一产业增加值为5.96亿元，同比增长2.0%；第二产业增加值为238.89亿元，增长3.8%；第三产业增加值为824.86亿元，增长2.7%。从产业结构看，三类产业结构比为0.56∶22.33∶77.11。[①]

　　盘龙区所呈现的产业体系特征与大部分传统农村地区有着显著的区别。但正是这种特殊性，盘龙区乡村产业体系的现代化转型更具有示范意义。首先，根据已有数据，盘龙区第三产业占主导地位，特别是营利性服务业、非营利性服务业、金融业以及批发和零售业，这表明盘龙区已经在走向服务经济的方向，这与党的二十大报告中强调的乡村产业振兴战略紧密相关。

---

① 《昆明市盘龙区2022年国民经济和社会发展统计公报》，http://www.kmpl.gov.cn/c/2023-06-30/6660345.shtml，最后访问日期：2024年3月13日。

在这里，我们可以看到盘龙区乡村产业体系的现代化转型已经展现出雏形，而这种转型为当地农民创造了更多的就业机会，也提高了他们的收入水平。其次，盘龙区的第一产业和第二产业占比虽小，但并不意味着它们的作用可以被忽略。相反，这更强调了现代化转型中农业和工业与服务业之间紧密结合的重要性。在这种结合中，乡村可以通过现代技术和管理方法提高农业生产效率，加强农产品的深加工，进而形成一个完整的产业链，从而实现乡村产业的全面振兴。最后，从生态和环境的角度看，盘龙区是松华坝水源保护区的重要部分，其土地利用、农业活动都受到严格的规范和限制。这也意味着盘龙区在推进产业体系的现代化转型中，必须严格遵循绿色、生态、可持续的原则，这不仅可以确保水源的长期稳定供应，而且有助于推动乡村绿色生态的可持续发展。总之，盘龙区乡村产业体系的现代化转型，对于乡村振兴战略的实施具有深远的意义，不仅为当地农民提供了更好的发展机会，而且对实现国家的粮食安全、基层稳定以及整体安全起到了关键的支撑作用。而更为重要的是，盘龙区的实践经验为其他乡村地区提供了宝贵的经验，有助于推进全国范围内的乡村产业体系的现代化转型，进而为全面建设社会主义现代化国家提供坚实的支撑。

## 第三节　盘龙区精准扶贫与乡村振兴概况

### 一　盘龙区精准扶贫工作总结

2015 年以来，盘龙区委、区政府深入学习贯彻习近平新时代中国特色社会主义思想和习近平总书记关于扶贫开发系列重要讲话精神，认真贯彻落实中央、省、市脱贫攻坚决策部署，紧紧围绕"两不愁三保障"总体目标，聚焦重点地区，压实工作责任，完善政策举措，强化资金保障，凝聚各方力量，深化党建推动，巩固拓展脱贫攻坚成果取得了显著成效。2016年，全区 2 个省级建档立卡贫困村出列；2017 年，867 户贫困户、3228 名贫困人口全部实现脱贫；从 2018 年起全区脱贫攻坚工作正式转入巩固提升阶段。截至 2020 年，全区 838 户 3303 名建档立卡贫困户全面达标，无返贫和新增贫困人口，贫困群众收入水平大幅度提高。[①]

2017～2021 年，盘龙区农村常住居民人均可支配收入呈现逐步提升的态势，疫情对农民收入产生了一定的负面影响，但总体仍然向好。根据 2017～2021 年《昆明市盘龙区统计年鉴》数据，盘龙区 2017 年农村常住居民人均可支配收入为 17877 元，同比增长 9.1%；2018 年农村常住居民人均可支配收入为 19398 元，同比增长 8.5%；2019 年农村常住居民人均可支配收入为 21260 元，同比增长 9.6%；2020 年农村常住居民人均可支配收入为 22954 元，同比增长 8.0%；2021 年农村常住居民人均可支配收入为 25299 元，同比增长 10.2%。图 1-1 展示了 2017～2021 年盘龙区农村常住居民人均可支配收入情况。

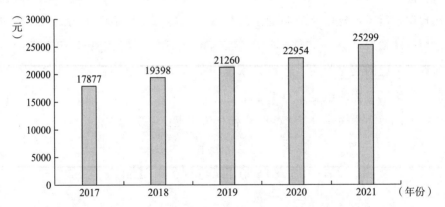

**图 1-1  2017～2021 年盘龙区农村常住居民人均可支配收入**

资料来源：根据 2017～2021 年《昆明市盘龙区统计年鉴》整理而来。

盘龙区下辖双龙、松华、龙泉、滇源、阿子营、青云、茨坝等街道，约占全区总面积的 94.8%。其中龙泉、青云、茨坝街道为盘龙区 "十三五" 规划第二板块 "城市扩张区"，农业主要分布在双龙、松华、滇源和阿子营 4 个街道。4 个街道均在松华坝水源保护区内，面积达 629.8 平方千米，占

---

① 《真招＋实干！昆明 6 个县区亮出脱贫攻坚成绩单》，https://www.km.gov.cn/c/2020-08-11/3627556.shtml，最后访问日期：2024 年 3 月 13 日。

区域总面积的 72%。① 因此，盘龙区乡村振兴也就是松华坝水源保护区的振兴。2022 年，盘龙区完成松华坝水库一级保护区核心区 3045 人移民搬迁工作，整治花卉种植 1.06 万亩、鱼塘 39 个、洗车场和修理厂 36 家，保有生态湿地 4038.48 亩，生态清洁小流域 75.6 平方千米，森林覆盖率达 64.42%，为全市最高，绿色生态屏障更加牢固。空气质量优良率保持在 98% 以上。城市黑臭水体全面消除。盘龙江（松华坝水库至大花桥段）创建为省级美丽河道，河长制考核 3 次全市排名第一，"十三五"期末落实最严格水资源管理制度考核全市第一。盘龙区投入资金 5.64 亿元，实施滇池保护治理"三年攻坚"行动项目 40 余个，冷水河、牧羊河水质稳定保持在 Ⅱ 类；保有耕地 20.5 万亩，新增高效节水灌溉面积 4300 亩；"三品一标"认证品类 195 个，农业龙头企业达 24 家，"绿色食品牌"逐步做优做强；荣获"云南省生态文明区"称号。②

盘龙区按照"产业兴旺、生态宜居、乡风文明、治理有效、生活富裕"的总要求，扎实推进乡村振兴工作，已制定出台《昆明市盘龙区乡村振兴战略总体规划（2018～2022 年）》《昆明市盘龙区推动乡村人才振兴专项工作方案》《昆明市盘龙区推动乡村文化振兴专项工作方案》等 8 个专项工作方案及 4 个街道实施方案、43 个村庄实施方案。2019 年，盘龙区投入区级资金 1000 万元，建设 5 个乡村振兴示范村，确保年底完成项目建设。盘龙区以阿子营街道铁冲村为市级乡村振兴综合试点，带动松华街道小河社区小河小组、滇源街道中所村中所小组、白邑村新庵小组、阿子营街道甸头村甸下小组开展示范村建设，全面提升示范村产业、人居环境、基础配套设施、公共服务、文化等内容，致力于精准脱贫与乡村振兴的有效衔接。

在促进就业方面，盘龙区对外出务工且稳定就业 3 个月以上的脱贫人

---

① 《【统战·大调研】民盟盘龙区基层委：水源保护前提下推进盘龙区松华坝水源保护区发展对策研究》，http://www.kmpl.gov.cn/c/2023 - 12 - 18/6784955.shtml，最后访问日期：2024 年 3 月 13 日。

② 《2022 年政府工作报告》，http://www.kmpl.gov.cn/c/2022 - 02 - 10/5784357.shtml，最后访问日期：2024 年 3 月 13 日。

口，按照跨省务工每人不超过 1000 元的标准给予一次性外出务工交通补助，全面推动脱贫人口就业帮扶。2022 年，盘龙区共计完成水源保护区农村劳动力技能培训 1094 人（其中建档立卡脱贫劳动力 319 人），创业培训 120 人，完成引导性培训 3000 人（其中建档立卡脱贫劳动力 248 人），全区农村劳动力转移就业 2847 人，实现务工收入 4236.97 万元。截至 2022 年，全区农村劳动力已转移就业 29730 人，其中省外转移就业 930 人，省内区外转移就业 13703 人，区内转移就业 15097 人，转移率达 54.72%。盘龙区召开"春风行动"暨"农村劳动力转移就业百日行动"线上招聘会 7 场，共推送岗位 5119 个，初步达成就业意向 382 人次。此外，盘龙区还开展了"春风行动"暨"农村劳动力转移就业百日行动"直播带岗活动，优选 1000 余个岗位，涵盖科技创新、文化创意、家政服务、产品制造等，仅一场直播活动参与的观众就达 1.99 万人次。[①] 盘龙区发挥大城市辐射带动的优势，大力助推农村劳动力转移就业，助力巩固拓宽脱贫人口增收渠道，以转移就业带动盘龙区脱贫人口高质量脱贫。

## 二 以水源区保护为中心的生态建设

昆明是全国 14 个严重缺水城市之一，主城人均拥有水资源量不足 300 立方米，相当于全国人均拥有量的 11%。盘龙区松华坝水库及其水源保护区是昆明集中饮用水水源区，是昆明"量水发展，以水定城"，解决"城－水"矛盾的重要依托。"松华坝水源保护区－松华坝水库－盘龙江－滇池"构成的生生不息的自然水系，是昆明城市得以产生、繁衍生息和发展的最重要的自然条件之一，是昆明城市文化的根和脉，因此松华坝水库被形象地称为"昆明人头顶上的一碗水"，从元朝以来就是昆明主城重要的饮用水水源；现在昆明城市日均供水 183 万立方米，其中 45 万立方米来自松华坝水库，昆明城市 25% 的供水依托松华坝水库提供的清洁水源。

松华坝水源保护区山坳水绕，林木森森，面积达"五百里滇池"的两

---

① 2022 年《昆明市盘龙区统计年鉴》。

倍。面积广大的保护区汇水形成的盘龙江是滇池最大、最重要的入湖河流。因此，水源保护区也是滇池最重要的水源涵养区。盘龙区实施乡村振兴战略，重点就在于保护松华坝水源保护区生态，涵养水源，践行"绿水青山就是金山银山"的绿色发展观，调整产业结构，优化空间格局，在区域经济转型发展方面、在生态宜居城市建设方面和为民服务方面走在前列、做出示范，让良好的生态普惠民生福祉，增强自然生态对城市发展的承载力。盘龙区农村地区的生态振兴是昆明市践行绿色发展观的重要体现。

松华坝水源保护区位于盘龙区北部，其中，一级保护区面积为 27.02 平方千米，二级保护区面积为 259.24 平方千米，三级保护区面积为 343.54 平方千米。水源保护区内盆地与山岭相间，地势由东北向西南倾斜，海拔 1920~2800 米，93.5% 的地区海拔在 2000 米以上。滇源、阿子营两个街道辖区汇水形成水源保护区的两条主要河流——冷水河、牧羊河，注入松华坝水库。松华坝水库枢纽工程区域分属龙泉、双龙和松华 3 个街道。截至 2018 年，松华坝水源保护区共有 8 万余居民，涉及 47 个社区（村民委员会）、304 个居（村）民小组。[①]

盘龙区以水源区保护为中心的生态建设主要包括以下几方面。

第一，大力推进治污截污工程。禁止规模化畜禽养殖，积极引导散户畜禽粪污进行干湿分离和资源化利用；不断提升农业污水收集处理水平，降低农业面源污染负荷。因地制宜在集镇和规模较大的村庄规划建设污水处理设施，在松华、滇源、阿子营建成出水水质达《城镇污水处理厂污染物排放标准》一级 A 标的 3 座集镇污水处理厂；建成 170 个村庄"三池"净化设施、5 座村庄污水处理站、4300 亩湿地；实施冷水河、牧羊河（阿子营段）沿岸村庄截污工程以及松华坝水库径流区 27 处龙潭和 5 座小型水库水源保护工程；建立全区统一的水源地"组保洁、村收集、街道转运、区处置"的垃圾集中收运处置联动机制，在水源区配套垃圾中转站 4 个、收集间 383 间、垃圾清运车 17 辆，并聘用专职保洁员开展村镇保洁，实现

---

① 《昆明市农业局关于对昆明市人大第十四届三次会议第 325 号建议的答复》，http://www.km.gov.cn/c/2018 - 07 - 17/3414604.shtml，最后访问日期：2024 年 3 月 13 日。

垃圾日产日清。①

第二，调整水源区产业结构。在水源一级保护区内严格实行"止耕禁养"；在二级保护区内实施"禁花减菜"、退耕还林等，重点发展经济果林和水源涵养林，适度发展有机农业；在三级保护区内全面调整种植结构，推广有机生物肥，减少化肥施用量，减少面源污染。截至2018年，水源区蔬菜种植面积减少到3.5万亩，开展有机农业种植4.4万亩，实施"农改林"5.26万亩。②

第三，实施人口转移外迁。按照"水源区人口只出不进"的总体要求，结合小城镇、新农村建设等政策，实施一级保护区人口全部迁出，二级、三级保护区鼓励教育、就业外迁工程。实现一级保护区居民全部迁出，共有1226户3080人搬迁，有效减少了生产生活活动对水源区的影响。

第四，大力开展生态建设项目。在水源区实施项目准入，严禁水源区内建设与水源保护无关的项目，杜绝有污染的企业和项目落户水源区，大力开展水源区植树造林、湿地建设和农村改用清洁能源等生态工程建设。在冷水河、牧羊河沿岸收租耕地5.26万亩用于生态建设，建成永久性生态林（湿地）2.37万亩、苗木基地2.89万亩，实施退耕还林4827亩。积极开展生态清洁小流域治理，先后实施团结面源污染防治工程，以及高枧槽小流域、铁冲小流域、老坝小流域、双玉小流域综合生态治理项目，累计完成水土流失综合治理面积90平方千米。③ 通过综合治理，水源区创建国家级生态乡镇4个、省级生态文明村4个、市级生态村42个，盘龙区获得省政府生态文明区命名；同期建成33个省级重点新农村、23个市级区级新农村示范村、2个省级美丽乡村重点村、39个省级卫生村。④

---

① 《昆明市水务局关于对昆明市十四届人大三次会议第326号建议的答复》，https://www.km.gov.cn/c/2018-11-27/3414667.shtml，最后访问日期：2024年3月13日。

② 《昆明市水务局关于对昆明市十四届人大三次会议第326号建议的答复》，https://www.km.gov.cn/c/2018-11-27/3414667.shtml，最后访问日期：2024年3月13日。

③ 《昆明市水务局关于对昆明市十四届人大三次会议第326号建议的答复》，https://www.km.gov.cn/c/2018-11-27/3414667.shtml，最后访问日期：2024年3月13日。

④ 《高位统筹综合治理 松华坝水源保护守住昆明"一碗水"》，https://baijiahao.baidu.com/s?id=1615705854015013557&wfr=spider&for=pc，最后访问日期：2024年3月13日。

第五，建立健全生态补偿机制。为保障水源保护区群众生产生活，昆明市建立完善生态补偿机制，出台了《昆明市人民政府关于昆明市松华坝云龙水源保护区扶持补助办法的通知》（昆政发〔2011〕56号），对退耕还林、"农改林"、产业结构调整、清洁能源、劳动力转移技能培训、生态环境建设、学生就学、新能源使用、新型农村合作医疗、护林工资、保洁工资和监督管理经费12个方面给予补助。2016年，昆明市出台了《昆明市主城饮用水源区扶持补助办法》替代上述昆政发〔2011〕56号，确定通过市级"定额补助"和"以投代补"两种投入方式，对水源保护区生产、生活、生态治理和基础设施等给予补偿，进一步稳定了补偿机制。

经过10多年的持续努力，水源保护区如今森林覆盖率达68.12%，一级保护区植被覆盖率在90%以上，松华坝水库常年保持Ⅱ类水质，涵养水量稳步增长，生态效益日显。2017年，松华坝水库蓄水达2.5亿立方米，2018年上半年除向城市供水外，还对滇池生态补水4次共3107.94万立方米。① 水源保护区生态文明建设成果凸显。

## 三 乡村产业体系的现代化转型

党的二十大报告中强调了乡村振兴在建设社会主义现代化国家中的重要位置，并将乡村产业振兴作为乡村振兴最重要的抓手。乡村产业体系的现代化转型对于乡村振兴具有重要意义。乡村产业体系的现代化转型，可以切实提高农民收入，创造就业机会，促进农村经济多元化，保护和传承乡村文化，实现绿色生态的可持续发展，推动城乡一体化建设，保障国家粮食安全、基层稳定与整体安全，继而为建设社会主义现代化国家提供重要支撑。

在乡村产业的现代技术应用方面，盘龙区与新西兰、以色列等国家的技术合作与引进成为该区乡村产业现代化的一个关键环节，例如高效节水

---

① 《水质稳定在Ⅱ类！昆明严格加强松华坝水源区保护》，https://baijiahao.baidu.com/s? id=1609726157369632399&wfr=spider&for=pc，最后访问日期：2024年3月13日。

灌溉技术、生态有机农业技术、绿色防病虫害管理技术等。这些技术的引进不仅仅大大提高了农作物的产量和品质，更重要的是，它们帮助当地农民走上了绿色、生态、可持续的农业生产道路。这与盘龙区作为水源保护区的定位高度一致，在确保水源地环境保护的同时，推动了乡村绿色生态的可持续发展。此外，盘龙区在农业科技研究与推广方面已有一定的基础和优势。例如，盘龙区已经建成多个农业科技示范基地和实验室，与当地的农民合作，进行各种农业技术的实地试验和推广。这些研究和推广活动不仅仅提高了当地农作物的产量和品质，更重要的是，它们帮助当地农民树立了现代农业生产观念，为乡村产业的持续发展和乡村振兴提供了坚实的技术支撑。

乡村特色产业现代化的兴起已成为推动乡村经济发展的重要动力。盘龙区近年来以水源保护为基础，大力推动乡村绿色产业的现代化。在生产过程中，现代农机的使用、生物技术的引入、信息化的管理等，都大大提高了生产的规模和效率。在销售环节，电商平台的利用、品牌化的营销等手段，为乡村产品开拓了更广阔的市场。更为重要的是，乡村特色产业的现代化，也意味着它能够吸引更多的资本、人才和技术流入，为乡村带来新的经济增长点和就业机会。与此同时，乡村特色产业的现代化兴起与乡村的现代化转型紧密相连。乡村不仅仅是生产的空间，还是生活和文化的载体。随着产业的现代化，乡村也逐渐从封闭、传统的空间转变为开放、现代的社区。基础设施的完善、生活品质的提升、文化的传承与创新等，都在这一转型中得到体现。盘龙区乡村产业在发展过程中，充分结合现代技术与管理方式进行创新。例如，盘龙区引进了无人机进行农田喷洒、灌溉，大大提高了工作效率，同时降低了劳动强度。除此之外，盘龙区农业农村局还与高等教育和研究机构合作，导入了一系列农业科技创新项目，通过生物技术改良品种，提高农作物的抗逆性与产量。此外，盘龙区还着重培养新型农民，组织农民参加农业技术和现代农业管理的培训，确保他们跟上现代农业发展的步伐，从而推动整个乡村产业的现代化进程。盘龙区乡村产业的现代化发展，为乡村经济注入了新的活力。

# 第四节　社会治理与公共服务

## 一　盘龙区社会治理创新成效

"十三五"以来,面对复杂多变的国内外宏观环境、经济下行压力持续加大的严峻形势以及新冠疫情的冲击,盘龙区始终坚持在党的领导下加强和创新基层社会治理,健全党组织领导的自治、法治、德治相结合的城乡基层治理体系,完善共建共治共享的社会治理机制,防范和化解影响盘龙区现代化进程的各种风险,确保社会安定有序,较好完成了"十三五"规划确定的主要目标任务,实现了高起点上的新发展,开创了盘龙区高质量发展的新局面。

第一,盘龙区坚持创新开展"民生小实事"项目,组织群众自发发起,挖掘内部资源、整合社区资源、统筹社会力量,以社区居民为主体组织实施,积极推进"民生小实事"的实施,构建基层社会治理新格局,把选择权真正交到群众自己手上。该项目是 2021 年云南省唯一一个入围 2020 年全国市域社会治理创新优秀案例的项目,并获省市主要领导批示表扬。到 2023 年 4 月,区级财政安排专项资金 2100 万元,引导居民群众自筹 823.6 万元,企业捐赠 243.5 万元,中央和省市共 83 家公共单位向辖区居民开放服务设施,共完成"民生小实事"604 件。[①]

第二,盘龙区全面推进行政执法公示制度、执法全过程记录制度、重大行政执法决定法制审核制度,严格执行"阳光政府"四项制度;落实"平安盘龙"建设三年行动计划;探索推广"三社联动""五级治理"等社区治理新模式,金江路社区"五社工作法"被民政部评为"优秀社区工作法";创新实施"民生小实事"项目,推进"金钥匙"社会治理示范成果全域共享惠民工程。截至 2021 年 4 月,盘龙区共商共建共治共享的社会治理

---

① 《昆明盘龙区创新实施"民生小实事"项目 惠及群众 28 万余人》,https://m.yunnan.cn/system/2023/04/14/032547608.shtml,最后访问日期:2024 年 1 月 20 日。

格局初步构建,党建引领"街道吹哨、部门报到"改革试点工作得到市委肯定并在全市推广,先后2次被评为"全国和谐社区建设示范城区",金江路社区、桃源社区、罗丰社区被列为省级城乡社区治理现代化试点社区。盘龙区深入推进扫黑除恶专项斗争,社会治安形势总体良好;坚持和发展新时代"枫桥经验",有效化解了一批重大纠纷和信访突出问题,金沙派出所荣获全国"枫桥式公安派出所"称号;群众安全感满意度由89.42%提升到94.45%。此外,盘龙区狠抓生产安全、食品安全、交通安全、消防安全、校园安全,安全生产形势平稳向好。

第三,为进一步加强对村(社区)权力运行的监督,盘龙区加深广大党员干部和群众对"小微权力"清单的理解和认识,保障群众的知情权、参与权、监督权。盘龙区民政局以加强村(社区)"小微权力"监督为重点,以提高村(居)民自治水平为目标,以优化服务群众机制为落脚点,编制责任清单、小微权力清单、负面清单,建立规范运作流程,强化过程监管控制,完善配套制度机制,构建决策权、执行权、监督权相互制约和相互协调的权力运行体系,全面提升村(社区)基层党风廉政建设水平,为村(社区)全面协调发展提供有力保障。村(社区)按照权力清单内容、规章制度、运行程序、运行过程、运行结果"五公开"原则,进一步探索公开的新途径和新方式,坚持执行村(社区)党务、村(居)务、财务定期公开制度,充分利用村(社区)综合服务设施、手机短信、微信群组、民主听证会等途径,公开村(社区)事务情况,让群众通过手机网络、公开栏等途径即时查看,真正落实群众在村(居)务工作中的知情权、参与权、监督权,让村(社区)"小微权力"在阳光下运行。

第四,大力推进基层组织建设。首先,"五级治理"工作成效进一步显现,居民小组长、楼栋长定期收集社情民意、开展入户走访,把党的政策及时向群众传达,化解调处矛盾纠纷,确保"五级治理"工作成效。其次,2020年顺利完成了村(社区)"两委"换届工作,村(社区)党组织书记和村(社区)居委会主任"一肩挑"比例达到100%;及时组织新一届的社区"两委"干部进行任职培训,增强新任社区"两委"干部的政治意识,提升履职能力。最后，健全农村社会治理机制，持续推进村规民约（社区公约）的规范完善工作，全区 12 个街道、105 个社区（村）已全面完成村规民约（社区公约）的规范完善工作。

第五，广泛开展普法宣传活动，全面实施"阳光司法""阳光执法"。盘龙区推进公共法律服务平台建设，加强各级公共法律服务中心（站、点）规范化建设；完善区、乡、村三级法律服务团制度，推进法律顾问"服务微信群"建设全覆盖；加强移风易俗工作，强化科普宣传，抵制封建迷信、薄养厚葬、人情攀比等不良现象；建立红白理事会、道德评议团、乡贤参事会，设置"道德红黑榜""善行义举榜""道德点平台""曝光栏"等，定期开展道德评判活动；创建"民主法治村"，推动公园、长廊、广场、学校等特色法治、德治阵地建设，打造"一乡一品""一村（社区）一品"法治德治建设品牌；深化民族团结进步示范村（社区）创建，全面开展市级社会治理创新示范村（社区）创建。

## 二 城乡社会保障体系的建立健全

建立健全乡村社会保障体系和保障居民安居乐业是乡村振兴的核心要求之一。党的二十大报告强调"巩固拓展脱贫攻坚成果，增强脱贫地区和脱贫群众内生发展动力"等，为党和国家未来乡村振兴保障工作指明了道路。自党的十九大以来，盘龙区坚持"以民为本、为民解困、为民服务"的理念，统筹发展社会救助体系和保障工作，并提出切实兜住兜牢基本民生保障底线的工作要求。盘龙区在国家宏观政策的引导下不断巩固乡村社会保障多年累积的成果，不断完善居民生活保障体系。在盘龙区党委、政府和各相关部门的努力下，盘龙区稳步推进乡村社会保障工作、积极应对疫情的冲击，并交出了一份满意的"成绩单"。盘龙区以省、区、市政策集为指导，贯彻执行上级关于社会保障工作的方针、政策、法律法规，以社会保障覆盖低保、特困供养人员、特困救助、乡村医疗保险和养老体系建设为主要工作内容。

### （一）困难群体救助

盘龙区 2018～2022 年最低生活保障工作重点是持续将困难人员纳入低保，自 2018 年以来盘龙区低保累计保障 54.65 余万人次，累计支出资金 30745.48 万余元。2018 年，城乡居民最低生活保障对象累计保障 24.49 万人次，累计支出保障资金 1.07 亿元[①]；2019 年，城乡居民最低生活保障对象累计保障 18.23 万人次，累计支出保障资金 0.96 亿元[②]；2020 年，城乡居民最低生活保障累计保障 55109 户 63808 人次，累计支出保障资金 3703.89 万元[③]；2021 年，城乡居民最低生活保障累计保障 3755 户 4307 人次，累计支出保障资金 3324.19 万元[④]；2022 年，城乡居民最低生活保障累计保障 44787 户 51227 人次，累计支出保障资金 3417.40 万元[⑤]。盘龙区在帮扶的同时也持续开展低保清退工作，根据《昆明市低保专项清理整治工作实施方案》（昆民通〔2018〕38 号）的要求，2018～2020 年，扎实开展低保专项清理整治工作，清退不符合低保要求人员。截至 2018 年 10 月，全区各街道共清退 1756 户 2194 人。[⑥] 截至 2019 年 9 月，全区各街道共清退 2024 户 2377 人。[⑦] 截至 2020 年 10 月，全区共清退低保对象 8507 户 10412 人。[⑧]

盘龙区执行上级对全面落实特困供养救助政策的要求，逐步覆盖特困供养人员的救助。截至 2018 年 10 月，盘龙区有城市特困供养人员 274 人，

---

① 《2018 年昆明市盘龙区国民经济和社会发展统计公报》，http://www.kmpl.gov.cn/c/2020 - 03 - 16/4091878.shtml，最后访问日期：2024 年 3 月 21 日。

② 《2019 年昆明市盘龙区国民经济和社会发展统计公报》，http://www.kmpl.gov.cn/c/2021 - 06 - 03/5228408.shtml，最后访问日期：2024 年 3 月 21 日。

③ 《2020 年昆明市盘龙区国民经济和社会发展统计公报》，http://www.kmpl.gov.cn/c/2021 - 08 - 04/5330457.shtml，最后访问日期：2024 年 3 月 21 日。

④ 《2021 年昆明市盘龙区国民经济和社会发展统计公报》，http://www.kmpl.gov.cn/c/2022 - 07 - 13/6059773.shtml，最后访问日期：2024 年 3 月 21 日。

⑤ 《2022 年昆明市盘龙区国民经济和社会发展统计公报》，http://www.kmpl.gov.cn/c/2023 - 06 - 30/6000343.shtml，最后访问日期：2024 年 3 月 21 日。

⑥ 《盘龙区民政局 2018 年工作总结和 2019 年工作计划》，2018 年。

⑦ 《盘龙区民政局 2019 年工作总结和 2020 年工作计划》，2019 年。

⑧ 《盘龙区民政局 2020 年工作总结和 2021 年工作计划》，2020 年。

1~10 月累计支出资金 194.16 万元。城市特困供养人员 222 户 233 人，1~9月累计支出资金 164.95 万元。截至 2020 年 10 月，盘龙区特困供养人员共有 240 人，累计支出资金 189.34 万元。2022 年，盘龙区有特困供养人员279 人，累计支出资金 271.27 万元。盘龙区落实上级对全面落实特困救助政策的要求，细致甄别特困救助人员，并在 2021 年将特困救助覆盖的未成年人年龄从 16 周岁延长至 18 周岁。2018 年特困救助人数为 66 人，累计支出资金 48.53 万元。2019 年特困救助人数为 9 人，累计支出资金 2.7 万元。2021 年特困救助人数为 5 人，累计支出资金 1.56 万元。

**（二）养老服务体系建设**

2018~2022 年，盘龙区逐步优化城乡社会养老服务体系的建设，落实惠老服务政策，强化养老服务设施建设。其主要工作内容包括推进爱心食堂建设、加快推进社区居家养老服务工作、建立"互联网＋"智慧养老服务平台改革试点、社会力量参与养老服务并探索参与模式、建设社区居家养老服务中心、发放高龄津贴、开展失能半失能老年人居家照护服务工作、新冠疫情期间严格落实养老机构疫情防控措施等。

在推进社区居家养老服务方面，盘龙区自 2009 年 8 月开展政府购买服务居家养老工作以来，为居住在家的困难老年人提供"家庭式"养老服务。养老服务主要通过发放居家养老服务券的模式实现，推行居家养老，以家庭为核心、以社区为依托、以专业化服务为依靠，为居住在家的老年人解决日常生活困难，对三无老人、孤寡老人、特困老人等对象开展上门服务，较好地解决了低保、高龄、病残、独居、空巢等九类困难老人的养老问题。依据《盘龙区居家养老服务项目管理及资金使用办法（试行）》，2018 年1~9 月居家养老累计服务 6727 人次，累计服务 65898 个小时，累计支出资金 131.796 万元。2019 年 1~9 月居家养老累计服务 6954 人次，累计服务71848 个小时，累计支出资金 141.486 万元。2021 年，全区通过向社会组织购买服务方式开展居家养老服务，支出资金 116.60 万元。2022 年，全区共服务特困、贫困、独居、空巢、高龄等特殊困难老年人 4523 人次，服务时间约 50530 个小时，支出资金 95 万元。

根据"政府引导、政策扶持、社会参与、老人受益"的工作思路，盘龙区在社区（村）设立老年人爱心食堂，旨在缓解和解决部分高龄、独居、空巢等老年人吃饭难的问题。爱心食堂建设通过吸引社会力量形成多方参与、多元经营、服务灵活多样的管理运营模式和"中心布点、边缘配送"的服务模式。2019 年，全区新建 4 个社区老年人爱心食堂，投入补助经费58.9 万元；2020 年，新建爱心食堂 4 个；2021 年，新建 6 个老年人幸福食堂；2022 年，共建设 6 个老年人幸福食堂。

盘龙区积极开展街道级养老服务中心建设和社区居家养老服务中心建设。2018 年，盘龙区龙泉街道盘江社区采取公建民营的方式，引入社会力量云投集团大健康事业部进行社区居家养老服务中心建设。2019 年，盘龙区根据市民政局下达的社区居家养老服务中心提升改造 2 个的指标任务，滇源街道团结村、苏海村于 9 月底改造完成并投入使用。2020 年，市民政局下达盘龙区城乡社区居家养老服务中心建设 2 个的任务，全区推进青云街道佳园社区和阿子营街道甸头村 2 个居家养老服务中心建设，并于 10 月底投入运营。2021 年，全区新建 2 个社区居家养老服务中心。2022 年，全区推进街道级综合养老服务中心建设，积极争取省级专项建设资金 1587 万元，用于 9 个街道级综合养老服务中心建设，东华街道综合养老服务中心、金辰街道综合养老服务中心已完成建设，其余 7 个综合养老服务中心正在建设中；同时推进社区（村）居家养老中心建设，积极协调推进联盟街道小坝社区社区居家养老服务中心等 4 个建设目标任务，通过协调发改立项，下拨资金 541 万元开展建设工作。

（三）社会福利概况[①]

在农村社会保险方面，农村居民参与保险的数目越来越多，不同人群也参加了与其相匹配的保险，2021 年，城乡居民参加基本养老保险 9.86 万人，基本实现全覆盖。在贫困人员参保方面，截至 2019 年 10 月，已参加城

---

[①] 根据《昆明市盘龙区国民经济和社会发展第十四个五年规划和 2035 年远景目标纲要》《昆明市盘龙区 2021 年国民经济和社会发展统计公报》《2018 年昆明市盘龙区国民经济和社会发展统计公报》等政府相关文件整理而成。

乡居民基本养老保险的建档立卡贫困人员 2552 人，参保率实现 100%，其中 427 人已领取养老保险待遇，待遇领取率为 100%。盘龙区有 736 名低保特困人员参加城乡居民基本养老保险，拨付补助资金 138900 元；60 周岁以上贫困人员有 147 人纳入城乡基本养老保险范围，按月发放养老保险待遇。2020 年，盘龙区督促落实建档立卡人员医疗保障待遇，完成 3315 名建档立卡贫困人员参加医疗保险工作，这些人全部享受基本医疗保险、大病医疗保险、医疗救助相关待遇。2022 年，盘龙区脱贫人口已全部参加城乡基本医疗保险，实现 100% 参保覆盖，全面享受医保扶贫倾斜政策。

在进城务工农民参加工伤保险方面，受疫情影响，工伤参保人数呈现较大幅度的波动。2017 年进城务工农民参加工伤保险人数达 4.27 万人，2018 年参加工伤保险人数增加到 4.85 万人。2019 年进城务工农民参加工伤保险人数为 4.8 万人，略微回调。2020 年进城务工农民参加工伤保险人数下降幅度较大，为 3.96 万人。2021 年参加工伤保险人数回升到 4.07 万人。

根据"中国乡村社会大调查"的数据，2022 年，盘龙区有 98.1% 的农村受访者参加了城乡居民医疗保险或新型农村合作医疗保险，95.0% 的农村受访者参加了城乡居民基本养老保险或城镇职工基本养老保险；70.8% 的农村受访者对自己当下的生活状况表示满意。

在医疗卫生保障方面，区级健康救助各定点医疗机构对住院治疗的建档立卡贫困人员严格落实"先诊疗后付费"制度，同时院内设立"建档立卡贫困人口健康服务"窗口，开通"一站式"结算服务；根据 3315 名建档立卡贫困人员名单，再次核实家庭医生签约服务情况，确保所有人员全部签约，严格落实"签约一人，履约一人，服务一人"的要求；继续精准推进水源保护区"健康大篷车"巡诊工作，截至 2021 年，共完成 7 次巡诊，诊疗 490 人次，免费发放 43149.88 元的药品。盘龙区督促落实建档立卡人员医疗保障待遇，完成 3315 名建档立卡贫困人员参加医疗保险工作，这些人全部享受基本医疗保险、大病医疗保险、医疗救助相关待遇。

在乡村教育方面，盘龙区大力发展乡村教育事业，2018 年启动实施 14 个校安工程项目，完成排危面积 92169 平方米，完成 8 所学校"全面改薄"

27254 平方米。盘龙区被评为国家义务教育基本均衡区，桃源小学创建为全国文明校园，新迎二小被评为全国中小学心理健康教育特色学校、全国国防教育特色学校，北站幼儿园被评为国际生态学校项目绿旗荣誉学校。在教育扶贫方面，盘龙区完成了对省教育厅通过教育扶贫大数据平台下发数据（其中建档立卡学生 3431 人）的比对核查，发现 9 名疑似辍学的建档立卡学生。此外，全区进行了公安返回 55948 条盘龙区户籍人口就学情况数据的核查比对。2020 年，盘龙区严格按照"四查三比对"要求，对云南教育扶贫数据管理系统中 3754 人的数据进行核查更新。

# 第二章　绿水青山带来乡村蝶变：乡村生态建设的全面提升

乡村振兴是实现产业、人才、文化、生态、组织"五位一体"的全面振兴，党的十九大提出实施乡村振兴战略，生态宜居是乡村振兴战略的总要求之一。生态振兴是乡村振兴的重要前提和内在要求，良好的生态环境是农村的最大优势和宝贵财富。习近平在北京出席2022年世界经济论坛视频会议并发表演讲，他指出，发展经济不能对资源和生态环境竭泽而渔，生态环境保护也不是舍弃经济发展而缘木求鱼。[①] 生态振兴是推动乡村"五大振兴"的应有之义，是推进生态文明建设的重要内容。

当前，我国农业农村现代化已经成为"四化同步"的短板，乡村生态环境问题又是农业农村现代化的突出短板。因此，实现生态振兴就是要坚持以习近平生态文明思想为指导，积极践行"绿水青山就是金山银山"的理念，实现农村生态系统的健康发展、农业资源的高效利用、农业环境污染的全面治理和农民人居环境的显著改善，让良好生态成为乡村振兴的支撑点，全面推进乡村振兴。[②]

## 第一节　盘龙区乡村生态建设进展

盘龙区是昆明主城核心区之一，在全市发展大局中具有独特的角色定位和作用。坐落在盘龙区的松华坝水源区是昆明市的用水"心脏"，因此，

---

① 《习近平：发展经济不能竭泽而渔，生态环境保护不能缘木求鱼》，https://www.gov.cn/xin-wen/2022–01/17/content_5668933.htm，最后访问日期：2024年3月13日。
② 张灿强：《聚焦四大目标推进生态振兴》，《理论导报》2021年第1期。

盘龙区的首要定位就是"城市饮用水源保护区"。党的十八大以来，盘龙区充分发挥生态优势，坚持生态优先、绿色发展理念，守住环境安全底线，努力探索符合水源保护区实际的乡村振兴道路，在以生态建设推进乡村振兴的工作中取得显著成效。故本章内容聚焦盘龙区乡村生态建设状况，以期对生态振兴的实践探索有所裨益。

## 一 土地综合整治进展

农村土地整治是优化土地资源配置、促进城乡统筹发展和服务"三农"的有效途径，是实施乡村振兴战略的重要抓手。近年来，随着国家农村土地整治工作的持续推进，盘龙区土地整治内涵不断丰富。目前，盘龙区土地综合整治以高标准农田建设为重点，关注资源高效利用和生态保护修复，积极探索水源保护区内水源的保护和本地居民生存发展协调共存的路径，开展全域土地综合整治，整治方式日趋多元化。

### （一）农用地整理实现乡村生产空间的优化

长期以来，盘龙区面临耕地碎片化、数量减少、质量下降、废弃撂荒、"非农化"、"非粮化"等问题，上述问题致使乡村生产空间效益低、主体缺失、中大型项目难以落地，阻碍了乡村振兴。[①] 新形势下，盘龙区"融发展于保护"，积极推进农用地整理，重点围绕高标准农田建设、耕地质量提升等展开工作。根据昆明市盘龙第三次全国国土调查主要数据公报，截至2019年底，盘龙区耕地面积为16.7626万亩，而截至2022年底，实有耕地面积达到20.5360万亩，作为食物供给载体的生产空间的保障性功能显著改善。此外，在"中国乡村社会大调查"中，盘龙区的样本村（社区）的耕地面积达6万亩。

对于农用地整理，盘龙区通过加强土地规划管控和用途管制，强化耕地利用总体规划的整体管控。政府制定了《盘龙区委、盘龙区人民政府关

---

① 林元城、杨忍、葛语思：《农村土地综合整治助力乡村振兴的内在逻辑与传导机制》，《规划师》2023年第5期。

于加强耕地保护和改进占补平衡的实施意见》和《盘龙区耕地保护责任目标考核办法（暂行）》，从制度上保证保护耕地和永久基本农田工作落到实处。此外，盘龙区实行了严格的节约集约用地制度，落实耕地占补平衡，完成补充耕地任务。实施乡村振兴战略以来，盘龙区耕地占补有余，建设占用耕地面积未超过土地利用年度计划指标。盘龙区严守永久基本农田控制线。2020 年，市级下达盘龙区耕地指标为 20.48 万亩，盘龙区实有耕地面积为 20.54 万亩（含田坎），高于市下达的耕地保有量指标；市级下达盘龙区永久基本农田目标值为 14.0025 万亩，盘龙区 8 月完成划定任务 14.0158 万亩。①

高标准农田是与现代农业生产和经营方式相适应的基本农田。在高标准农田建设方面，盘龙区调配灌溉用水，推进耕地轮作休耕，提升农业综合生产能力。《盘龙区农田建设规划（2021—2025 年）》明确农田建设重点区域面积 9.3 万亩，2024 年，全区高标准农田面积占全区耕地保有量面积的比重仍然逐步提高，农田灌溉水有效利用系数提高到 0.602 以上。与2020 年相比，耕地质量平均提升 0.100～0.200 个等级。预计到 2025 年，盘龙区将实现规划范围内平均耕地质量等别提升 0.3 个以上。

乡村生产空间是以农业生产为主导为人类提供农产品的国土空间，盘龙区农用地整理直接作用于乡村生产空间，对乡村生产空间的效率及发展等产生了深刻影响。通过农用地整理，盘龙区将零散的土地集中起来，实行规模化和专业化的生产方式，提高了农业生产效率，也促进了农村产业的发展，尤其是特色农业、生态农业等新兴产业，进一步优化了农业产业结构，推动了农业产业升级，提高了农产品的附加值。这有助于增加农民的收入，促进农村经济发展。

**（二）乡村生态保护修复实现生态空间发展**

在城镇化、工业化和现代化发展的综合作用下，乡村地域受到人口、

---

① 《昆明市盘龙区自然资源局 2022 年度部门整体支出绩效自评报告》，http://www.kmpl.gov.cn/c/2023 - 09 - 28/6710292. shtml，最后访问日期：2024 年 3 月 21 日。

资本和产业转移的影响，农村建设用地迅速增加，产业向工业化、商业化转型，导致乡村生态空间持续萎缩、生态环境质量下降。乡村生态空间能够发挥维持乡村生态系统稳定的作用，为乡村居民生存提供基础性自然条件和生态效益。

在乡村生态保护修复过程中，盘龙区首先关注湿地和湿地公园的建设和管理，推进乡村湿地保护示范区建设，完善湿地保护体系。第一，严格管控湿地面积总量。2020 年，全区湿地面积达到 1317.39 公顷，湿地保护率为 78.40%，自然湿地保护率为 80.71%。第二，健全湿地保护管理体系。结合河长制、湖长制和松华坝水源区保护工作，盘龙区开展湿地保护管理工作。第三，提升湿地生态功能。截至 2020 年，盘龙区已建成生态湿地 40 余个，湿地总面积 4038.48 亩。第四，规范湿地用途管理也是乡村湿地生态保护修复的重要一环。盘龙区按照主体功能定位确定各类湿地功能，实施负面清单管理，目前未出现破坏自然湿地及其生态功能、擅自改变湿地用途等情况。①

松华坝水源区既是农业发展重要空间，又是生态保护的重要空间，对松华坝水源区的保护是昆明市和盘龙区贯彻落实生态文明理念的重要抓手。在乡村振兴背景下，盘龙区还实施营造林工程，通过退耕还林、"农改林"来实现乡村生态保护修复。自 2006 年以来，盘龙区在松华坝水源保护区范围内的冷水河、牧羊河及其支流沿岸共收租耕地 4.7 万亩实施"农改林"，分别在一级水源保护区建成永久性生态林带，在二级水源保护区建成永久性生态林（湿地）和苗木（经济林果）基地。通过农地改林地政策的推行，松华坝水源区的生态环境得到了明显改善，在二级水源保护区森林覆盖率提高到 68.12%，有效保护了松华坝水源。为了形成山有人管、林有人护、责有人担的护林工作格局，盘龙区农业农村局与区人民法院建立了"林长制 + 森林法官"协作机制，将林业、农业资源和司法保护紧密结合，明确了"行政监管 + 刑事惩治 + 公益诉讼"的保护模式，实现了森林资源刑事、

---

① 《盘龙区生态文明建设示范区规划（2021 - 2030 年）》，http：//www. kmpl. gov. cn/c/2023 - 04 - 07/6616925. shtml，最后访问日期：2024 年 3 月 13 日。

民事、行政案件"三审合一"的目标。

此外，盘龙区还探索"上截、中疏、下排"模式，构建"三横三纵一面"治水体系，依托面山防洪滞蓄工程，开展河道水系整治，以实现乡村生态保护修复。同时，全区加快河道通畅建设和美丽河道创建，提升污水处理效能，恢复河道生态系统，连通或打造小公园、小湿地，恢复河道及周边小生态。农业面源污染一直是其重要的污染源，为有效控制面源污染，盘龙区通过畜禽禁（限）区修订及禁养区规模养殖场关闭搬迁、耕地土壤重金属污染调查，有序开展土壤污染治理与修复，在松华坝水源保护区实施有机农业土壤修复关键技术研究与应用示范项目。全面推进乡村振兴以来，在对松华坝水源保护区土壤环境质量的监测中，尚未发现土壤污染情况。

## 二　农村人居环境的改善

改善农村人居环境、建设生态宜居美丽乡村是提升农村居民生态福祉的重要抓手，更是实施乡村振兴战略的一项重要任务。2018 年 3 月，习近平在参加十三届全国人民代表大会一次会议山东代表团审议时指出，"要推动乡村生态振兴，坚持绿色发展，加强农村突出环境问题综合治理，扎实实施农村人居环境整治三年行动计划，推进农村'厕所革命'，完善农村生活设施，打造农民安居乐业的美丽家园，让良好生态成为乡村振兴支撑点"。① 这一重要论断阐明了乡村生态振兴的战略定位、目标使命及实践要求，从人与自然关系的视角回答了中国要实现什么样的乡村振兴，如何实现乡村生态振兴的问题。

2020 年 6 月，生态环境部办公厅、农业农村部办公厅和国务院扶贫办综合司出台了《关于以生态振兴巩固脱贫攻坚成果 进一步推进乡村振兴的指导意见（2020～2022 年）》，其中强调要发挥生态环境保护在巩固拓展脱

---

① 《习近平李克强王沪宁赵乐际韩正分别参加全国人大会议一些代表团审议》，https://baijia-hao. baidu. com/s? id = 1594374037667643550&wfr = spider&for = pc，最后访问日期：2024 年 1 月 20 日。

贫攻坚成果同乡村振兴有效衔接中的重要作用，以生态振兴促进乡村全面振兴。2021 年 12 月 5 日，中共中央办公厅、国务院办公厅印发了《农村人居环境整治提升五年行动方案（2021—2025 年）》，盘龙区农村人居环境整治的步伐全面加快。"优美、健康、均衡、公平"是农村人居环境整治的本质特征。实施农村人居环境整治，使农村居民的生活环境更加优美，农村人居环境系统更加健康，这体现的是新发展阶段城乡之间的均衡、社会发展的公平。① 农村人居环境质量的改善是一个循序渐进的动态过程，2018 年农村人居环境整治三年行动实施以来，盘龙区农村长期存在的脏乱差局面得到显著改善。

**（一）环卫一体化：促进农村生活垃圾有效治理**

随着农村城镇化的加快和农民生活水平的提高，农村生活垃圾问题日益严重。加强农村生活垃圾分类治理是持续改善农村人居环境、推进乡村振兴战略的题中应有之义。为有效解决农村生活垃圾难处理的问题，实现垃圾资源化、无害化利用，盘龙区率先探索城乡环卫一体化的农村环境治理模式。"城乡环卫一体化"的模式，是指将城市与农村的环卫工作放在同等重要的位置，通过科学有序地开展环境卫生一体化工作，解决农村"垃圾围村"、环境脏乱差的问题。

2016 年，盘龙区政府打破社会资本进入环保等公共服务领域的阻隔，建立了农村垃圾处理的市场化体制。政府引进环卫一体化理念和管理模式，实施了昆明市首个综合性环卫一体化 PPP 项目。盘龙区将双龙、松华、滇源、阿子营 4 个涉农街道及下属 43 个建制村、269 个村小组全部纳入环卫一体化 PPP 项目范围，建立了一套农村垃圾收集处理的长效机制。项目通过重组一支市场化、正规化、专业化、机械化、职业化的清扫保洁队伍，建立环卫应急保障体系，从而解决了考核标准不一致、人工清扫保洁不到位等诸多问题，推动了环境管理水平的显著提升。2019 年，盘龙区农村生

---

① 于法稳、胡梅梅、王广梁：《面向 2035 年远景目标的农村人居环境整治提升路径及对策研究》，《中国软科学》2022 年第 7 期。

活垃圾日清运量达到 50.37 吨，全年共计清运农村生活垃圾 13749.9 吨。①实施乡村振兴战略以来，盘龙区农村生活垃圾收运实现自然村全覆盖，生活垃圾依托 23 座垃圾中转站全部统一运往市城市管理局指定的生活垃圾焚烧发电厂进行无害化处理，生活垃圾无害化处理率高达 100%。

为了巩固农村生活垃圾整治的现有成果，避免"垃圾围村"现象的反复出现，盘龙区还在"城乡环卫一体化"模式的指引下，开展生活垃圾分类试点示范，逐步建立和完善符合农村实际、方式多样的垃圾收运处置体系。按照"大分流、细分类"等要求，参照落实城市生活垃圾分类标准，鼓励村民将生活垃圾进行分类存放，并通过分类收集、统一运输、集中处理和综合利用，推进农村垃圾资源化利用，提高固体废物的无害化处理水平，推动社会经济的可持续发展。当然，我们通过"中国乡村社会大调查"的数据也可以看到，盘龙区抽样村（社区）中，依旧有部分村民小组尚未建立完善的垃圾集中堆放点。

（二）小厕所，大民生：农村"厕所革命"的文明促进

农村"厕所革命"是农村人居环境整治的重点之一，农村"厕所革命"可以减少污染物的排放，改善农村卫生环境，保护农村生态环境，提高农民的健康水平。党的十八大之后，中国的"厕所革命"在认识和实践上进入了新阶段，习近平总书记对"厕所革命"的高度重视和做出的一系列重要指示，加速了中国"厕所革命"的步伐。②

作为一项"革命"，它需要制度的规划和推动。一方面，盘龙区政府制定了《昆明市盘龙区 2020 年农村无害化卫生户厕建设实施方案》，按照群众接受、经济适用、维护方便、不污染公众水体的要求，因地制宜，合理确定农村户用无害化卫生厕所改造模式。其中，污水处理厂覆盖到的有完

---

① 《一年清运垃圾上千吨！盘龙区建立起农村垃圾收集处理长效机制》，https://mp. weixin. qq. com/s? _ _ biz = MjM5Njk3MzM2MA = = &mid = 2652356991&idx = 2&sn = 04a7c9f92712b15e 5b43cd642fd5180e&chksm = bd027f208a75f63679494194c6cb7b99b7e9edad6778ee3321319e924e 76a6dce30c4a60d165&scene = 27，最后访问日期：2024 年 3 月 13 日。

② 陈永森、贺振东：《中国"厕所革命"的成就与经验及其对社会文明的促进作用》，《福建师范大学学报》（哲学社会科学版）2023 年第 1 期。

整管道的村庄，可采用完整下水道水冲厕。污水管网覆盖不到位的村庄，则建议在住宅内改造建设水冲式无害化卫生厕所，在住宅外改造建设无害化卫生旱厕。农村新建住房均需配套建设无害化卫生厕所。2020年，盘龙区共有农户24668户，共有户厕数17378户（其中，无害化卫生户厕数3245户、卫生户厕数5693户、传统户厕数8440户），无厕户7290户。按照普查数据，盘龙区需提升改造的户厕数为14133户（其中，拆除重建8440户、提升改造5693户）。① 截至2020年，已实现乡镇镇区、行政村村委会所在地无害化卫生公厕100%全覆盖，无害化卫生户厕率达90.1%。②

另一方面，盘龙区完善管护运行机制，2020~2022年，在4个街道实施6645座厕所改造建设任务，5082座厕所由第三方会计师事务所质量评价为"合格"，群众满意度达95%以上。③ 此外，盘龙区加强农村生活污水治理与改厕治理有效衔接，推进粪污无害化处理和资源化利用，通过推行沼气发酵、堆肥和有机肥生产等方式，防止随意倾倒粪污，切实解决粪污排放及利用问题。

厕所是人类文明的尺度。"厕所革命"最直观的变化就是如厕行为的变化，由于厕所管理的逐渐完善和公民道德水平的提高，厕所环境整洁，不堪入目的"厕所文化"也逐渐消失。此外，"厕所革命"促进了卫生文明的进步，提高了村民的卫生健康水平，改善了农村人居环境，为美丽乡村建设奠定了基础。④

### （三）擦亮乡村振兴"底色"：农村生活污水的有效治理

农村生活污水治理是农村人居环境整治提升的重要内容，也是建设美

---

① 《昆明市盘龙区2020年农村无害化卫生户厕 建设实施方案》，http://www. kmpl. gov. cn/c/2020－05－11/4685973. shtml，最后访问日期：2024年3月21日。
② 《盘龙区脱贫攻坚及农村人居环境整治工作圆满通过市级专项调查考核》，http://www. km-pl. gov. cn/c/2020－11－27/4730336. shtml，最后访问日期：2024年3月21日。
③ 《追加无害化户厕建设第一批经费支出绩效自评报告（2022年度）》，http://www. kmpl. gov. cn/c/2023－09－28/6706235. shtml，最后访问日期：2024年3月21日。
④ 陈永森、贺振东：《中国"厕所革命"的成就与经验及其对社会文明的促进作用》，《福建师范大学学报》（哲学社会科学版）2023年第1期。

丽乡村的重要举措。坐落在盘龙区的松华坝水库是昆明市重点饮用水源地。因此，有效推进农村生活污水治理具有重要意义。科学性、适宜性、有效性是盘龙区农村生活污水治理的典型特征。

一方面，盘龙区以集中式饮用水水源地为重点，规范化治理农村生活污水。分类开展村庄污水治理提升工作，对全区自然村的农村生活污水进行改造和治理，加强对双玉污水处理厂、双龙污水处理厂的管理，以确保集中式污水处理厂的正常运行。对于偏远的村庄，盘龙区采用生态湿地等设施进行单村治理。另一方面，盘龙区探索技术以有效开展农村生活污水处理。以主要位于松华坝水源保护区的盘龙辖区 4 个涉农街道（阿子营街道、双龙街道、松华街道、松滇源街道）284 个自然村为例，在农村生活污水治理中，建设 264 套农村生活污水处理设施，实施村庄截污工程，按保护等级分级施策，结合山势，采取集镇污水处理、一级保护区一体化设施，二级三池、三级区回用塘等多种方式进行污水处理。截至 2020 年，盘龙区乡镇生活污水处理设施覆盖率达到 100%，对于保护松华坝水库水源、改善滇池水质发挥着重要的作用。①

铁冲村内有一条铁冲小河，是牧羊河的一级支流，而牧羊河则是松华坝水库重要补水河道。为了保护水源，村子 300 多户家庭接通了截污管，每天产生的生活污水，经过管道流入 2 个污水处理站进行处理，随后流入湿地自然净化。最后，经过净化处理的生产生活污水，已经达到Ⅱ类水质标准。

有效衔接农村改厕与生活污水治理是进一步减少农村生活污染排放、提高水资源利用率和粪污资源化利用率，推动农村人居环境不断改善的重要一环。盘龙区也在探索农村生活污水治理与改厕治理有效衔接，推进粪污无害化处理和资源化利用。预计到 2025 年，松华坝流域内自然村的污水收集系统将收集到户，实现管网覆盖率 95% 以上，集中型村庄污水收集率在 85% 以上，会有效改善农村环境和生活条件，为乡村振兴战略目标的实现提供有力支撑。

---

① 《195 座"处污"设施！盘龙区实现农村污水处理设施全覆盖》，https://www.sohu.com/a/414889450_99893599，最后访问日期：2024 年 3 月 14 日。

### （四）分类整治：危房改造让农村更安全

农村危房改造旨在消除住房安全隐患，切实改善农村困难群众的住房条件，提高农村居民的整体居住条件，推动农村人居环境整体提升，实现脱贫攻坚"两不愁三保障"中住房安全有保障的重要目标。盘龙区的农村危房改造主要针对双龙、松华、滇源、阿子营街道范围内的村民，村民在户籍所在地符合"一户一宅"条件，并且该住房被认定为农村危房。此外，辖区内的村民要未享受过扶贫、地质灾害易地搬迁、工程移民搬迁或其他补助政策。

在危房改造的推进思路上，一方面，通过政府引导与群众自愿的原则展开，政府发挥协调推动的作用，确保符合政策支持条件的危房户都参与到改造中来，实现应改尽改；另一方面，尊重农户的意愿，激发农户的积极性，鼓励他们投工投劳，互相帮助，从而真正激发农村危房改造的内在动力。在改造方式上，农村危房改造结合乡村振兴战略、美丽乡村建设、农村人居环境整治提升、迁村并点等工作，遵循精准认定与科学施策的原则分类分步实施。其中，部分承重构件不满足安全要求或局部出现险情，构成局部危险的危房，按修缮加固实施；大部分承重构件不满足安全要求、整体出现险情或结构形式不合理构成整栋危房，按拆除重建实施。截至2022年，盘龙区共计完成1700余户危房改造。[①]

### （五）各美其美：打造特色乡村风貌

"绿水青山就是金山银山"引领着美丽乡村建设。美丽乡村建设是推进生态文明建设的重要举措，也是改善农村生态环境、提升乡村建设水平的现实需要。打造特色乡村风貌需要系统规划、因地制宜、科学布局。一方面，盘龙区出台相关政策文件，制定工作制度、编制实施方案，如编制完成《昆明市盘龙区"十三五"时期美丽乡村建设规划》、《昆明市盘龙区乡村振兴战略总体规划（2018—2022年）》、《昆明市盘龙区生态区建设规划

---

① 《【第六场】精致城市 幸福盘龙》，https://mp.weixin.qq.com/s?__biz=MjM5Njk3MzM2M
A=&mid=2652651333&idx=1&sn=6d439af6a733918a1ff8160d56542947&chksm=bd0fa23a
8a782b2cc82587b2ed104f5782aa611f47870b956cf77322609c54f482048fd1f24c&scene=27，最后
访问日期：2024年3月14日。

续编（2014—2020 年）》和《昆明市盘龙区生态区建设实施方案》，按步骤推进计划。另一方面，盘龙区结合水源区特点和民族传统，强化生态环境分区保护、分类引导、差别管控意识，推进生态文明示范区建设，打造生态优美的人居环境，建设美丽乡村。

2016 年以来，盘龙区建成 5 个美丽宜居乡村省级重点村、1 个市级美丽乡村、15 个美丽宜居乡村区级示范村，先后有 3 个村落被命名为云南省民族团结进步示范村、少数民族特色村寨。此外，盘龙区分批次开展生态村、生态乡镇创建工作，累计投入资金 2000 余万元。通过近 10 年的努力，辖区 4 个行政村（涉农社区）成功创建为国家级生态村，42 个行政村（涉农社区）全部成功创建为省级生态村，涉农街道成功创建为国家级生态乡镇，盘龙区于 2017 年获得"省级生态文明县市区"正式命名。[①]

盘龙区阿子营街道铁冲村位于昆明市松华坝水库上游，全村大部分区域位于饮用水源保护区内，是昆明市饮用水的主要源头之一。由于地处水源保护区，铁冲村不能像其他地方一样通过传统种养殖业谋求发展。为此，村委会转变思路，结合辖区内大小溪流众多及群山环绕的地理特色，以小流域治理为抓手，推进美丽乡村建设。对此，村委会设置了"三道防线"推进小流域治理和美丽乡村建设。第一道防线是"生态修复"，植树造林、只栽不砍、只增不减、恢复生态。第二道防线是"生态治理"，收集农村污水和垃圾集中处理，达标排放；调整农业种植结构，严格控制化肥和农药的施用量。第三道防线是"生态保护"，建设林草生物缓冲带，发挥植物的水质净化功能，维系河道及湖库周边的生态系统。村委会根据村子不同片区的景观特色，在湿地公园栽种了大批观音柳、垂柳和石榴树；建设儿童湿地公园，增设人工沙滩。走进铁冲村，乡村振兴带来的"红利"处处可见。[②]

乡村产业的发展从不是孤立而线性的，在美丽乡村建设过程中，盘龙

---

① 《盘龙区生态文明建设示范区规划（2021—2030 年）》，http://www.kmpl.gov.cn/c/2023 – 04 – 07/6616925.shtml，最后访问日期：2024 年 1 月 20 日。

② 《铁冲村，昆明盘龙区的诗意村庄》，http://www.yn.xinhuanet.com/20230831/fd1feef6fe5f443 c960797a73e2b6d1d/c.html，最后访问日期：2023 年 9 月 1 日。

区关注到了发展特色产业的重要性，以产业发展推动美丽乡村建设。盘龙区结合美丽乡村建设，依托水源区一流的自然生态，挖掘历史文化、农耕文化、民族文化等乡村文化资源，探索发展生态游、农业观光游、农事体验游、运动休闲游等绿色产业，探索发展多种康养建设模式，促进农业与文旅产业深度融合。比如，在双龙片区通过利用"旅游+""生态+"等模式，拓展观光采摘和休闲体验功能；以西北绕城高速便捷的交通优势为依托，进行九龙湾片区休闲度假、康体娱乐等旅游发展；在麦冲片区进行新型农家乐的试点建设，麦地塘片区精品旅游区建设；等等。围绕乡村休闲，盘龙区还打造了金殿至双龙、茨坝至阿子营2条乡村旅游路线，农业观光等多种形式的乡村旅游活动蓬勃发展。

总的来说，盘龙区在乡村振兴背景下打造特色乡村风貌的做法体现了多样性、整体设计、历史文化保护和现代文明融入的特点。这些做法有机结合，为建设立足乡土社会、富有地域特色、承载田园乡愁、体现现代文明的美丽乡村提供了有力支持。

农村人居环境整治对于推进农村现代化和实现乡村振兴具有重要意义。经过整治工作，农村的环境得到了明显改善，村庄的脏乱差现象基本消除，村庄的生态环境日益改善。同时，农村的生活条件也得到了明显改变，农村的基础设施更加完善，农民的生活质量显著提高。此外，通过整治工作和绿色产业的发展，村庄的人居环境得到了美化（见图2-1），产业发展和农民增收也得到了促进。基层治理能力也显著提升，为推进乡村振兴和实现农村现代化奠定了良好基础。

## 三 农业绿色发展的进展

绿色是农业的底色，农业绿色发展是以绿色发展理念为引领，以绿色农产品和生态服务持续供给为目标，生产生活生态相协调，使农业成为物质产品的生产部门，还成为生态产品的服务部门。[①]《"十四五"全国农业绿

---

[①] 李周：《中国农业绿色发展：制度演化与实践行动》，《求索》2022年第5期。

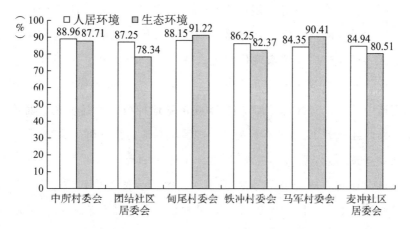

图 2-1　盘龙区抽样村（社区）村民（居民）反映人居环境/
生态环境有所好转的比例

资料来源：根据"中国乡村社会大调查"数据整理而成。

色发展规划》提出，加快推进农业绿色发展具有重大意义，这既是贯彻落实习近平生态文明思想的具体体现，又是满足人民美好生活期盼的迫切要求，是全面推进乡村振兴的必然选择。松华坝水源保护区特定的环境和功能定位，决定了盘龙区要走绿色经济发展的模式。

（一）生产方式持续绿色转型

农业生产绿色转型主要是指遵循生态环境保护的原则，通过变革产地环境、产品结构、生产过程及其产生的废弃物的处理方式，增加绿色优质农产品供给，力求实现经济社会与资源环境协调发展。为保护好松华坝水源保护区这一昆明主城区集中饮用水源地，盘龙区积极推进农业生产方式持续绿色转型，尤其将水源区主导产业定位为绿色高效品牌农业。

在发展布局上，按照水源保护区要求，水源一级保护区内严格实行"止耕禁养"；二级保护区内实施"禁花减菜"、退耕还林，重点发展绿色有机农业；三级保护区内全面调整种植结构，发展有机农业，吸引绿色、有机等低污染农业龙头企业入驻。因此，双龙街道以发展产城融合的产业集聚区为目标，集中发展"小而精"城郊现代农业及休闲旅游观光产业、都市农庄、休闲农业、绿色有机农林产业、现代物流等。松华街道布局农业科技、研发、实验项目等开展试点推广，发展多种经营。滇源街道、阿子营街道以发展有机农业生产示范区、烟区综合体、昆明北部生态保护与发展示范区为目标，加快都市现代绿色农业发展。2016 年，生态有机农业的领先企业——芸岭鲜生落户滇源街道。依托松华坝水源保护区天然优势，滇源街道中所村、南营村、甸尾村 2600 亩基地种植的罗马生菜、西芹、奶白菜、大西红柿等 30 多种有机蔬菜，源源不断地向盒马鲜生输送。

在发展模式上，盘龙区主要以"合作社＋平台公司＋龙头企业"的模式，通过专业化、规模化地引入资本、技术、装备等现代农业生产要素，助力农业绿色生产，比如实施环水有机种植示范、特色农业示范基地建设等项目，减少农业面源污染。此外，盘龙区规范发展网红代言、直播带货等农村电商销售新业态，发展壮大农业专业化、社会化服务组织，促进小农户与现代农业发展有机衔接。2022 年 7 月，全国首个"有机盒马村"在滇源街道中所村挂牌，这个全国最大的有机蔬菜"盒马村"，目前已形成完善的供应链和物流体系，带动了当地 500 多户农民就业和增收，吸引越来越多的年轻人回乡就业。

2021 年，盘龙区获得省、市农业种植"绿色品牌"基地认证 2 个，绿色学校 4 家，松华街道大哨社区、滇源街道老坝村、阿子营街道铁冲村获昆明市"一村一品"示范村认定。2023 年，盘龙区松华坝水源区共有从事有机蔬菜种植企业 6 家，获得有机认证证书 14 本、涉及产品 134 个，建成有机示范种植基地 3 个，有机种植面积 5000 余亩。① 其中，芸岭鲜生环水有机种植基地达 2578 亩，云南汇林生物科技有限公司有机食用菌林下种植基地 700 亩，昆明中如农业科技有限公司国际生态有机种植基地 235 亩。

（二）化肥、农药、农膜减量增效

化肥、农药和农膜的使用对农业生产和生态环境都有重要的影响，实

---

① 《盘龙区对标全省"打造世界一流绿色食品牌"》，https://new.qq.com/rain/a/20230609A0605J00，最后访问日期：2024 年 3 月 14 日。

施绿色农业技术，推进农业投入品减量增效是降低农业面源污染、有效保护松华坝水源区、实现农业绿色发展的重要举措。

盘龙区根据松华坝水源区管理规定，探索农业面源污染综合治理路径，以绿色农业技术支撑起农业生产绿色转型。在农药减量增效方面，盘龙区通过推广有机肥替代化肥，加快推广高效缓释肥料、水溶肥料、生物肥等高效新型肥料，探索高效绿色肥料多肥配施、大面积推广使用的有效途径，2023 年完成新型肥料技术推广 50 亩，有机肥利用技术推广 1000 亩，水肥一体化技术推广 3000 亩；实施测土配方施肥，在滇池流域实现测土配方技术全覆盖，2023 年完成测土配方施肥面积 8 万亩。

此外，盘龙区通过集成推广病虫害绿色防控技术模式，推进农作物病虫害统防统治，推进化学农药规范化、减量化使用。盘龙区重点打造沿湖区域粮食作物休耕示范区、蔬菜花卉绿色有机生产示范区、花卉肥水"零排放"栽培示范区、粮食作物测土配方施肥示范区。目前，盘龙区形成了化肥农药减量增效、农业废弃物资源化再利用、村庄面源污染防控"三位一体"模式，取得了控污减排、推动农业绿色发展成效。2021 年，盘龙区实现农作物病虫害绿色防控农药减量技术推广示范 2000 亩，辐射面积20000 亩，覆盖率在 32% 以上；推广农作物病虫害专业统防统治，病虫害绿色防控 9.72 万亩，防治率在 42% 以上；实施农业种植结构调整 3.8 万亩。①生产方式的调整预计每年可减少化肥施用量约 15683 吨、农药使用量约89.6 吨。② 到 2025 年，盘龙区将实现主要农作物化肥农药使用量负增长。

## 四　水源保护区的保护与利用

水源地是一个地区重要的生态屏障和发展的基础，尤其在当下水资源

---

① 《昆明盘龙：立足"城市饮用水源保护区"把绿水青山转化为金山银山》，http://guoqing. china. com. cn/2022 - 06/09/content_78261410. htm，最后访问日期：2024 年 3 月 21 日。

② 《昆明坚持水源区生态补偿机制 守护好城市发展命脉》，https://www. baidu. com/link? url = Qx3GAtJmoxYhztbb9sRvihO4ELnKr579RJiIHCbHpf－3ro6EU9pTkwXy4QStF7EqEaBHLLEEfEbJB fkrB-lFmwkbUYOO9j_8eiA-dVdYdc7&wd = &eqid = cedd8ce900c229b10000000665fc5ff7，最后访问日期：2024 年 3 月 21 日。

短缺、水污染问题日益严重，守护水源地的安全就是守护地区发展的命脉。松华坝水库是昆明市重点饮用水源地，水源保护区总面积占盘龙区总面积的72%，为保障昆明主城区饮水安全，盘龙区将松华坝饮用水水源保护区保护治理当作首要任务。

### （一）松华坝水源区的发展历史①

松华坝水源保护区成立于1981年8月，时称松华坝水库水系水源保护区，1988年改称松华坝水源保护区，因松华坝水库位于其间而命名，是昆明城市集中式供水的水源地。松华坝水源保护区位于昆明市郊北端，地理坐标为东经102°45′~102°59′、北纬25°08′~25°27′，面积为629.8平方千米，区域南北直线距离为36千米，东西直线距离为24千米，东邻官渡区，西接富民县、五华区，南至昆明主城区，北及嵩明县。区内距离昆明市城中心最近点是松华坝水库，有13千米；最远点是滇源街道大哨竹箐口村，约54千米。

松华坝水源保护区位于滇池北岸，昆明市郊区北端。据考，由于区域内土地适于农耕，4000多年前就有人类活动。松华坝水库筑坝历史可以追溯至北宋时期。900多年以来，历经堰、渠、闸、坝、库的演变。1951年，谷昌坝水库管理所交由昆明市人民政府建设科领导。1958年，昆明市兴建松华坝水库。1959年，昆明市松华坝水库管理所成立，辖小河、甸尾、松华3个水文站。1964年，松华坝水库管理所升级为松华坝水库管理处。1975年，中共昆明市委向云南省委提出建立松华坝水源涵养、水质保护区，建立特区党委和革命委员会，划归昆明市管辖。

1981年，昆明市正式建立松华坝水库水系水源保护区，将松华坝水库径流区及水库枢纽工程划为松华坝水源保护区范围，作为昆明市饮用水源加以特殊保护，同时设立松华坝水系水源保护区管理委员会，管理委员会成员由省、市、嵩明县、官渡区及相关乡、镇的负责人组成。2003年7月，

---

① 转引自昆明市盘龙区地方志编纂委员会办公室编《昆明市松华坝水源保护区志》，云南人民出版社，2021。

盘龙区滇池保护委员会成立，下设盘龙区滇池保护委员会办公室，加挂盘龙区滇池管理局牌子为盘龙区人民政府滇池流域专管机构，负责辖区内滇池流域和松华坝水源保护区的管理工作。2004 年，昆明市调整行政区划，官渡区龙泉街道、双龙乡、双哨乡、小河乡划入盘龙区，其中双哨乡、小河乡后来整合为松华乡。2009 年 8 月，为有效管理水源保护区，由一个统一的行政区对松华坝水源保护区进行管理，实现"一区一源"，中共昆明市委、市人民政府决定将嵩明县滇源、阿子营镇交由盘龙区管理，授权盘龙区人民政府成立盘龙区松华坝水库水源保护区管理委员会，为盘龙区政府的派出机构，负责对松华坝水源保护区实行一体化管理。至此，松华坝水源保护区的全部区域均在盘龙区辖区内，面积为 629.8 平方千米，有汉族、回族、苗族、彝族等多个民族，以汉族人口居多。

**（二）保护投入机制实现水源区保护**

制度引领，机制保障。一方面，盘龙区通过建立保护投入机制实现对水源区的保护，建章立制，完善和健全生态保护机制，为饮用水水源保护管理提供强有力的法治保障。比如根据《中华人民共和国水法》《中华人民共和国水污染防治法》《云南省水利工程管理条例》，昆明市出台了《昆明市松华坝水库保护条例》，明确了政府及有关行政管理部门的职责。据此，盘龙区先后印发实施《盘龙区有关部门和单位生态环境保护责任清单》等 10 余项生态文明建设发展规划和政策性文件，以水源保护为中心，构筑生态修复、生态治理、生态保护防线。有了长效机制，还要有资金保障，盘龙区把水源区保护的财政资金筹集和监管作为重点工作，据不完全统计，"十三五"期间，盘龙区向水源区投入资金 36.77 亿元。①

另一方面，盘龙区紧守生态保护红线，注重涵养水源，通过统筹山水林田湖草生命共同体系统治理，建成了 2100 余亩的生态湿地，并对 519 名

---

① 《【第五场】坚持生态优先绿色发展 更高质量推进乡村振兴》，https://mp.weixin.qq.com/s?__biz = MjM5Njk3MzM2MA = = &mid = 2652511173&idx = 2&sn = 9922912891ac74f75025b9914a0a2aa5&chksm = bd0fa59a8a782c8c0a67a43c353c925cebd229063be5d482937fde98280fd0e0f9b7feb82cef&scene = 27，最后访问日期：2024 年 3 月 14 日。

护林员实行森林防火网格化管理,水源保护区森林覆盖率达到71%。同时,盘龙区还成功创建了18个市级生态文明示范村、3个市美丽乡村示范村和10个国家级森林乡村,其中周达村成为省级生态文明村,整个街道也被评为国家级生态乡镇,甸尾水杉也成了盘龙生态立区的美丽缩影。①

## (三)生态补偿机制助力水源区保护

水利工程是农业发展的重要保障,松华坝水库最初的功能是防洪和农业灌溉。随着昆明市的发展,1990年后其主要功能变为城市供水,2003年后停止农灌供水,从此成为昆明城区饮用水水源地。1958年后,由于兴建松华坝水库和保护水源区,区域内群众经历三次较大的移民搬迁安置。第一次移民搬迁在1958~1959年兴建松华坝水库期间,昆明市政府将库区及周边部分村庄的群众搬迁至松华管理区及龙泉镇集中安置。第二次移民搬迁在1988~1993年松华坝水库加固扩建期间,昆明市政府对库区及周边部分淹没村庄的群众进行移民搬迁安置。第三次移民搬迁在2009~2012年,为减轻日益恶化的松华坝水源区内的环境污染,政府对松华坝水源区核心区居民进行搬迁安置。

为了加强对松华坝水库的保护,保障居民饮用水安全和身体健康,同时保障水源区群众的基本生产生活,改善群众生活条件,盘龙区依照国家、省、市水源保护相关规定,积极探索建立、完善生态保护补偿机制,实施分类定额补助,从生产生活、劳动技能提升、生态环境建设、学生就学、医疗养老等方面给予水源区群众全方位补助,实现饮用水源地保护与发展双赢(见表2-1)。尤其是2021年底印发的《盘龙区松华坝饮用水源保护区生产扶持补助办法》、《盘龙区松华坝饮用水源保护区生活补助办法》和《盘龙区松华坝饮用水源保护区生态管理补助办法》,涵盖了生产扶持、生活保障、生态治理3个大类17个补助项目,让更多水源区群众受益。

---

① 《牧羊河、冷水河入库水质稳步提升稳定达Ⅱ类标准》,https://www.ccwb.cn/web/info/20220922153805O7RKDF.html,最后访问日期:2024年3月14日。

表 2-1　盘龙区生态补偿助力水源区保护的相关政策梳理

| 文件名称 | 颁布年份 |
| --- | --- |
| 《昆明市主城饮用水源区扶持补助办法（2021—2025 年)》 | 2021 |
| 《盘龙区松华坝饮用水源保护区生态管理补助办法》 | 2021 |
| 《盘龙区松华坝饮用水源保护区生产扶持补助办法》 | 2021 |
| 《盘龙区松华坝饮用水源保护区生活补助办法》 | 2021 |
| 《盘龙区松华坝饮用水源保护区生活补助办法"户口外迁生活补助项目"实施细则》 | 2022 |
| 《盘龙区松华坝水源保护区低保、殡葬、残疾人两项补贴等扶持补助实施细则》 | 2022 |
| 《盘龙区松华坝饮用水源保护区环卫清扫保洁经费补助实施细则》 | 2022 |
| 《盘龙区松华坝饮用水源保护区生活垃圾收集间维修经费补助实施细则》 | 2022 |
| 《盘龙区松华坝饮用水源保护区"农改林"地租实施细则》 | 2022 |
| 《盘龙区松华坝饮用水源保护区"农改林"（湿地）管护资金管理实施细则》 | 2022 |
| 《盘龙区松华坝饮用水源保护区能源补助实施细则》 | 2022 |
| 《盘龙区松华坝饮用水源保护区生态环境治理设施建设运行补助实施细则》 | 2022 |
| 《盘龙区松华坝饮用水源保护区农业基础设施建设补助实施细则》 | 2022 |
| 《盘龙区松华坝饮用水源保护区生态农业发展扶持补助实施细则》 | 2022 |

资料来源：根据盘龙区相关部门提供的文件汇总而成。

## （四）水源区小流域治理的"铁冲模式"

地处昆明市重点水源地松华坝水库腹地的铁冲小流域，面积为 18.56 平方千米，涉及 6 个自然村。铁冲村隶属盘龙区阿子营街道，地处松华坝水库上游水源一级保护区，是昆明水源安全的重要生态屏障和水源涵养区。以前，铁冲村世代逐水而居、靠水吃水，日出而作、日落而息，由于地处保护区，村里不能发展工业和养殖业，村民们光靠种地很难赚到钱，人均年收入仅 2400 多元。铁冲小流域治理内容包括水土流失治理、生态修复、河道综合整治、人居环境综合整治、生态农业建设、面源污染治理、水土流失和水环境检测 7 项内容，构筑"生态修复、生态治理、生态保护"三道防线。

近几年，盘龙区在项目推进过程中采用先试先行的做法，探索建设新模式。在全省首批实施水土流失治理与生态修复、水系整治、人居环境整治相结合的"小流域＋"治理模式，探索"山、水、林、田、路、湖、村、业"统一规划和治理路径。2011 年，全国水土保持工作会议选取铁冲小流域进行了现场观摩推广，已累计接待 3000 余人参观学习。通过生态清洁小流域建设，铁冲小流域生态环境水平实现飞跃，森林覆盖率提高至 77.08%，水土保持率达 98%，流域内林草面积占宜林宜草面积达 95%，农村生活污水和生活垃圾无害化处理率达 100%，出口水质常年稳定在地表水 Ⅱ 类水标准。

铁冲村地处水源保护区，不能盲目发展传统种养殖业。对此，铁冲村充分整合、调动现有资源，使产业发展在符合水源保护区实际的基础上寻找新的突破口。通过引进企业投资，发展有机农业，推动传统农业向现代有机农业转变，在保护好水源的同时，也增加了群众的经济收入。乡村振兴开展以来，铁冲村规模化栽培示范与推广云南白灵芝种植，带动了周边30 多户农户参与项目生产。此外，铁冲村将村内约 100 亩闲置土地进行了整理，同时，在村里种植羊肚菌 30 亩，年产量约 60 吨，并引进龙头企业、种植大户种植有机蔬菜，联合省级贫困村果东村共同开发，形成"村企共建、村村互助"模式，实现村企之间、村村之间组织上联合、发展上联动、利益上共享。

## 第二节　盘龙区乡村生态振兴的问题审视

### 一　土地资源环境约束进一步加剧

土地资源是经济社会活动的基础和载体，所有经济社会活动都离不开土地资源。对盘龙区来说，土地资源的有效保护和合理利用情况，直接影响经济社会发展的可持续性。目前，盘龙区主要资源环境约束为土地资源不足，随着盘龙区城市化进程的逐步加快，建设用地需求不断扩大，农村住房占地也不断增加，加之生态退耕，耕地资源不断减少。由于土地集约化程度不高，土地资源变得相对贫乏，土地资源质量下降，农村土地规模经营受到限制，农业劳动生产率难以提高，制约着农民增收和农村经济发展，全区的经济社会发展受到较大限制。

电商的迅速发展带来了对于仓储的旺盛需求，但面对当前耕地资源日益紧张的形势，盘龙区没有新增工业、物流仓储建设用地，可供开发利用的土地资源有限，又难以获取优质土地。目前，盘龙区项目建设用地主要靠城中村和旧城改造释放存量土地获得，可利用新建土地较少。此外，盘龙区由于行政权限而与相邻片区的市场分割程度严重，土地使用资源效率低下，重大项目推进速度较慢。

## 二 生态环境保护和经济发展矛盾依旧存在

盘龙区水源区占比达辖区总面积的72%。因此，全区可用于工业以及其他各类重大项目建设的土地相对紧缺。除此之外，盘龙的水源区山峰连绵起伏，沟渠纵横交错，水源保护区内的植被丰富多样，水源保护区周边有着丰富的历史文化遗产和旅游资源。盘龙区的经济发展方向和模式可以和周边地区一样，实现因地制宜发展，但松华坝水库承担着昆明主城区35%以上的城市供水，基于承担全市安全饮水重任的实际，区域内生产生活方式受到严格限制，农民经济创收渠道少、人均收入低、生态补偿政策的优惠措施稍显不足，水源区内人民的生活水平与区外周边群众的平均生活水平差距较大。

如何确保水源区"生态修复、生态治理、生态保护"防线稳固，承担落实好维护城市饮水安全的重大责任；如何借助区域绿色生态资源，重点布局开展绿色生态农业试点示范，盘活松华坝水源区非核心保护区的土地资源，是盘龙区面临的难题。同时，如何在严格的生态资源管理制度要求下，将松华坝生态价值转化为经济价值，将资源优势转变为经济优势；如何更有效地建立完善的生态补偿体制机制等成为盘龙区生态文明建设的重大挑战。此外，盘龙区在绿色发展方面的前瞻性总体战略研究仍显薄弱，生产体系、生活模式、生态环境绿色化转型不够，产业规划和布局有待进一步完善。

### 三 污染防治攻坚战成效需要巩固

盘龙区生态环境保护形势和压力依然存在。盘龙江是滇池的重要补水通道，盘龙区位于盘龙江上游，保护好盘龙江的水质，对保持滇池水质的稳定有重要作用，加之盘龙区的松华坝水库也是昆明市的主要饮用水源地之一，水环境污染防治攻坚战成效巩固是盘龙区污染攻坚战的重点和核心，盘龙区水环境污染防治形势依然严峻。比如，一方面，部分村庄已建有三池等污水处理设施，但由于村庄内现状污水收集以边沟为主，雨季大量的雨水进入现状污水处理设施；另一方面，接入现状污水处理设施的管网系统不完善，导致部分河水、山泉水等进入污水处理设施。雨季时，滇源、双龙等污水处理站进水污染物浓度降低，导致污水处理设施进水水质波动较大，处理效果下降。此外，农村生活污水处理普遍重建设、轻运维，管理制度不完善，措施落实不到位。区域内存在多家污水处理设施运维单位设施运维责任人不明确、管理要求未落实的情况，村集体对维护设施正常运行的积极性不高。目前，部分河（湖）水质虽然年均值能达到考核标准，但部分水质也会在个别月份存在波动，还需要进一步巩固提升。

### 四 与国家生态文明示范区建设目标仍有差距

通过近 10 年的努力，盘龙区创建了 29 个省级森林乡村、1 个省级绿美乡镇、2 个省级绿美村庄和 55 个市级绿美村庄，建成 5 个美丽宜居乡村省级重点村、1 个市级美丽乡村及 15 个美丽宜居乡村区级示范村。盘龙区先后荣获全国第二批"节水型社会建设达标县区"、"2020 中国净水百佳县市"、"国家知识产权强县"、"中国天然氧吧"、"云南省生态文明建设示范区"和"云南省科技成果转化示范区"等称号。2017 年，盘龙区获得"省级生态文明县市区"正式命名，为创建国家生态文明建设示范区奠定了坚实基础。

虽然在国家生态文明示范区建设方面，盘龙区已经取得了一定的进展，但在某些方面仍存在一定的差距。例如生态环境质量改善未达预期，大气环境质量虽然较好，优良天数比例虽然常年保持在98%以上，但受不利大气扩散条件、区域大气污染物持续排放增加等各因素叠加影响，在每年3～5月静风少雨高风险期，全区环境空气质量可能出现臭氧轻度超标风险。水生态环境质量保持优良难度大，盘龙江、金汁河治理基础设施仍存在短板、生态流量不足等导致的水环境问题不容忽视，松华坝补水水源牧羊河、冷水河水体水质较为敏感，丰水期松华坝水质稳定达到Ⅱ类面临一定挑战。土壤环境治理处于起步阶段，基础工作薄弱，土壤污染防治监管体制还不顺畅，受污染耕地安全利用水平有待巩固提升，建设用地准入管理有待加强。地下水环境质量状况缺乏整体的评估，对地下水的环境质量状况、污染来源情况、与地表水及土壤污染的关联性等科学问题还处于摸索阶段。社会噪声及交通噪声为主要噪声污染源，而这两类噪声污染源较难控制，声环境质量持续提升难度较大。

## 第三节　推进乡村生态振兴深入发展的思考

### 一　推动经济价值与生态保护的协调发展

生态保护并不是一味地不发展经济，首先，要完善生态价值向经济价值转化的体制机制，在水源保护区相关政策基础上，出台打通生态保护和经济转化通道，科学制定生态环境保护和合理利用的实施意见，比如可以通过设立生态产业发展基金或债券，帮助生态产业聚集资金，也可以引导社会力量投资、捐助、认购、认建乡村振兴项目，设立乡村振兴战略投资基金。① 其次，要建立更为完善的生态补偿体制机制，从生态补偿的主客体、补偿资金来源等方面完善城市水源地的生态补偿机制，并建立生态补偿基金、健全生态补偿奖惩机制等。② 最后，要以绿色发展引领产业振兴。

---

① 卢志朋、洪舒迪：《生态价值向经济价值转化的内在逻辑及实现机制》，《社会治理》2021年第2期。

② 张文翔、明庆忠、牛洁、史正涛、雷国良：《高原城市水源地生态补偿额度核算及机制研究——以昆明松华坝水源地为例》，《地理研究》2017年第2期。

绿色发展是习近平生态文明思想的重要内容，是高质量发展的底色，而创新是绿色发展、高质量发展的重要驱动力。以绿色生态农业试点示范为例，要从宏观的政策法律机制、中观的配套支持服务和微观的实践工作落地三个层面着力，比如，制定和完善促进农业绿色发展的财政补贴、投融资、税收减免等政策，推进与绿色农业深度融合的互联网、大数据、云计算、区块链等信息技术发展，做好绿色农业发展示范园区建设，带动小农户步入农业绿色发展轨道，加快农业绿色生产方式的普及，等等。[①]

## 二 有效提升土地资源利用效率

在乡村振兴战略实施的背景下，新时期土地资源管理的关键是在原有土地利用总体规划的基础上，构建新型乡村战略布局。首先，要在县域范围内依据乡村自身资源禀赋条件和未来产业发展方向做好乡村规划，以县域为各个约束性指标的控制，重新调整耕地和基本农田保有量指标，在县域范围内统筹安排建设用地与耕地占有量。其次，在耕地占补平衡的约束下，要统一建立县域范围耕地产能评价指标体系，对县域范围内耕地进行产能核算，通过补改结合的形式，在不降低耕地产能的基础上，保障乡村各类用地。最后，生态是建设发展的基础，要加强耕地占补平衡过程中的生态保护，提升乡村生态系统稳定性，有效解决乡村发展用地不足和各类用地布局散乱等问题，将土地产生的增值收益更多地用到乡村，解决乡村地区在生态宜居、产业融合、文化振兴等方面存在的问题。[②]

## 三 提升生态文明建设发展水平

针对生态环境质量改善未达预期、水生态环境质量保持优良难度较大等问题，一方面，要严格执行规划环境影响评价制度和建设环境影响评价

---

[①] 杨世伟：《绿色发展引领乡村振兴：内在意蕴、逻辑机理与实现路径》，《华东理工大学学报》（社会科学版）2020年第4期。

[②] 李晓亮、吴克宁：《耕地占补平衡约束下实现乡村振兴战略的土地资源管理》，《土壤通报》2019年第2期。

制度，将"源头严防"理念有机融入产业规划、城市规划、流域与区域规划。强化规划环评的约束和指导作用，加强规划环评与项目环评联动，推行规划环评清单式管理。建立严格的环境准入制度，完善污染物排放总量控制制度。另一方面，要实施严格的水资源管理制度，完善取用水总量控制指标体系。大力发展农业节水改造和节水灌溉技术，减少农业用水。积极推进工业领域节水，促进污水处理和利用，严格控制高耗水工业发展。推进节水型企业、单位、小区的创建工作。加强对地下水的保护，建立健全地下水环境监管体系。强化地下水资源取水许可制度，严控地下水超采，坚决取缔违法开采地下水的行为。此外，要探索生态产品价值实现模式，可以争取省级或市级生态产品价值实现机制试点，结合生态产品价值核算结果，推动生态产品价值核算结果应用，探索生态产品价值实现机制。①

---

① 《盘龙区生态文明建设示范区规划（2021—2030 年）》。

# 第三章　水源区保护倒逼乡村产业生态化

习近平总书记在 2022 年中央农村工作会议上强调："产业振兴是乡村振兴的重中之重。"[①] 产业兴旺是乡村振兴战略的第一要务，产业振兴是乡村振兴战略实施的前提与基础。乡村振兴关键在于产业振兴，产业兴则百业兴，乡村要振兴，产业必振兴。党的二十大报告对"全面推进乡村振兴"做出重要部署，提出"加快建设农业强国，扎实推动乡村产业、人才、文化、生态、组织振兴"。2022 年中央农村工作会议和 2023 年中央一号文件也对全面推进乡村振兴的重点任务做出具体部署。只有夯实了物质基础，国家才能更好地实施乡村振兴战略，进而有效解决"三农"问题。

昆明市委赋予盘龙区"城市饮用水源保护区、生命科技创新区、现代服务业示范区"三大主导功能定位，据此，盘龙区委、区政府结合盘龙区实际，确定了"坚持中心带动、轴线拓展、多片发展，优化提升'南北呼应、两翼齐飞'发展格局，突出打造'两个新增长极'，统筹发展'三大板块'，构筑'一轴两极三廊多圈'的城市空间结构"，而这些布局中涉及产业部分的均以城市为主体，涉农街道承载的便是"城市饮用水源保护区"功能。从三次产业结构看，盘龙区第一产业占比由 2018 年的 0.72% 下降到 2022 年的 0.56%，2022 年农业（种植业）总产值占农林牧渔业总产值的比重高达 78%，[②] 根据《昆明市松华坝水库保护条例》（2006 年），在松华坝水源保护区完全禁止工业企业生产活动，乡村旅游业发展仅限于双龙街道的非水源保护区的较小区域（见表 3-1），因此，乡村产业发展主要体现在

---

[①] 《习近平出席中央农村工作会议并发表重要讲话》，https://www.gov.cn/xinwen/2022-12/24/content_5733398.htm，最后访问日期：2024 年 1 月 20 日。

[②] 2018~2022 年《昆明市盘龙区统计年鉴》。

第一产业中的农业（种植业）上。盘龙区 4 个涉农街道处于昆明市城市饮用水源地，确定了"筑牢水源安全屏障擦亮水源区生态底色"的底线，提出了"生态修复、生态治理、生态保护"的基本路径，在水源保护区采取"止耕、禁养、禁花、减菜、灭烟"政策举措。在大型工业企业逐步外迁后，盘龙区成为昆明市唯一没有工业园区的县域地区。《昆明市盘龙区国民经济和社会发展第十三个五年规划纲要》提出"涉农居民向城镇集中、土地向规模经营集中"，同时"协调经济社会发展与环境之间、资源利用与保护之间的矛盾，达到生态、经济、社会三大效益协调统一，在注重水源保护的同时，以生态发展、绿色发展为理念，对水源保护区进行适度的生态化、绿色化开发"①。《昆明市盘龙区国民经济和社会发展第十四个五年规划和二〇三五年远景目标纲要》明确了推动乡村产业兴旺的政策导向——"引导水源区农业向绿色化、生态化、有机化、现代化方向发展"，这是盘龙区水源区保护倒逼产业生态化的重要体现，也为盘龙区推进农业产业化发展提供了政策指引。因此，盘龙区乡村产业振兴实质就是水源保护区的绿色生态产业的振兴。

**表 3 - 1　昆明市松华坝水源保护区划定及其禁行规定**

**第八条　水源保护区范围按照水域功能和防护要求，划分为一、二、三级保护区：**
（一）一级保护区为水库正常水位线（黄海高程 1965.5 米）沿地表外延 200 米的水域和陆域内；冷水河、牧羊河河道上口线两侧沿地表外延 100 米的区域内；
（二）二级保护区为一级保护区外延 1500 米的区域内；
（三）三级保护区为一、二级保护区以外的径流区域。
……

**第十一条　在三级保护区内禁止下列行为：**
（一）新建、扩建直接或间接向水体排放污染物的建设项目；
（二）在禁止开垦区内开垦土地；
（三）盗伐滥伐林木，破坏水源涵养林、护岸林以及与保护水源有关的植被；
（四）破坏水库枢纽工程、堤防、护岸和防汛、水文、水质监测、环境监测等设施；
（五）使用对人体有害的鱼药；
（六）使用含磷洗涤用品及不可自然降解的泡沫塑料制品；

---

① 《昆明市盘龙区国民经济和社会发展第十三个五年规划纲要》，http://www.kmpl.gov.cn/c/ 2016 - 02 - 06/4080603.shtml，最后访问日期：2024 年 3 月 14 日。

续表

（七）移动、破坏界桩、界碑等警示标志；

（八）可能污染水源的其他行为。

**第十二条** 在二级保护区内除遵守第十一条规定外，还禁止下列行为：

（一）新建、扩建与供水设施、保护水源、改善水质无关的建设项目；

（二）新建、扩建排污口；

（三）设置畜禽养殖场；

（四）旅游、露营、野炊；

（五）设置有害化学物品的仓库或者堆栈；

（六）无防护措施运输强酸、强碱、毒性液体、有机溶剂、石油类、高毒高残留农药等危险物品的车辆进入；

（七）洗矿、挖沙、采石、取土等破坏水质的活动。

**第十三条** 在一级保护区内除遵守第十一、第十二条规定外，还禁止下列行为：

（一）设置排污口，直接或间接向水体排放污水、废液；

（二）与水源保护无关和产生污染的船只下水；

（三）向水域、陆域倾倒、堆放、掩埋废液、废渣、病死畜禽及其他废弃物；

（四）在水域游泳，水上训练以及其他体育、娱乐活动；

（五）在水体内或临近水源的地方洗刷车辆、衣物和其他器具；

（六）毒鱼、炸鱼、电鱼、钓鱼、偷盗水生动物和猎捕水禽；

（七）围滩造田、围库造塘、网箱养殖和放养畜禽；

（八）设置商业、饮食、服务网点。

资料来源：根据 2006 年《昆明市松华坝水库保护条例》整理而成。

## 第一节　盘龙区乡村绿色生态产业发展的基础条件

随着人们环保意识的增强和食品消费需求的升级，绿色生态产业将迎来新的发展契机。盘龙区是城市饮用水源区，适宜的自然环境、便利的市场条件和有利的产业环境为盘龙区乡村绿色生态产业发展提供了坚实的实践基础。更为重要的是，随着劳动力外流、土地规模经营的发展，产业环境也日益成熟。因此，盘龙区具有难得的发展绿色有机种植业的优势和条件。

### 一　自然环境

盘龙区优良的生态环境、气候资源为绿色有机种植业发展提供了有利的自然条件。辖区海拔在 1891.60～2589.50 米，年平均气温为 16.0℃，年平均日照时间为 2201.3 个小时，年平均降雨量为 917 毫米，辖区面积为 861.04 平方千米，主城建成区面积为 60.96 平方千米，水源保护区面积为 629.80 平方千米。生态湿地有 4038 亩，森林覆盖率为 64.42%，空气负氧离子浓度年平均达每立方厘米 2477 个，2020 年空气质量优良率为 99.7%；水体断面年均水质均达到考核要求，拥有良好的水生态环境。2021 年，盘龙区荣获"云南省生态文明区"称号。截至 2022 年，盘龙区成功创建省级森林乡村 29 个、绿美乡镇 1 个、绿美村庄 2 个和市级绿美村庄 55 个。2022 年盘龙区全年空气质量优良率保持在 99% 以上，考核位列全市第一。2022 年月，盘龙区荣获中国气象局授予的"中国天然氧吧"称号。[①]

## 二　市场距离

盘龙区农村地理位置优越，靠近昆明市中心，与周边地区紧密相连，这使农产品能够更便捷地进入市场，从而为农业发展创造了良好的市场机会。盘龙区位于昆明市东北部，东、南面与官渡区相连，北接嵩明和富民两县，西邻五华区，与其他 3 个城区——五华区、官渡区、西山区共同构成昆明市的主城区。盘龙区涉农的阿子营街道、滇源街道、松华街道、双龙街道，处于昆明市 1.5 小时经济圈内，与昆明北收费站的距离大多在 1 小时车程范围内（见表 3－2），较近的市场距离和经济距离为中心城市驱动农业发展提供了有利条件。在常住人口统计上，昆明市常住人口为 8460088 人，五华区常住人口为 1143085 人，盘龙区常住人口为 987955 人，官渡区常住人口为 1602279 人，西山区常住人口为 960746 人，嵩明县常住人口为 410929 人，富民县常住人口为 149506 人。[②] 盘龙区具有地处省会城市消费辐射区的区位

---

① 《2022 年盘龙区简介》，http://www.kmpl.gov.cn/c/2023－05－04/6631495.shtml，最后访问日期：2024 年 3 月 14 日；《春城气候 | 中国氧吧 魅力盘龙》，https://mp.weixin.qq.com/s? __biz = MzA5NzEwODAzMQ = = &mid = 2651218532&idx = 2&sn = a4f486116d2b20bd06a82544b32f09ff& chksm = 8b572b34bc20a22245670a8394a28f950044ae7350840dfb162851090deec548ce761d561b13 &scene = 27，最后访问日期：2024 年 3 月 14 日；《"国字号"荣誉！盘龙今日捧牌"中国天然氧吧"》，http://www.kmpl.gov.cn/c/2023－03－20/6584043.shtml，最后访问日期：2024 年 3 月 14 日。

② 昆明市统计局编《昆明市第七次全国人口普查主要数据公报》，2021 年 6 月 7 日。

优势，借助昆明虹桥蔬菜批发市场等市场化服务平台，为农业产业化发展提供了有利的市场条件。

表 3 - 2　盘龙区涉农街道市场距离信息

单位：千米，分钟

| 街道 | 昆明城市中心（东风广场） | | 昆明北收费站 | |
|---|---|---|---|---|
| | 距离 | 驾车时间 | 距离 | 驾车时间 |
| 阿子营 | 47.9 | 80 | 42.7 | 58 |
| 滇源 | 52.0 | 57 | 32.8 | 53 |
| 松华 | 35.1 | 50 | 29.9 | 40 |
| 双龙 | 21.5 | 30 | 5.2 | 10 |

资料来源：根据百度地图统计、测算而成。

## 三　产业环境

在乡村振兴背景下，农村经济由传统的农业生产向多元化、现代化的产业发展转型。这意味着农村不再仅仅依赖传统的农业经济，而是通过发展农产品加工业、乡村旅游业、特色产业等新兴产业，实现经济结构的优化和提升。盘龙区农户家庭经营抑或规模化生产的争辩，为土地流转、规模化经营提供了空间。让村民相信利益增值和利益共创的现实可能性，是村民支持土地流转的基本要件。在城市饮用水源保护区政策背景下，当规模化的有机种植成为政府鼓励的产业发展类型，农业生产的基本模式面临两种选择，一是继续进行农户家庭种植，二是通过土地流转后走规模化的有机种植之路。以盘龙区最大的有机种植基地落户的滇源街道中所村为例，面临这样的选择，村委会和村民在以下问题上是有基本共识的。

第一，家庭种植难以致富，往往面临"小农户对接大市场"的困境，有机化种植、规模化种植经营凸显其比较优势。盘龙区中所村户均人口为3.76人、人均耕地面积为1.37亩、户均土地（扣除"农改林"耕地）面积为5.15亩，长期以来家庭种植蔬菜基本上销往昆明市主城区的昆明王旗营蔬菜批发市场，每亩的利润在 3000 元左右，加上水源保护区的补贴①，总体收入仍较低。一般而言，农民只会进行"大水大肥"的传统种植，缺乏有机种植的经验，再加之家庭种植不论从蔬菜产量还是稳定销售渠道的建立上都存在较大的困难，因此，家庭种植难以达到增收致富的目标，农民增加收入的空间有限。

> 中所村村干部：村子里面的人，主要经济来源就是自己种种菜，销路也是临时性的，有外面的老板来收购蔬菜，价格差不多就直接在本地卖了，没有长期合作关系。要是没有老板来收购，就自己拉到虹桥批发市场（昆明王旗营蔬菜批发市场）去卖。村里成规模种植蔬菜的，也有几户人家，不过只有两户赚钱。这两户在种植技术方面比较在行，有时候施肥、打药是晚上搞，不想让其他家学会。其他几户的规模化种植基本上是赔钱的。（访谈 20230202WJB）

第二，弃耕务工获得的收入很容易就超过了家庭种植，土地流转很可能会带来一笔土地租金收益。也正是在这样共识的基础上，中所村早在 2012 年就成立了专业合作社，将村民的 1000 余亩较为平整的土地收储起来，流转给一家名叫"HB 公司"的企业来做规模化经营。中所村村干部反映："HB 公司一直在亏损，做得不成功，连地租都付不起，还是我们开车去堵公司的大门后才拿到租金。"（访谈 20230202JBW）虽然最初下乡的社会资本没有能够成功经营起来，但是经过此番不算成功的土地流转经历，村民和村委会之间已经建立一定的共识，以及对村民增收致富面临问题的共同认知：土地流转后，村民可以获得一份收益，加上务工收入，总会比单纯进行家庭种植收益高。

---

① 根据访谈资料整理，盘龙区水源保护区补贴清单：公益林补助 10.08 元/（亩·年），农改林补偿 1300 元/（亩·年），护林防火奖励（不发生森林火灾）150 元/（人·年），能源补贴燃气券（面值）220 元/（人·年），小学生就学补助 2000 元/年，初中生就学补助 2400 元/年。

从上述可知，在 2012 年前，中所村农户面临两种生计选择模式：一是进行传统的家庭种植，面临"小农户对接大市场"的困难，收益较少；二是弃耕务工，获得相对较为稳定的务工收入以及可能的一笔土地租金。当前，基于村民在年龄结构、文化水平、劳动技能、工作偏好、家庭负担、家庭成员照料等方面的原因，中所村已经外出的一代农民工、二代农民工不愿意返乡从事农业生产，新生代的青年村民往往也不愿意留守务农。一般而言，年龄在 50 岁以上的以及一些家庭有成员照料需求的青年村民会留守务农。根据中所村干部提供的信息，一个家庭只要有两个青年劳动力到昆明主城区务工，每个月就可以有 8000 多元的务工收入，扣除在城里的租房等支出，一个月可以有 5000 多元的剩余，这远远比他们现在种地的收益高。因此，青年劳动力外出务工成为优选，留守劳动力多为年长的村民。当然，这为大规模的土地流转提供了可能性。

## 第二节　盘龙区乡村产业振兴实践

不论是"小、散、弱"的家庭种植还是规模化的有机种植，都需要整合土地、资金、技术、劳动力等方面的生产要素，生产出满足市场需求的农产品方能获得收益。如果仅局限在行政村甚至是乡镇（街道）范围内，纵然当地有优质和丰富的农业生产资源，自产自销、自给自足的农业生产模式也难以实现增收致富。因此，摆在村民面前的问题就是，如何将土地、水源、气候、生态等资源，通过对接市场，转化为富民惠民的资本。

### 一　盘龙区乡村产业发展概况

#### （一）第一产业在三次产业中的规模与结构

从盘龙区 2018 ~ 2022 年三次产业基本信息统计可看出（见表 3 - 3），盘龙区第一产业年平均增加值为 5.80 亿元，2018 ~ 2021 年总体呈现平稳增长趋势；第一产业同比增速在 2.20% 以下，总体呈增长趋势，但是表现出一定的波动性，增速明显低于地区生产总值增速；第一产业占地区生产总值比例较低，占比从 2018 年的 0.72% 下降至 2022 年的 0.56%，总体呈逐年下降趋势。

表 3-3　盘龙区 2018～2022 年三次产业基本信息统计

单位：亿元，%

| 产业及其统计项目 | | 2018 年 | 2019 年 | 2020 年 | 2021 年 | 2022 年 |
|---|---|---|---|---|---|---|
| 第一产业 | 增加值 | 5.10 | 5.69 | 5.95 | 6.29 | 5.96 |
| | 同比增速 | 1.50 | 1.50 | 2.20 | 1.20 | -20.00 |
| | 占地区生产总值比例 | 0.72 | 0.60 | 0.64 | 0.62 | 0.56 |
| 三次产业 | 增加值 | 705.66 | 889.25 | 928.16 | 1020.03 | 1069.71 |
| | 同比增速 | 11.00 | 4.00 | 2.60 | 7.00 | -36.36 |

资料来源：根据 2018～2022 年《昆明市盘龙区统计年鉴》整理而成。

**（二）农林牧渔业总产值及增速①**

盘龙区农林牧渔业总产值由 2018 年的 8.22 亿元增长到 2022 年的 9.67 亿元，年平均增长率为 4.15%，总体呈现增长态势（见图 3-1），农业产值年平均增长率为 3.68%，略低于农林牧渔业总产值年均增长率。2018 年、2022 年农业产值同比增长率高于农林牧渔业总产值同比增长率，2019～2021 年，农林牧渔业总产值同比增长率高于农业产值同比增长率。2022 年，农业总产值占农林牧渔业总产值的 79%，这说明盘龙区的第一产业以农业（种植业）为主体。因此，本书主要探究的盘龙区乡村产业振兴重点聚焦农业（种植业）。根据 2018～2022 年《昆明市盘龙区统计年鉴》数据，盘龙区的农业（种植业）从规模上看依次为粮食、蔬菜、烟叶、花卉，因此本章选取这四个类别对盘龙区农业（种植业）的总体情况进行分析。

**（三）粮食播种面积及产量**

2018～2022 年盘龙区粮食播种面积年均增长率为 4.22%，2018～2019 年增长幅度较大，增速达到 17.86%，2021 年、2022 年稳定在 7200 公顷以上。粮食产量由 2018 年的 2.34 万吨增长至 2022 年的 3.12 万吨，年均增长

---

① 2018～2022 年《昆明市盘龙区统计年鉴》。

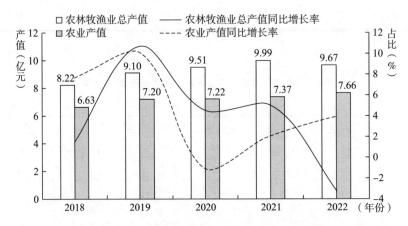

**图 3 - 1  盘龙区农林牧渔业总产值、农业产值情况**

资料来源：根据 2018～2022 年《昆明市盘龙区统计年鉴》整理而成。

率为 7.46%，总体上呈平稳增长态势（见图 3 - 2）。因此，盘龙区粮食生产不论从播种面积还是产量上都有较好的保障。

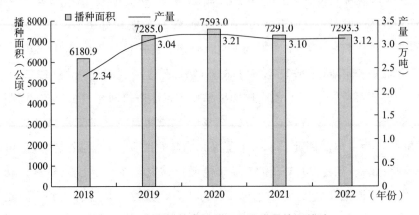

**图 3 - 2  盘龙区粮食播种面积及产量情况统计**

资料来源：根据 2018～2022 年《昆明市盘龙区统计年鉴》整理而成。

## （四）蔬菜种植面积及规模

盘龙区蔬菜种植面积，由 2018 年的 3528.9 公顷增长到 2022 年的 3766.7 公顷，总体上呈增长态势，年均增长率为 1.64%，2020 年增长幅度较大，达到 12.9%，2021 年、2022 年均有所回落。蔬菜产量由 2018 年的 9.47 万吨增长至 2022 年的 10.16 万吨，年均增长率为 1.78%，总体上呈平稳增长态势，2022 年有所回落（见图 3 - 3）。总体来看，盘龙区"菜篮子"供应和产业惠民具有可持续性保障。

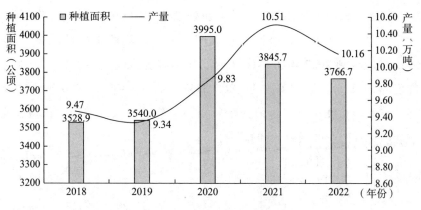

**图 3 - 3　盘龙区蔬菜种植情况统计**

资料来源：根据 2018 ~ 2022 年《昆明市盘龙区统计年鉴》整理而成。

## （五）烟叶产量及增速

盘龙区烟叶种植产量由 2018 年的 1419.0 吨增长到 2022 年的 3243.0 吨，年均增长率为 22.95%，2018 ~ 2019 年增长幅度最大，增幅达到 134.46%，2020 ~ 2022 年产量增长曲线平缓，增长速度有较大回落。2022 年盘龙区烟叶有 2.19 万亩，增长 1.4%，总产量 3243.0 吨，同比增长 1.71%（见图 3 - 4）。

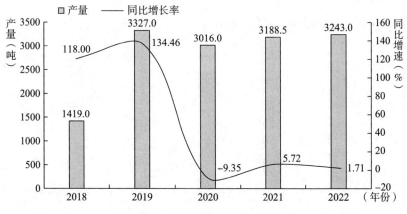

**图 3 - 4　盘龙区烟叶产量情况统计**

资料来源：根据 2018 ~ 2022 年《昆明市盘龙区统计年鉴》整理而成。

## （六）花卉和鲜切花种植

盘龙区花卉种植面积由 2018 年的 410.6 公顷减少到 2022 年的 93.3 公顷，总体上呈大幅下降态势，年均减少速度为 30.96%，2020 年降幅较大，达到 76.49%，2022 年有所回升（见图 3 - 5）。鲜切花产量由 2018 年的 3900 万枝减少到 2022 年的 3400 万枝，年均减少速度为 3.37%，2021 年减少幅度为 94.14%，2022 年增长 1865.32%（见图 3 - 6）。2020 年和 2021 年花卉种植面积和鲜切花产量的大幅减少，则是受新冠疫情影响所致，同时也体现出花卉产业的敏感性和脆弱性。

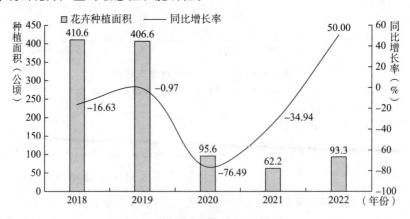

**图 3 - 5 盘龙区花卉种植面积统计**
资料来源：根据 2018～2022 年《昆明市盘龙区统计年鉴》整理而成。

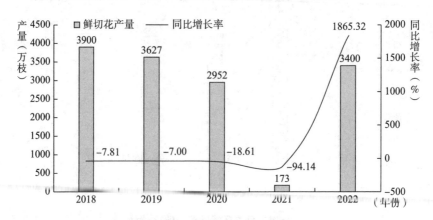

**图 3 - 6 盘龙区鲜切花产量统计**
资料来源：根据 2018～2022 年《昆明市盘龙区统计年鉴》整理而成。

## 二　乡村产业振兴实践

为了推进乡村产业发展，盘龙区在产业发展规划、农村基础设施建设以及土地整治方面开展了相关农业公共服务体系建设工作。

### （一）规划引领产业发展

在《昆明市盘龙区推进乡村建设行动实施方案（2022—2025 年）》《昆明市盘龙区农业现代化三年实施方案（2022—2024 年）》《盘龙区 2022 年"一县一业"有机农业示范县创建方案（有机蔬菜）》《盘龙区有机蔬菜产业发展规划（2022—2023 年）》等政策文件的规划引领下，盘龙区明确了以下几方面。第一，松华坝水源保护区相关部门有序推进"户口外迁生活补助"工作。第二，双龙街道集中发展"小而精"城郊现代农业及休闲旅游观光产业、都市农庄、休闲农业、绿色有机农林产业、现代物流等。松华街道布局农业科技研发、实验项目等开展试点推广，发展多种经营。滇源街道、阿子营街道以发展有机农业生产示范区为目标，立足水源区生态保护，以高科技、高品质、高附加值为引领加快都市现代绿色农业发展。[①] 第三，进一步推进盘龙区有机农业发展和松华坝水源保护，2022 年盘龙区确定国家有机食品生产基地建设示范县（试点）创建工作建设目标，开展国家有机食品生产基地和省级"一县一业"示范县创建工作。这些规划的出台和实施对生态环境保护起到积极作用，为乡村产业发展绘就了生态底色。

### （二）推进农村基础设施建设

农村路网建设持续推进。2018 年，按照"四好农村路"建设目标，盘龙区实施农村公路路网联通工程和小双、阿新公路改造，完成小河公路改造，治理交通安全隐患点 43 个；2019 年，实施阿果公路至新街公路改扩建、小双公路建设等道路大修工程和生命安全防护工程，新增农村公路路

---

① 《昆明市盘龙区人民政府办公室 关于印发〈昆明市盘龙区农业现代化三年实施方案（2022—2024 年）〉的通知》，http://www.kmpl.gov.cn/c/2023 - 05 - 05/6642852.shtml，最后访问日期：2024 年 3 月 14 日。

网联通工程 6 条 20.3 千米，建成农村客运招呼站 97 个、停靠站 21 个；2020 年，完成农村路网联通工程 4 条 6.9 千米，开展农村道路安全出行整治 41.3 千米；2021 年，新建及改扩建农村公路 74.8 千米，公路养护考核连续 6 年全市第一；2022 年，完成大竹园村公路、清裕路等 6 条 8.8 千米联网公路建设。[①]

农村供水保障建设不断推进。2018 年，盘龙区开展山区"小水网"及高效节水灌溉项目，完成"五小水利"500 件。[②] 2019 年，开展松华街道双玉片区、滇源街道大哨片区和阿子营街道马军片区等农村饮水水质提升工程建设；实施阿子营岩峰哨片区、冷水河东片区灌溉引水等水利设施建设，建成抗旱应急工程 39 个，完成水源区危房原址拆除重建 204 户。2020 年，完成大哨片区连通供水工程、前进坝塘除险加固工程等 16 个水利项目。2021 年，完成大石坝等一批水质提升工程和冷水河东片区等一批高效节水灌溉项目，农村供水保障率达 100%，灌溉管网体系更加完善。[③] 阿子营街道铁冲村内水库、坝塘共 8 座，其中小型水库 3 座，坝塘 5 座，总库容为 40 万立方米，采用封闭循环水系统，减少面源污染，实现了水源保护与经济发展的共赢。（访谈 20230209TCC）

**（三）土地整治与土地流转经营权颁证**

2019 年，盘龙区开展农用地土壤监测，严格执行土壤环境状况调查评估制度，开展"农改林"集中清理整治；2020 年，开展"农改林"勘测定界及违法行为整治，着力解决界限不明、权属不清等问题，为精准管理、更好地涵养水源奠定了基础；2021 年，保有耕地 20.5 万亩，新增高效节水灌溉面积 4300 亩；2022 年，实施征占用林地植被恢复 158 亩、草原生态修复 2000 亩、封山育林 5000 亩。[④] 为进一步规范农村土地经营权流转行为，加快推进农业农村现代化，维护农村社会和谐稳定，盘龙区"农村土地流

---

① 盘龙区人民政府 2019～2023 年《政府工作报告》。
② 盘龙区人民政府 2019 年《政府工作报告》。
③ 盘龙区人民政府 2019～2022 年《政府工作报告》。
④ 盘龙区人民政府 2019～2023 年《政府工作报告》。

转经营权证"首证颁发仪式在芸岭鲜生举行。① 其中，截至 2022 年底，双龙街道麦冲社区被征地 5000 亩，参与土地流转的户数为 576 户，因为征地而失去全部土地的农户有 270 户。麦冲社区承包到户的土地流转给本社区普通农户 500 亩，流转给本社区之外的个人、企业等经营者 4500 亩，麦冲社区耕地中的平地流转的平均租金是 3000 元/亩（访谈 20230131MCC）。截至 2022 年底，滇源街道甸尾村土地流转面积为 3000 亩，共有 577 户村民参与了土地流转，其中有 257 户农民因征地而失去全部土地，主要流转给本村以外的企业，耕地中的平地流转的平均租金为 1600 元/亩，同时，甸尾村还拥有 1819 亩生态湿地（访谈 20230131MCC）。阿子营街道铁冲村将村内约 100 亩闲置土地进行整理，引进龙头企业、种植大户种植有机蔬菜，联合省级贫困村果东村共同开发，形成"村企共建、村村互助"模式，实现村企之间、村村之间组织上联合、发展上联动、利益上共享（访谈 20230209TCC）。

### （四）完善企业营商环境

2022 年，盘龙区发布"减税降费 38 条"，对农产品批发市场、农贸市场（包括自有和承租）专门用于经营农产品的房产、土地，暂免征收房产税和城镇土地使用税。对同时经营其他产品的农产品批发市场和农贸市场使用的房产、土地，按其他产品与农产品交易场地面积的比例确定免征房产税和城镇土地使用税。② 双龙街道结合辖区 588 户企业的实际情况，建立"优化营商环境交流群"，在群内适时发布与市场主体登记紧密相关的法律法规、"放管服"等惠企政策，并收集意见建议、问题诉求，帮助企业解决痛点、难点问题，努力当好企业的"贴心人"，实行"零距离""零关系""零停留""零误差""零目标"五项机制。在推行党员代办服务队行动以来，累计上门走访服务企业 200 余家，为辖区企业、群众提供政策咨询宣传 400 余次，代办各类事务共计 200 余件。街道代办员联合双龙市场监管所，

---

① 《盘龙区颁发农村土地流转经营权证首证》，http://www.kmpl.gov.cn/c/2022－12－06/6381221.shtml，最后访问日期：2024 年 3 月 14 日。

② 《2022 年减税降费 38 条 | ㉘农产品批发市场农贸市场房产税城镇土地使用税优惠》，https://mp.weixin.qq.com/s/30MXPWs2－xgEcXie2Er_1g，最后访问日期：2024 年 3 月 14 日。

全程指导跟踪，为辖区内某农副产品有限责任公司办理了营业执照和相关许可，助力企业快速进入市场。①

## 第三节　盘龙区乡村产业振兴的特征与经验

盘龙区乡村产业振兴呈现产业生态化、产业品牌化、产业惠民化特征。在政府、市场和社会三方共建共治共享格局中，政府通过在绿色有机产业发展中的规划者、倡导者、监督者、服务者等多重角色及行动，构建起了产业生态化的政策空间，而下乡资本、政府、村委会、村民通过建立共识、形成互利、生成互信、达成共享形成了产业发展的微观基础。

### 一　盘龙区乡村产业振兴的特征

盘龙区是昆明市城市饮用水源保护区，产业生态化是乡村产业振兴的基本盘，品牌化彰显产业发展特色和差异化竞争优势，产业惠民化彰显以人民为中心的产业振兴理念。

#### （一）产业生态化是底色

盘龙区产业生态化底色最鲜明的体现是乡村产业振兴和生态振兴的协同发展，而这是由水源区保护红线倒逼和绿色有机食品消费趋势牵引的必然结果。在传统的"大水大肥"种植模式下，农民大量使用化肥农药，农产品的产量和卖相成为第一准则，带来农产品农药残留超标、土壤肥力下降、地下水超采、河流湖泊富营养化等问题。从农产品消费结构和市场来看，绿色蔬菜将是未来蔬菜行业发展的主流趋势。中研产业研究院发布的《2023—2028 年中国绿色蔬菜行业供需分析及发展前景研究报告》提出：从产品结构分析，绿色蔬菜近年来有较大的发展，但占全国蔬菜种植面积的比例相对较小，而未来人们对于绿色蔬菜的需求将进一步扩大，在居民消

---

① 《【营商热点】双龙街道推行"全流程帮办代办"服务推动营商环境更优化》，https://mp.weixin.qq.com/s/mAoPiXDXxMf6VBbzRlkrJw，最后访问日期：2024 年 3 月 14 日。

费需求升级和蔬菜市场竞争激烈的背景下，提升质量才是占据市场的有利条件，因此发展绿色蔬菜对于占据蔬菜市场具有很大优势。

　　盘龙区将水源区主导产业定位为都市绿色高效品牌农业，旨在"绿色"转变生产方式、"高效"提高科技含量、"品牌"提升价值附加，其自带绿色生态内涵，对于产品有着天然的价值附加，这与新时代绿色生态消费理念不谋而合，水源保护区与主城区城市有着绿色生态型市场供需端链条，有利于提升乡村产业生态化水平。盘龙区积极推动水源区有机产业发展，始终坚持"生态优先、绿色发展"战略引领，高质量创建"国家生态文明示范区""国家有机食品生产基地"，奋力打造"两山"理念生动的实践样板。围绕水源区生态修复和生态保护，盘龙区实施的污水整治、"农改林"等项目，绘就和形成了产业生态化的底色。2018 年，松华坝水源区一级核心区 133 户移民完成搬迁，冷水河、牧羊河水质稳定保持在Ⅱ类水，空气质量综合指数为 3.71，位列主城四区第一。① 2022 年，盘龙区完成松华坝水源区村庄污水提质等 17 个污水治理工程，启动市级饮用水源地松华坝水库一级、二级保护区水环境保护整治工程。全区 12 个水质考核断面全部达标，国考、省考断面水质优良率达 100%。盘龙全面落实三级林长制，实施征占用林地植被恢复 158 亩、草原生态修复 2000 亩、封山育林 5000 亩，完成义务植树 85 万株。② 盘龙区因地制宜推广绿色生态农业，"十三五"以来，盘龙区致力于推进国家有机食品生产基地创建，松华坝水源区已入驻有机种植企业 6 家，获有机认证证书 11 本、涉及品种 116 个，种植面积有 5000 余亩，③ 有序推进农业产业由传统的农业种植逐步向生态、绿色、循环的有机农业模式转变。2022 年，农产品农残检测总体合格率保持在 98% 以上，④ 其产业

---

① 盘龙区人民政府 2019 年《政府工作报告》。
② 《2022 年盘龙区简介》，http://www.kmpl.gov.cn/c/2023 - 05 - 04/6631495.shtml，最后访问日期：2024 年 3 月 14 日。
③ 《2022 年盘龙区简介》，http://www.kmpl.gov.cn/c/2023 - 05 - 04/6631495.shtml，最后访问日期：2024 年 3 月 14 日。
④ 《2022 年盘龙区简介》，http://www.kmpl.gov.cn/c/2023 - 05 - 04/6631495.shtml，最后访问日期：2024 年 3 月 14 日。

生态化成效逐渐显现。

### （二）产业品牌化是特色

农业产业品牌化旨在赋予农产品特定的标识，以突出其独特特点、品质以及地域性。产业品牌化强调农产品的特色、文化渊源、生产方式和品质，从而使其在市场中脱颖而出。农产品的特性、品质、文化背景以及市场竞争力，对于促进农业特色产业的发展和增强其可持续性发挥着重要作用，同时也有助于提升农产品的附加值、改善农民生计、保护生态环境以及传承生态文化。在水源区保护的政策空间中，盘龙区在水源区一级保护区"禁耕禁养"，实施"农改林"生态建设项目，在二级、三级保护区进行适度开发，从可进行规模化种植的土地看，盘龙区可供使用的土地资源相对较少，因此，盘龙区的种植业不可能再走粗放型的模式，绿色种植、有机生产的品牌化模式才能够可持续发展。水源区"禁"和"限"的另一面是其为农特产品带来的品牌加持，正如滇源街道中所村干部所言："它们（芸岭鲜生）打品牌的时候都是打'松华坝水源区'。"（访谈20230202JBW）

截至2021年，盘龙区"三品一标"认证品类195个，农业龙头企业达24家，"绿色食品牌"逐步做优做强，2022年共新增农业企业76家。[①]2022年，盘龙区稳步推进国家有机食品生产基地创建工作，颁发昆明市"一方案两办法"出台以来全市第一本"农村土地流转经营权证"，"六大茶山"、"芸岭鲜生"和"归辛"3个农业品牌荣获云南省"十大名品"称号。同年，云南首个、全国最大有机蔬菜"盒马村"落地盘龙。[②]"盒马村"的运营主体为芸岭鲜生。芸岭鲜生在2016年获得第十四届中国国际农产品交易会优质农产品金奖，2017年获得第十一届国际有机食品博览会产品金奖，2018年获得第十二届中国国际有机产品博览会年度影响力品牌，2019年有机甜脆玉米获得省级"十大名菜"第5名，2020年有机吮指胡萝卜获得省级"十大名菜"第8名、市级"十大名菜"第1名。2020年，芸岭鲜生先

---

① 《2022年盘龙区简介》，http://www.kmpl.gov.cn/c/2023-05-04/6631495.shtml，最后访问日期：2024年3月14日。
② 盘龙区人民政府2019~2023年《政府工作报告》。

后获得省级农业产业化龙头企业、全国信息化数字示范基地、环水有机农业水土生态保护研究所示范基地、云南省农业科技示范园、科技型中小企业、高新技术企业、省级成长型中小企业、省级星创天地等荣誉称号。

**（三）产业惠民化是本色**

盘龙区乡村产业发展中的利益联结机制凸显产业惠民本色。盘龙区通过建立农民专业合作社绑定农户、龙头企业绑定农民专业合作社的"双绑"机制，各类新型经营主体与农户之间建立了完善的利益联结机制，让农民能获得更多的产业增值收益。依托产业振兴，2022 年全区 58 个村（社区）实现村级集体经济收入 10 万元以上。[①] 2018 年，农村常住居民人均可支配收入为 19398 元，增长 8.5%，增长率比城镇常住居民高出 0.4 个百分点。2022 年，全区脱贫人口人均纯收入为 12729.03 元，同比增长 16.88%。[②]

芸岭鲜生在滇源街道中所村的种植基地（"盒马村"）是盘龙区产业惠民的重要典型。为了打破资源与环境的瓶颈，实现产业发展与生态资源保护深度融合，2012 年以来，盘龙区滇源街道因地制宜、坚定不移探索"双绑"利益联结机制推动下的绿色产业发展路子，以滇源街道中所村的"盒马村"模式进行了"双绑"利益联结机制盘龙实践探索，旨在坚持以群众增收致富为目标，突出产业发展根本之策，遵循强产业、建基地、壮主体、拓市场、稳联结、促增收的工作主线，打好产业帮扶政策"组合拳"，促进农村三次产业有机融合，推动农业产业高质量发展，助力巩固拓展脱贫攻坚成果同乡村振兴有效衔接。[③] "盒马村"的成功运营，对滇源街道产生了良好的经济和社会效应。首先，作为龙头企业的芸岭鲜生，带动产业发展，产生了明显的经济效益。一是从农民增收、发展壮大集体经济方面均产生明显的带动作用。随着芸岭鲜生实现下乡并成功运营，农民受雇于种植基地，通过雇佣关系，带动中所村 400 余人就业，村民从中获得了工资收益——

---

① 盘龙区人民政府 2023 年《政府工作报告》。
② 盘龙区人民政府 2018 年《政府工作报告》。
③ 《"双绑"利益联结机制的盘龙实践》，https://xczx.km.gov.cn/c/2022－06－09/4421529.shtml，最后访问日期：2024 年 1 月 20 日。

每个月 4000 ~ 6000 元的收入，芸岭鲜生 2022 年全年超过 4000 万元的职工薪酬支出中，约有 2000 万元用于支付受雇的中所村村民薪酬，村民因此有了稳定且相对丰厚的收入来源。另外，通过土地流转，农民从中获得了土地流转收益，在当地具有竞争性的流转费每亩每年接近 2000 元（2023 年地租每亩 1920 元，以后每年每亩增加 50 元），部分村民通过对合作社的入股再添一份分红收入（访谈 20230202WJB）。"我们（芸岭鲜生）为滇源街道的（务工）村民每年发工资 2000 万元，（中所村）村主任出去开会很有底气的。"（访谈 20230426DYF）二是由于芸岭鲜生的有机种植模式面向盒马鲜生以及北上广深的商超，而盘龙区村民家庭种植或是种植规模相对较大的蔬菜面向的是进入田间地头的蔬菜收购商和昆明主城区的昆明王旗营蔬菜批发市场，从蔬菜的销售渠道来看并未对盘龙区村民家庭种植的蔬菜产生挤出效应。其次，有利于缓解农村空心化问题。芸岭鲜生吸引了大量的年轻人返乡就业创业，成功实现了"家门口就业"，他们既能通过在基地的工作领到一份不错的薪水，又能够和家人在一起，在照顾到小孩子的同时，也能给家中老人养老，这对于青壮年劳动力流失具有一定程度的缓解作用。在"有机盒马村"，越来越多有技术的年轻人开始回乡就业，基地员工的平均年龄从 60 岁降到 40 岁，促进了"三留守"问题的解决。最后，产业发展在生态环境的承载范围内，具有环境友好型特点，并非向村民转移生态保护成本。在蔬菜消费市场中，绿色有机蔬菜占有的份额较少，而这又是未来居民消费的必然趋势，因此，绿色有机蔬菜市场就成为一个新赛道。芸岭鲜生从 2002 年至今持续获得国内权威有机认证机构——南京国环公司的有机产品认证，这构成了芸岭鲜生有机品牌的核心竞争力。对于芸岭鲜生来说，保住有机产品认证的牌子成为工作的重中之重。芸岭鲜生生产基地建立起中央加工厂和精包装加工厂，利用物联网、区块链等技术建立农产品食品安全追溯系统，构建起了供应链和物流体系，实现了"从农田到餐桌"全程追溯、精准管控。①

---

① 《搭乘电商销售"新快车"昆明这个街道乡村振兴加"数"前行》，https://baijiahao.baidu.com/s? id = 1736521151653532508&wfr = spider&for = pc，最后访问日期：2023 年 10 月 20 日。

滇源街道甸尾村坚持"党委引领、村委会牵头"的原则，采取"党支部＋合作社＋农户"发展模式，引进芸岭鲜生、中如农业科技有限公司等有机蔬菜种植企业 2 家，流转土地 1158.7 亩。村内 45～65 岁的富余劳动力有 120 人在这两家公司务工，月工资均在 3000 元以上。① 在阿子营街道建设的特色农业示范基地承接资本下乡种植白灵芝、羊肚菌等优质农产品，昆明市盘龙区阿子营街道铁冲村的云南海升农业科技有限公司种植白灵芝，面积为 50 亩，年产值为 400 万元左右，年利润为 150 万元左右，带动周边30 余户农户参加项目生产，除白灵芝外，还种有鲜食玉米、蔬菜、烤烟等，村民年均收入 1.6 万元。②

## 二　盘龙区乡村产业振兴的经验

乡村产业的变革力量主要来自外部，但是这些力量也必须对内部的生计模式产生影响方能带动乡村产业变革。就变革力量的性质而言，主要是市场力量、农业科技力量、商业模式力量，中间也有政府的适度在场以及社区的力量。党组织、政府、市场和社会之间共建共治共享格局的形成，为乡村产业发展提供了有力保障。

### （一）党组织、党员、各区域之间的多元主体联动，凝聚了产业发展合力

盘龙区突出党建引领，深入开展"两新联乡村·百企助振兴"行动，以"企业联村、党员联户、区域联产"为抓手，依托"电商赋能产业兴""红色义诊进乡村""爱心助你上大学"等特色活动，搭建村企合作连心桥，将"党建链"嵌入"产业链"，逐步"链"出乡村振兴、企业发展的共"富"格局。③

第一，组织联村。盘龙区以城市基层党建工作为抓手，吸纳两新组织

---

① 滇源街道甸尾村访谈记录，2023 年 2 月 3 日。
② 中所村"三委"访谈记录，2023 年 2 月 9 日。
③ 《云南昆明市盘龙区 两新联乡村 共"富"向未来》，《中国组织人事报》2023 年 5 月 17日；《两新联村建"新"景》，http://zswldj.1237125.cn/html/km/slxdgw/2023/5/15/fa0265f 2－8104－4492－8781－8172cafddb58.html，最后访问日期：2023 年 10 月 20 日。

成为街道"大工委"、社区"大党委"成员单位，汇聚乡村振兴新力量，发挥城市街道"大工委"、社区"大党委"工作机制成效，调动"大党委"成员企业参与结对帮扶乡村建设的积极性、主动性，开展两新党组织与乡村结对共建等工作。盘龙区通过"一企兴百村""一企帮多村"等形式，推动两新党组织与村党组织签约结对，帮助开展基础设施建设、群众就业、公益事业等惠民实事，推动组织、队伍、活动相连接，增进交流互动，实现两新党建工作与乡村治理有机融合。

第二，党员联户。盘龙区发挥两新组织党员模范带头作用，结对联系10个村，点对点躬身践行、一线帮扶，帮助群众解决急难愁盼问题。通过定期走访，提供致富信息、就业岗位、技术指导等帮助，聚焦农作物种植、食用菌种植、畜牧疫病防控等内容，举办培训40余场。此外，盘龙区开展了"乡村互助生态集市"等多项行动，构建"1+N"帮扶机制，实施农村"领头雁"培养工程，吸纳雄达茶文化城党支部书记等致富带头人，结对联系10个村，开展农业技术推广、数字农业平台建设等结对帮扶工作256次，投入资金560余万元，帮带困难家庭增收致富。①

第三，区域联产。盘龙区充分利用两新组织资金、项目、人才、技术优势，以及结对村土地、劳动力、自然资源优势，统筹资源，采取"村企共建、村村互助"模式，把选准、培育、壮大产业作为第一抓手，实施产业联营、技术联培、销路联扩，共推项目落地、产业发展、群众增收、集体经济壮大、两新组织发展，以"两新组织+合作社+基地+农户+电商"的发展模式，建立松华坝菜叶产出基地，变"个体经营"为"集体联营"。2021年，在挂钩帮扶企业的联系指导下，阿子营街道铁冲村在一片杂草丛生的荒地上规划发展标准化种植有机白菜100亩，在种植过程中，采用封闭循环水系统，减少面源污染，实现了水源保护与经济发展的共赢。探索集体经济组织异地入股的产业发展联动机制，滇源街道三转弯村委会合作社在芸岭鲜生在中所村委的种植基地入股，2022年获得分红4万元。

---

① 《两新联村建"新"景》，http://zswldj.1237125.cn/html/km/slxdgw/2023/5/15/fa0265f2-8104-4492-8781-8172cafddb58.html，最后访问日期：2023年10月23日。

## （二）政府多重角色的"在场"，拓展了产业生态化的政策空间

经过对芸岭鲜生管理者的访谈，我们了解到，芸岭鲜生能够成功落地中所村，公司自力更生很重要，但是其中也有政府多重角色的"在场"。芸岭鲜生管理层反映："2019 年以前政府给我们的资金和优惠政策支持其实也不多，尤其是 2019 年，我们公司是自强起来的。后来，盘龙区农投公司和政府才对我们有资金项目上面的倾斜。当然，这也是看重我们公司发展得比较好，我们公司现在不断扩展出去的基地，也是在政府的支持下实现的。"（访谈 20230426DYF）尽管如此，客观来看，政府的"在场"也是芸岭鲜生成功的重要条件。政府通过产业政策、资金、项目、农村公共服务供给、利益捆绑机制建立，借助市场之手——芸岭鲜生推动了乡村产业的发展。政府通过项目资金，每年给予芸岭鲜生土壤改良补贴。有机生态产业发展写入《昆明市盘龙区国民经济和社会发展第十四个五年规划和二〇三五年远景目标纲要》、2023 年《政府工作报告》，成为盘龙区乡村振兴的重要品牌项目，在产业振兴方面可以算得上是为数不多的品牌项目。尤为突出的是，盘龙区"十四五"规划中明确提出了建设有机农业服务点，其中提到，"在主要种植片区中布设有机农业综合服务站点"，建设"集冷库仓储运输、有机认证、物联网溯源、教育培训、交易展示于一体的有机农业综合服务中心"。目前，结合"绿美乡村工程"的实施，双龙街道庄房社区的冷链物流中心项目已经启动并有序推进。持续盈利的芸岭鲜生一方面能够稳定地向公司租用从合作社流转过来的土地和区农投公司建设的大棚等农业生产基础设施，完成国资委赋予其资本保值增值的任务；另一方面完成了推动乡村产业发展、带动农民增收致富的使命任务。因此，区农投公司期望在盘龙区物色到适合有机种植的土地，通过合作社完成土地流转，建设种植大棚等基础设施后，出租给芸岭鲜生，以求得公司业务的拓展和收益的增加。也正是因为它们之间这种土地和基础设施的租赁关系，芸岭鲜生遇到需要与村委会或基层政府协调处理的问题，也会寻求区农投公司的帮助。关于芸岭鲜生与区农投公司的关系，芸岭鲜生管理层在访谈中有明确的说明。"一亩地的棚大约 3 万块钱，如果建 100 亩地的话，那就接近

300万元，对于公司来说建设成本太高。说白了在基地我们什么东西都没有，大棚和加工中心的房子是农投公司建好了租给我们的，土地是村民和村集体的，就连我们公办的房子也是向周边村民租来的。农投公司通过我们公司获得了收益，我们遇到搞不定的问题，也会推给它们，或是拉着它们一起来解决。"（访谈20230209XLB）

**（三）下乡企业与村民、村委会、中介机构、品牌卖场的良性互动，构建了产业发展的微观基础**

在乡村借助区资本下乡转化资源的过程中，对社会网络的主体和要素进行识别后，我们可以发现：从生产要素看，其包括土地、劳动力、水源、资本、技术、农业基础设施、基本公共服务供给等；从行动主体看，有基层政府、中所村委会与合作社、村民、区农投公司、芸岭鲜生、盒马（中国）有限公司。在芸岭鲜生及其承接的"有机盒马村"成功落户并有效运营过程中，从行动者网络理论看，资本下乡成功推动乡村产业振兴关键在于建立并扩大基于互利共赢的行动者网络体系。受限于资金、技术和人才等生产要素，农村地区产业基础相对薄弱，通过承接外部资本，借助资本下乡带来的资金、技术、管理经验、产业发展模式，推动农业规模化、专业化、组织化和市场化发展，成为乡村振兴的重要路径。资本下乡必然会延伸出下乡资本、政府、村庄、村民之间的多重社会互动关系。在阶段性视角下，基层政府、中所村委会与合作社、村民、区农投公司、芸岭鲜生、盒马（中国）有限公司之间的互动关系及其结构的行动者网络可以概括为：建立共识—形成互利—生成互信—达成共享。在多元主体共建共治共享的行动网络中有以下几种关系。

第一，基于土地流转的间接的土地租赁关系以及因雇佣而产生的劳资关系，村民与芸岭鲜生之间的关系也体现出新的互动形式。从正式的劳资关系衍生出的芸岭鲜生管理层与受雇村民的关系来看，芸岭鲜生提供的具有竞争力的薪酬待遇、全面的计件工资制以及严格的薪酬发放制度，确保受雇村民按时、足额领取薪酬，因此，虽然受雇村民基本是中所村村民，但是也并未体现出来自乡土社会的村民联合起来抵制或抗衡的情形。这体现了芸岭鲜生内部的现代公司制度嵌入乡土社会后，对乡村社会表现出的相对独立性，下乡资本并未因"内外有别"① 而受制于村民的联合体或乡土社会，并没有出现资本下乡"因为难以处理农业经营中的监督问题，规模经营始终无法控制不断上升的人工成本和各类损失，特别容易亏本"的情况。② 在劳动监督方面，芸岭鲜生采用计件工资制，整个生产基地有 500 余人，100 余人的管理人员包括经理 1 人、厂长 1 人、副厂长 1 人、片区经理 3 人、数据主管 1 人、数据员 5 人，以及片区经理下的大组长、小组长若干人。根据访谈，在计件工资制、数据员计数、大小组长以及片区经理等人员的分工协作上，数据员计件和大组长统计工人的工作量，两套计件方案并行，劳动监督方面并没有出现困难和问题。

第二，村委会（合作社）与芸岭鲜生之间形成了互利合作关系。自 2016 年以来，从芸岭鲜生的落户到目前的平衡运营来看，村委会（合作社）与芸岭鲜生之间形成了一种合作式的互利关系：一方面，村委会为芸岭鲜生所做的诸如调研与街道办事处、村民的关系以及供水供电故障抢修等事务性工作，对于芸岭鲜生来说这些工作对生产基地的落户和运营尤为重要、无可替代；另一方面，芸岭鲜生的落户让中所村合作社的集体土地具有了获得地租收益、增加集体经济收益的可能，同时，芸岭鲜生也承担了村庄部分公共服务的供给职责。结合对村干部和芸岭鲜生管理层的访谈，芸岭鲜生为中所村带来集体土地出租收益，而集体经济收入的增加为村庄公共服务供给奠定了经济基础，村民也因此能够享受到较好的村庄公共服务，这也为村委会的村庄治理能力奠定了坚实基础。关于发展和壮大集体经济，在访谈中，中所村村干部特别强调集体经济对于村庄治理的重要性："集体收入是我们的短板，没有其他补助，基本上只有土地集体租金这块，这都来源于芸岭鲜生等入驻的公司。村集体经济搞不上去，想把村庄治理好，我认为是很不可能的事情。以人居环境整治为例，目前政府在项目建设方面还是做得很好的，投入的资金也比较大，但是对于管理维护方面没有专

---

① 徐宗阳：《内外有别：资本下乡的社会基础》，社会科学文献出版社，2022，第207页。

② 徐宗阳：《内外有别：资本下乡的社会基础》，社会科学文献出版社，2022，第207页。

项经费支持，如果发展壮大了集体经济，那么管理维护方面我们的压力就较小了。"（访谈 20230202JBW）从芸岭鲜生的角度来看，管理层也是认同公司与村委会之间合作式的互动关系，正如生产基地的副厂长强调的："基地建在农村，就说白了，我们如果打不好关系，工作会很难开展的。人家（村委会）为我们调整关系做了工作，我们为村委会承担些公共服务支出也无可厚非。当然，总是麻烦村委会也是不好的，我们也希望能不麻烦村委会就不麻烦村委会。"（访谈 20230426DYF）

第三，下乡企业与中介机构、品牌卖场的良性互动关系。对于作为"有机盒马村"运营方的芸岭鲜生来说，一方面，南京国环公司进行了每个年度的有机认证，这构成了芸岭鲜生有机品牌的核心竞争力，保住有机认证的牌子成为芸岭鲜生工作的重中之重。另一方面，盒马（中国）有限公司的直采订单拓展了稳定的销售渠道，也提升了芸岭鲜生的品牌效应。盒马（中国）有限公司与芸岭鲜生每年签订下一年的订单合同，向芸岭鲜生的生产基地直采有机蔬菜，2023 年的订单达到 3 亿元。依托盒马鲜生大数据和技术推动农业数字化建设，通过订单农业以销定产，促使农产品越发标准化、精细化、品牌化，解决基地与市场的对接问题。

## 第四节　盘龙区乡村产业振兴面临的困难与反思

在盘龙区推动乡村产业振兴过程中，松华坝水源区保护倒逼带来的阵痛有待缓解，水源区保护与产业发展之间存在张力，产业带动效应和惠民成效有待提升，产业生态模式复制推广受限。盘龙区在借助政府实施的产业振兴项目、承接资本下乡、协同社会力量助推产业振兴过程中，需要直面信任生成与利益共享机制建构以及多元诉求的统合与调适问题。

### 一　盘龙区乡村产业振兴面临的困难

在松华坝水源区保护的政策框架下，在由"绿水青山"向"金山银山"的生态价值实现过程中，生态保护是第一要件。从工业外迁到"止耕、禁养、禁花、减菜、灭烟”的转变中，有机绿色产业发展虽然符合水源区保护政策的要求和倡导、契合消费需求升级，但是遭遇了高准入门槛的问题。

**（一）松华坝水源区保护倒逼带来的阵痛有待缓解**

松华坝水源区保护倒逼带来的阵痛，始丁 2006 年颁布实施的《昆明市松华坝水库保护条例》，随着“农改林”生态建设项目，“止耕、禁养、禁花、减菜、灭烟”的实施，从最初的产业外迁到现在的绿色有机种植业落地，给产业发展带来了巨大的冲击，产生的阵痛至今仍然有待缓解。

盘龙区阿子营街道（原嵩明县阿子营乡）向来被誉为“百合之乡”，阿子营街道种植百合花的历史可以追溯到 1997 年，曾是云南省最大的百合花生产基地，是中国夏秋百合的优势主产区之一。2003 年，阿子营街道百合种植面积达到 1000 亩，2004 年达到 5000 多亩，2006 年达到 1 万亩，年产百合切花 6600 万支，产值 2.5 亿元，品种主要有西伯利亚、索尔邦、梯伯、元帅、皇族等 30 余个，产品远销国内外。[①] 2004 年，阿子营花卉协会成立，指导农民种植百合，帮助花农拓宽销路，并通过工商部门注册了“阿子营百合”。借助百合花产业，盘龙区产生了一批年收入在 100 万元以上的百合花种植大户。2006 年，昆明市委、市政府为切实加强松华坝水源区的保护管理工作，决定在滇源、阿子营乡（镇）的牧羊河、冷水河开展“农改林”生态建设项目。[②] 应水源保护的需求，为治理 35 条入滇河道之一的牧羊河、保护松华坝水源，昆明市政府自 2007 年起，从阿子营农民手里收租百合花种植土地，从 2007 年开始实施第一期牧羊河、冷水河“农改林”，退出牧羊河、冷水河两岸各 100 米范围内耕地 7688.07 亩，2008 年实施了第二期

---

① 《云南阿子营花农向周边地区发展百合切花》，《中国花卉报》2006 年 4 月 29 日；《“中国百合之乡”——云南阿子营》，https://www.cctv.com/youth/special/sannong/20100414/105245.shtml，最后访问日期：2024 年 3 月 15 日；《为城市饮水作出牺牲 一个百合大户的跌宕人生》，https://news.sina.com.cn/c/2010-11-19/102418383491s.shtml，最后访问日期：2024 年 3 月 15 日；《云南斗南花卉产业集团解决待补镇万亩百合花运输销售难题图》，https://www.sohu.com/a/47563496_184627，最后访问日期：2024 年 3 月 15 日。
② 《昆明市投入 600 万元建设松华坝牧羊河水源区“农改林”项目》，http://lcj.yn.gov.cn/html/2014/zuixindongtai_1121/37451.html，最后访问日期：2024 年 3 月 15 日。

"农改林" 3152.2 亩，2009 年第三期 "农改林" 实施林业生态建设，规划 "农改林" 面积 21032.89 亩，[①] "禁养" "灭花限菜" 政策相继出台，百合花产业被取缔。

在松华坝水源区生态保护背景下，盘龙区乡村产业业态相对单一，只能发展第一产业中的生态有机种植业，虽然盘龙区可以依托农村地区特色资源和优势农村手工艺品、农村电商等，但是企业数量和产业规模较小。在现行的政策框架下，水源区不能修建高速路网，虽然 4 个涉农街道与昆明市市中心的距离在 55 公里以内，但是通勤时间仍然比较长，目前农村地区的道路普遍较窄，大型货车的通行受到较大限制。政策还提出了对进入水源区的外来人员和车辆实行有效控制的要求，以避免人为活动对水源区的污染和破坏。

### （二）产业带动、产业惠民具有一定的局限性

有机认证的 "高门槛"，导致有机生态产业带动效应具有一定局限性。由于有机生态产业是一个系统性的生态链，在其中，芸岭鲜生的核心竞争力便是获得一年一度的南京国环公司的有机认证。从有机认证的指标体系以及监管过程来看，芸岭鲜生只有将生产流程控制在自己的手中才能保住有机认证这个 "金字招牌"。对于农户分散种植来说，公司统一技术标准、统一收购的模式将面临诸多不可控因素。农户家庭种植，由于有机种植的投入巨大且农户的种植面积较小，由于种种限制，他们无法申请并获得有机认证。因此，芸岭鲜生带动大户种植以及整个有机产业发展的作用是较为有限的。此外，滇源街道中所村土地流转后，人均耕地面积为 0.2 亩，土地作为农村离土务工人员的安全阀、稳定器的作用基本不复存在，土地流转带来的生计转型需要以持续成功的资本下乡为条件。正如芸岭鲜生生产基地管理者所言："如果农户自行种植蔬菜，公司进行统一收集，有些环节当中很多内容是无法管控的。自己把自己的（有机认证）牌子就砸掉了，

---

① 《构筑水源区绿色长廊》，https://www.kunming.cn/news/c/2009 - 06 - 09/1895422.shtml，最后访问日期：2024 年 3 月 15 日。

很容易砸的，一次两次的检测就砸掉了，假如砸掉这个牌子基本就不好立足了。"（访谈 20230209XLB）。结合上述访谈，芸岭鲜生对农户进行有机种植的带动效应不足，产业惠民主要体现为村民能够获得每亩每年 2000 元的土地租金，以及受雇于生产基地的每月 4000~6000 元的工资性收入。随着芸岭鲜生未来的经营发展，村民的地租可能会有每亩每年 50 元的增幅，工资也可能会增长。

　　乡村社会的"内外有别"限定了产业惠民的广度和范围。从非正式关系层面来看，"内外有别"只是在受雇的村民群体中体现出来，受雇的中所村村民体现出较强的排外性，为数较少的非中所村的村民也曾到芸岭鲜生工作，但是总是因受到中所村村民排挤而无法留下，这在一定程度上限制了产业带动和辐射的范围。这在芸岭鲜生生产基地管理人员的访谈中有明确的体现："对于外来的、新来的工人他们还是会排斥的。外地来的工人基本撑不下来的，尽管公司有一些处罚规定，但是工人一旦没有了归属感的话，他也不可能在这里一直工作。受点欺负，人家直接就走了，所以说外地工人（非中所村民）还是很难留得住。"（访谈 20230426DYF）

### （三）产业生态化模式的复制和推广存在一定的困难

　　有机农业模式的推广较难实现天时、地利、人和兼具。截至 2009 年，松华坝水源区退耕还林 4.7 万亩。为进一步加大水源区生态治理力度，有效削减面源污染，自 2006 年以来，昆明市确立了"因地制宜、种植永久性水源保护林带，适度保留城市绿化苗木培育地，满足创园指标要求"的松华坝水源区治理和保护模式，统一租用了冷水河、牧羊河两岸 100 米范围内的土地建设苗木基地，使冷水河、牧羊河形成生态隔离带。① 昆明市在冷水河、牧羊河沿岸租用了沿河土地 3.5 万多亩，实施"农改林"生态建设。② 划分"农改林"、退耕还林等区域，使进行农业规模化生产的土地资源空间逐渐减少，导致当前有机农业发展面临土地资源不足的问题。

---

① 和光亚、刘云、周灿：《万亩"农改林"让松华坝水清岸秀》，《云南日报》2007 年 9 月 4 日。
② 冯丽俐：《松华坝水源区退耕还林 4.7 万亩》，《昆明日报》2009 年 8 月 6 日，第 A4 版。

以滇源街道为例,通过对芸岭鲜生生产基地管理人员的访谈,结合盘龙区的土地资源供给情况来看,芸岭鲜生在盘龙区新建设生产基地、扩大生产规划的空间较为有限,要想扩大规模只能在盘龙区之外新建生产基地。在土地资源供给方面,盘龙区辖区内的农村地区,较为平整连片的土地多靠近松华坝水库的牧羊河、冷水河以及径流区,靠近河流200米以内属于一级保护区,所有土地禁耕,划作"农改林",二级、三级保护区内的土地多为山地,"巴掌田",面积小,不利于规模化耕种。

笔者:你怎么看待芸岭鲜生在盘龙区新开基地、扩大生产规模的可能性和存在的困难?

芸岭鲜生生产基地管理人员:盘龙区农投公司为了这个事情操碎了心,拉着我们到处去找地,但是不好找。我们的一个生产基地,那里环境差、土质差,全是风化石,在那个山顶上怎么建棚?现在只能保证不亏钱。那块地经济价值太低了。(访谈20230426DYF)

笔者:芸岭鲜生选择建设生产基地有哪些考虑?

芸岭鲜生生产基地管理人员:简单地讲,就是土地要平整、面积要大,水源丰富、水质监测达标、排水条件好,气候适宜,道路交通便利,方便招工,再考虑政府的鼓励、扶持政策。(访谈20230209XLB)

## 二 盘龙区乡村产业振兴的反思

**(一)平稳、可持续阶段的互信与共享:信任生成与利益共享机制建构的问题**

"信任就是相信他人未来的可能行动的博弈。"[①] 信任是人类的一种社

---

[①] 〔波兰〕彼得·什托姆普卡:《信任:一种社会学理论》,程胜利译,中华书局,2005,第33页。

会行为，包含可预期性、采取的行动及相应的责任。各行动主体之间的互信是网络体系平稳运行的基础，只有基于主体间的互信关系，村民才能在基层政府、村委会和公司作为核心行动者的影响和安排下进入并留在网络体系中，按照市场规则扮演其被核心行动者定义的角色。村民对于核心行动者所主导的网络体系的信任，是以持续性的地租收益和薪酬收益为物质基础的。资本下乡为村民带来的收益，主要包括公司的薪酬和逐年微幅递增的土地租金。若要实现资本下乡带动乡村产业的发展并让产业惠及民生，那么我们亟须建立互信，共同创造价值，分担责任。特别是那些核心行动者，他们需以共同体利益为基石，积极影响其他行动主体，进而构建一个坚实的利益共同体。这样的共同体不仅将助力乡村产业的繁荣，更能让各方均享受到产业发展的红利。

**（二）多元诉求的统合与调适问题**

第一，农民视角的诉求。如何重塑资本下乡中的农民主体性？从"身份"向"职业"的农民身份转型，会止于"农业工人"吗？是谁的乡村振兴？乡村振兴为了谁？依靠谁来推动乡村振兴？农民的主体性地位在资本下乡中面临什么样的挑战？在借助社会资本推动乡村产业振兴过程中，如何持续性地维护农民的权益？

第二，村庄视角的动力机制。在乡村产业发展中，村"两委"与集体经济组织，是农民组织化的载体、农民的代言人？还是农业企业的合作者、谋划者？

第三，政府视角的职能再定位。政府乡村产业振兴中以"锦上添花"为主的政策扶持，如何兼顾和强化"雪中送炭"的政策？农业公共服务体系为农民服务，还是为农业企业服务？政府项目下乡的公共服务效益如何彰显？

我们需要考虑诸多方面的问题，做好林林总总的工作，但是总体而言，乡村产业振兴应该做到或是趋向于：从公共治理维度，实现市场有效、政府有为、村庄有序、农民有能、各得其所、各安其位；从社会共生维度，考虑坚持阶段性视角，在资本下乡的不同阶段维持各主体利益关系之间的动态平衡。

# 第四章　人才兴乡：盘龙区乡村人才培育活化基层组织力

党的十九大报告明确提出了"实施乡村振兴战略"，这不仅是以习近平同志为核心的党中央对新时代"三农"工作的全面部署，而且是全面建成社会主义现代化强国的重大战略任务。这一战略为我国农业和农村的经济社会发展描绘了一个宏伟的蓝图。然而，在当前社会变迁和城市化加速的大背景下，农村面临空心化、老龄化和妇女化等多重挑战，这些都凸显了乡村人才队伍建设的滞后，成为乡村振兴战略实施的短板。人才振兴不仅是乡村振兴的核心引擎，而且是其关键环节，特别是在追求农业农村现代化，以及实现产业兴旺、生态宜居、乡风文明、治理有效、生活富裕等"五大振兴"目标的过程中，加强乡村人才队伍建设显得尤为重要。因此，本章将重点探讨人才振兴在组织振兴中的核心作用，深入分析人才的培养、发展和激励机制，并探索这些机制如何与组织结构相互影响。

## 第一节　乡村人才振兴的理论逻辑与价值蕴含

### 一　人才振兴的概念内涵

人才是乡村振兴的竞争之本、活力之源。人才振兴是一个在经济、社会和政策领域中逐渐受到关注的综合性概念。它不仅着眼于提高人才的专业能力、创新思维和领导才能，从而确保人才的质量提升，而且强调人才结构的全面和均衡，确保各领域、各行业和各层次都有合适的人才。此外，人才振兴鼓励人才在经济、社会和文化建设中发挥主动作用，同时为其创设一个优越的学习、工作和生活环境。这一概念还强调人才的持续发展和终身学习，以及在全球化背景下的国际视野和竞争力。人才振兴也看重人才的社会责任，鼓励其为社会的和谐和进步做出实质性贡献。总之，人才振兴旨在为社会和国家的持续进步提供强大的人才支撑。

## 二　人才振兴的理论逻辑

乡村人才振兴在农村发展中起到了至关重要的作用。从国际研究角度来看，虽然"乡村人才振兴"这一术语并没有直接出现，但相关的理论观点和实践经验为我们提供了宝贵的参考。例如，英国的 Owen 提出的"新协和村"概念，Schultz 关于农民短期技能训练的观点[1]，Lee、Attanasio、Kugler 和 Meghir 对职业培训对提升农民工资水平积极作用的肯定[2]，以及 Lewis 对刘易斯拐点问题的探讨[3]，都为农村人力资本的培养和乡村人才的振兴提供了有力的理论支撑。国外理论研究从学理角度论证了农村人力资本开发对于改造传统农业、促进农业增长和提高农民收入水平的重要性，这为乡村人才振兴研究提供了理论依据。

自党的十九大以来，乡村振兴已逐渐成为中国社会科学研究的焦点。农村劳动力开发是中国新型工业化和城镇化不可或缺的一环，而人才振兴则是解决当代"三农"问题的关键。[4] 现有研究普遍认为，农业人才培养是乡村人才振兴的关键，但校内培养和继续支持过程中面临职业教育体系不完善、人才培养与产业需求不匹配、新型职业农民主体性调动不足等问

---

[1]　Theodore W. Schultz. *Transforming Traditional Agriculture.* New Haven CT：Yale University Press. 1964.

[2]　David S. Lee. "Training, Wages, and Sample Selection：Estimating Sharp Bounds on Treatment Effects," *The Review of Economic Studies* 2009 (3)：1071 – 1102.

　　Orazio Attanasio, Adriana Kugler, Costas Meghir. "Subsidizing Vocational Training for Disadvantaged Youth in Colombia：Evidence from a Randomized Trial," *American Economic Journal：Applied Economics* 2011 (3)：188 – 220.

[3]　William Arthur Lewis. "Economic Development with Unlimited Supplies of Labor," *Manchester School of Economics and Social Studies* 1954 (22)：139 – 191.

[4]　黄小明：《收入差距、农村人力资本深化与城乡融合》，《经济学家》2014 年第 1 期。

题。① 在乡村振兴实施过程中,各地区根据自身实际情况探索了多种具有代表性的人才振兴模式,如免费职业教育、校企合作、区域协作、行业协会模式和置换脱产式模式等,为乡村人才振兴提供了实用的操作模板。这些研究不仅凸显了农村劳动力开发在中国新型工业化和城镇化中的重要性,而且揭示了乡村人才振兴面临的多重挑战,包括体制性障碍、协调不力、发展不平衡等。②

在这一背景下,多学科的理论逻辑为乡村人才振兴提供了丰富的分析视角和实践指导。从经济学到社会学,再到管理学和政治学,各个学科都为乡村人才振兴提供了独特的见解和方法。这些视角不仅凸显了农村劳动力在中国新型工业化和城镇化中的重要性,而且提供了乡村人才振兴面临的多重挑战的可能的解决路径。

## 三 人才振兴与组织振兴的互构

在当代社会经济背景下,人才和组织已逐渐成为推动社会进步的核心要素,它们之间的关系呈现一种深度的互构特性。这种关系不是线性或单向的,而是一种深度的相互依赖和相互促进的特性。为了更好地理解这一点,我们首先需要认识到,组织在追求持续优化其结构、文化和流程,以适应日益变化的外部环境并实现既定目标时,必须依赖高质量的人才。这些人才能够为组织带来必要的变革和创新动力,推动组织向前发展。反过来,人才的真正成长、发展和价值实现也需要一个健康、活跃且不断振兴的组织环境。在这样的环境中,人才可以充分发挥其专业知识、技能和创新能力优势,为组织创造更大的价值。因此,人才与组织之间形成了一种互为因果、相互促进的关系。

---

① 曾欢、朱德全:《新时代民族地区职业教育服务乡村人才振兴的逻辑向度》,《民族教育研究》2021 年第 1 期;张晓山:《实施乡村振兴战略的几个抓手》,《人民论坛》2017 年第 33 期;张燕、卢东宁:《乡村振兴视域下新型职业农民培育方向与路径研究》,《农业现代化研究》2018 年第 4 期。

② 蔡昉:《农村剩余劳动力流动的制度性障碍分析——解释流动与差距同时扩大的悖论》,《经济学动态》2005 年第 1 期。

## 第二节 后脱贫时代盘龙区人才建设进展

### 一 引才与育才：盘龙区人才振兴战略与实践

在后脱贫时代，人才建设成为推动乡村振兴的关键因素之一。盘龙区在这方面表现较为突出，积极落实"干部回乡规划乡村振兴行动"和"万名人才兴万村"等多元化人才战略。总体上，盘龙区多元化的人才战略和全面的管理服务体系不仅提升了基层党建和农业农村的发展质量，而且为乡村的长期可持续发展奠定了坚实的基础，成功地强化了人才在乡村振兴中的核心作用。

云南省的"干部回乡规划乡村振兴行动"（简称"行动"）起源于临沧市。该行动的雏形为"万名干部规划家乡行动"，因其实践成效显著而得到媒体和政府的高度关注，进而被逐步推广至全省。盘龙区积极响应了这一行动，特别是在落实昆明市《"干部回乡规划乡村振兴行动"实施意见》方面表现出色。2021年，盘龙区成功动员了67名市区两级机关企事业干部回乡参与规划，高效地完成了43个村（社区）的"1+5"方案编制工作，2个"干部回乡规划乡村振兴行动"调研报告被评为优秀。这一行动不仅提升了基层党建质量，而且促进了农业农村高质量发展。通过干部的专业技能和管理经验，该区成功推动了农村地区在产业发展、耕地保护、生态环境、文化遗产保护等多个方面的全面进步。

与"干部回乡规划乡村振兴行动"并行的是盘龙区的"万名人才兴万村"行动。该行动计划每年选派43名专业技术人才服务水源区街道的43个行政村（社区），以助力现代农业发展、集体产业壮大、乡村文化繁荣、基层治理和生态宜居建设。2021年，盘龙区广泛调动了70余名区外干部和专家人才，选派了46名院企专家参与水源区发展，开展了80余次农业技术推广、数字农业平台建设等结对帮扶工作。这一行动充分体现了人才在乡村振兴中的核心作用，特别是在推动农业现代化、文化传承和生态保护方面的作用。

除了这两项主要的人才战略，盘龙区还发布了一系列相关的管理和服务办法，以进一步加强人才的管理和服务。具体如下：

➤《盘龙区关于创新体制机制加强人才工作的实施方案》

➤《盘龙区"盘龙英才"管理服务办法》

➤《盘龙区"人才之光"服务项目实施办法》

➤《盘龙区推动乡村人才振兴专项工作方案》

➤《盘龙区促进区校（院、所）人才合作的实施办法》

➤《生命科学、高原特色现代农业产业人才联盟工作机制》

盘龙区深知人才是农村振兴的核心动力，因此，大力投资人才培养和载体建设。近年来，盘龙区积极推进"6+1"人才队伍建设模式，全面聚焦人才的"引育用留"全链条，努力构建"一体化"人才工作推进机制。通过"盘龙英才"培育工程，该区整合了人才素质提升与知识更新的各项计划，持续完善了专业教育和职业培训体系，以满足盘龙区建设的人才需求。此外，盘龙区坚持以能力和贤能为导向的人才选拔原则，探索了一系列人才引进、培养、使用和交流的综合机制，以充分发挥人才的潜能。盘龙已成功引进 2 名国家级"人才计划"专家和 189 名高层次急需紧缺人才。截至 2022 年，该区的总人才数量达到 16.75 万人，其中专业技术人才和高技能人才分别为 5.68 万人和 5.15 万人，使地区的人才密度高达16.95%。[①] 这些措施和成果共同构建了一个识才、爱才、敬才、育才、用才的良好人才生态环境。

为满足农村振兴的多元化需求，该区创新推出了"盘龙区人才驿站"项目并进一步筹建了 2 个农村实用人才培养实训基地。从 2014 年高技能人才工作站项目启动至今，盘龙区已成功建成 9 个此类工作站，累计培养了超过 7000 名高技能人才，为区内的经济和社会进步注入了强大动力。2022年，经过严格的评审流程，云南省建筑技工学校、云南省电子信息高级技

---

① 《盘龙区"三个一体化"推动人才工作提质增效》，https://baijiahao.baidu.com/s? id = 1741413226878148809&wfr = spider&for = pc，最后访问日期：2023 年 10 月 23 日。

工学校和云南饮源斋职业培训学校有限责任公司 3 家单位荣获"盘龙区高技能人才工作站"称号。盘龙区人民政府办公室对这些工作站给予了正式的认可，并根据其负责人的资质，对部分工作站授予"盘龙区首席技师工作站"的荣誉。合格的工作站每年还将获得 3 万元的高技能人才培养补贴。

此外，盘龙区也着重于农村的创业和就业支持。该区大力推进农村劳动力技能培训，已为 7504 人提供了培训机会，并成功帮助 23241 人实现了农村劳动力的转移就业。为了进一步吸引和支持乡村青年人才，2021 年，盘龙区还特地举办了"职为你来"乡村振兴青年人才暨云岭大学生就业护航行动招聘会，当场为 210 名青年提供了就业机会。[1]

## 二 人才为本：推动农村产业振兴的应有之义

在盘龙区，人才与农村产业发展密切相关，尤其体现在技术创新、农业管理、市场拓展和产业链各环节。人才是农村产业发展的核心资本，能有效推动农业现代化，提高农产品质量和产量。同时，现代农业管理知识和经验的引入有助于提升农业生产效率，促进规模化发展。市场营销和品牌建设方面的专业人才能显著提升盘龙区农产品的市场知名度和竞争力。从农业产业链角度来看，人才在农业生产、农产品加工、销售与服务环节中都发挥着不可或缺的作用，特别是在农产品加工和销售方面，人才的引进和培养不仅能推动农业产值提升，而且能促进农业产业链的完善。因此，盘龙区高度重视人才在农村产业发展中的关键作用，以促进农业产业的可持续发展。

在盘龙区，农业产业发展人才的培养已经成为推动区域经济和社会进步的关键因素。以麦冲村和中所村为例，如图 4-1 所示，家庭农场经营者的数量分别为 20 人和 12 人。这些经营者采用现代化和高效的农业生产方法，不仅显著提升了农产品的质量和产量，而且通过精准的市场分析和营销策略为农业现代化铺平了道路。然而，值得注意的是，农民合作社带头

---

① 《盘龙区政府搭台"筑巢"企业唱戏"引凤"》，《云南经济报》2021 年 12 月 4 日。

人和农村创业创新带头人在各个村或社区的数量仅为个位数。这暗示着盘龙区各村或社区仍然面临缺乏具有创新思维、组织管理能力的人才的问题。

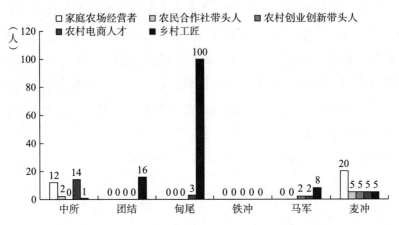

**图4-1 盘龙区各村/社区获各类产业发展人才数量**

资料来源：根据"中国乡村社会大调查"村居问卷整理而成。

盘龙区的各乡村和社区积极储备农村电商人才和乡村工匠。这些电商人才精通网络营销，能通过各种在线平台和社交媒体渠道进行高效的产品推广。这样的网络营销策略不仅提升了农产品的可见度，而且使其能够迅速触及更广泛的消费者，进一步扩大市场份额。乡村工匠则是农业或手工艺领域的专家，他们不仅凭借精湛的技艺和丰富的经验生产出高质量的产品，而且在地方文化和经济发展方面起到了不可或缺的作用。这包括但不限于文化的保存和推广，以及手工艺品市场的拓展。值得一提的是，这些乡村工匠的存在和活动也与非物质文化遗产的传承和民族文化的保护密切相关，特别是在甸尾地区。在全球化和现代化的浪潮下，许多传统文化和手艺正面临失传的危机。因此，乡村工匠不仅是生产高质量产品的专家，而且是文化和传统技艺的重要传承者。

（一）新型职业农民

在农业现代化和农村经济结构调整的背景下，新型职业农民逐渐成为农业生产和经营的新典范。新型职业农民/高素质农民是指获得职业技能等级认定的农民、家庭农场经营者、农民合作社带头人、农村创业创新带头人、农村电商人才、乡村工匠。与传统农民相比，他们不仅具备更高的教育背景和现代农业技术能力，而且在经营理念上更加强调市场导向，注重农产品的附加值创造。这一群体在农业活动中展现出鲜明的创新和创业特质，例如通过开办农家乐和休闲农业满足市场的多元需求。在组织方式上，他们更趋向于采用合作社或家庭农场模式，以实现规模化和集约化生产。同时，他们强调环境保护和农业的可持续发展，推崇绿色、有机和生态农业的理念。值得注意的是，新型职业农民与城市之间建立了深度的合作关系，这不仅体现在产品销售方面，而且体现在技术、资金和信息交流方面。总之，新型职业农民为农业和农村经济的发展注入了新活力，同时也促进了农村与城市的紧密融合。

盘龙区在培养新型职业农民方面采取了一系列具体且系统的做法。盘龙区通过涉农街道农林水与应急处置服务中心进行了高素质农民的摸底调查，确立了培育对象，包括种植农户、农民合作社带头人、农业农资经营人和技术骨干等。2023 年，盘龙区农民培训共制定 19 个培训主题，设立 40 个现场教学点，开设 112 门培训课程，其中包括 100 多门线上培训课程，提高了培育针对性。为了提升培训效果，盘龙区采用了多种培训方式，如集中课堂教学、多媒体教学，以及结合疫情的线上教学。培训内容涵盖农业类法律法规、农学基本知识、绿色防控技术、农作物栽培、气象学、作物营养学等多个领域。在提升培训质量方面，盘龙区注重师资队伍的建设，选择了具有资质和丰富实践经验的教师，并实行了师资考核评价和动态管理。

此外，盘龙区还健全新型职业农民培训机制，完善了农民培训的顶层设计。例如，盘龙区成立高素质农民培育领导小组，将高素质农民培育纳入区级的人才发展规划，并设定了明确的培育目标。同时，该区还健全人才考核机制、资金保障机制、抽查机制和绩效评价机制，确保了培训项目的顺利进行和质量。盘龙区还着重优化培育环节，实施全程精细培育。它们选择具有地方特色的培训项目，进行了精准化培育，并建立了个人档案。除了生产技能培训，培训内容还向直播带货、智慧农业、数字乡村等方面延伸，全面提升了农民的综合素质和能力。为了营造良好的培训氛围，盘龙区还总结了优秀案例，并通过媒体进行广泛宣传，形成了良好的社会舆论氛围。

根据"中国乡村社会大调查"的村居问卷，我们可以看到盘龙区内 6 个样本村/社区在获得职业技能等级认定的农民数量上存在较大差距（见图 4-2）。其中，中所村、甸尾村和马军村获得职业技能等级认定的农民数量远高于其他 3 个村/社区。截至调查时，盘龙区在高素质农民培育方面已取得初步成效，成功培养了 145 名农民，其中包括 79 名接受了经济服务类培训和 66 名接受了专业种植类培训的农民。在经济服务类培训中，42 名农药经营人员和 37 名种子经营人员分别接受了法律法规解读和经营业务规范的专门培训。这些培训旨在提升农资经营人员的专业技能和法律意识，以确保他们满足经营许可的各项要求，从而保证农业生产、农产品质量和生态环境的安全。在专业种植类培训中，盘龙区特别针对烤烟种植进行了全面而细致的培训。这包括烤烟育苗和田间管理、病虫害的绿色防控、合理施肥技术、烟叶成熟与采收、编烟与装炕技术，以及烟叶调制和烘烤技术等多个方面。培训内容涵盖烤烟生产过程的整个周期，并特别强调了绿色种养、科学施肥和用药，以及病虫害绿色防控技术。通过这一系列的培训，共有 66 名农民成功掌握了烤烟调制技术。

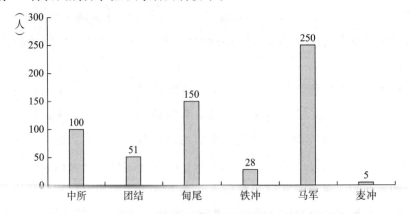

**图 4-2　盘龙区各村/社区获得职业技能等级认定的农民数量**

资料来源：根据"中国乡村社会大调查"村居问卷整理而成。

### （二）农村科技人才

在农村，科技人才可细分为农村高科技领军人才、农村科技创新人才、农村科技推广人才和科技特派员。农村科技人才对于乡村的可持续发展具有决定性的意义。这些人才所掌握的先进农业技术和知识成为提高农业生产效率、降低成本并确保产品质量的核心因素。随着农业现代化的深入推进，他们有能力引导农业向规模化、集约化和机械化发展。在环境保护成为全球关注焦点的背景下，他们所倡导的生态农业和有机农业理念对于构建绿色、可持续农业显得尤为关键。农村科技人才还能够推动农产品的深加工，从而增加产品的附加值，进一步提升农民的经济收入水平。在经济结构调整的大潮中，他们引领农村向服务业、休闲农业和乡村旅游等新兴产业转型。通过培训和教育，他们能够将先进的知识和技能传播给广大农民，从而提高整体的农业生产和管理水平。

根据"中国乡村社会大调查"的村居问卷数据，麦冲村以其145名科技推广人才的数量脱颖而出，获农业科技人才的人数远超区内其他村落（见图4-3）。这一现象与麦冲村对多元化集体经济增长的明确战略目标有着直接的关联。麦冲村计划在2025年底前，通过整合各级各类涉农项目资金，确保村级集体经济的年经营性收入稳定在10万元以上，并推动三次产业的融合发展。这样的战略目标凸显了对科技推广人才的迫切需求，因为这些人才能够为麦冲村的经济和生态可持续发展提供全面的支持。无论是绿色旅游、乡村特色采摘观光，还是大健康产业，每个发展环节都需要科技推广人才来引进先进的管理模式和技术，以提升生产效率和产品质量。例如，在绿色旅游方面，除了能够科学合理地规划生态资源，科技推广人才还可以运用现代科技手段进行有效的宣传和管理。在乡村特色采摘观光产业中，科技推广人才对市场需求有明确的认识，更可能打造出有市场竞争力的农业产品品牌。而在大健康产业中，科技推广人才则积极引进和运用先进的医疗和养生技术，以满足市场的多样化需求。综合来看，麦冲村大力发展科技推广人才，不仅仅是为了实现其短期的经济目标，更是为了构建一个经济与生态并重的可持续发展模式。

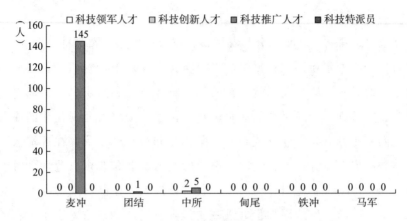

**图 4-3  盘龙区各村/社区获各类农村科技人才数量**
资料来源：根据"中国乡村社会大调查"村居问卷整理而成。

### （三）乡村卫生人才

农村卫生人才的发展在农村社会经济进步和民生改善中起到了至关重要的作用。首先，专业且熟练的卫生人才能够提供更高质量的医疗服务，从而减轻农村地区的疾病负担和提高居民的生活质量。其次，健康的劳动力是经济发展的基础，因此，通过提供更好的医疗服务，卫生人才能够提高农村地区的劳动生产率。更重要的是，通过提供更加平等的医疗服务，可以减少社会不平等和提高农村居民的社会地位，特别是在人口老龄化趋势加剧的背景下，农村地区对高质量医疗服务的需求也将增加，这需要更多的卫生人才来应对。

根据 2021 年的《昆明市盘龙区统计年鉴》，盘龙区拥有 711 个各级各类医疗卫生机构，有总床位 7809 张，卫生技术人员 12626 人，其中，执业（助理）医师 4687 人、注册护士 6570 人、510 名药师、638 名技师（包括 359 名检验师）以及 221 名其他技术人员。[①] 2021 年，盘龙区的医疗机构共计接诊了 601.43 万人次，具体到各类医疗机构：医院接诊了 384.9 万人次，卫生院接诊了 22.41 万人次，社区卫生服务机构接诊了 50.67 万人次，门诊

---

① 盘龙区统计局 2021 年《昆明市盘龙区统计年鉴》。

部接诊了 40.27 万人次，诊所/医务室/卫生所接诊了 100.76 万人次，以及村卫生室接诊了 2.42 万人次。

　　这些数据揭示了一个重要现象：基层医疗机构在分担医院的诊疗压力方面起到了关键作用。然而，医院内的卫生技术人员数量是村级机构内卫生技术人员的两倍多。"中国乡村社会大调查"的量化数据进一步显示，盘龙区各村或社区的医疗卫生人员①数量普遍只有 2～3 人，唯独麦冲村拥有 10 名医疗卫生人员（见图 4-4）。基层医疗人员与覆盖群众的比例会受到经济发展水平、卫生保健制度、地理环境和文化等多种因素的影响，提高基层医疗人员的覆盖率已经成为国际共识，特别是在发展中国家。例如，根据世界卫生组织（WHO）的数据，美国每1000人中有2.6名医生和8.8名护士。② 因此，除了麦冲村之外，盘龙区各村或社区在基层医疗人员覆盖率方面仍有待提升。通过数据分析，我们可以清晰地看到，尽管盘龙区在医疗卫生方面有着一定的基础设施和人才储备，但在基层医疗服务的普及和人才分布方面，仍存在一定的不平衡，这需要引起相关政府和决策者的高度重视。

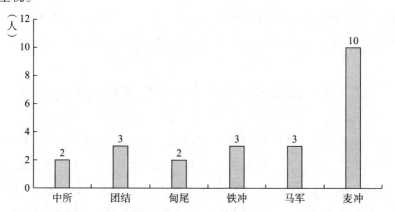

**图 4-4　盘龙区各村/社区医疗卫生人员数量**
资料来源：根据"中国乡村社会大调查"村居问卷整理而成。

---

①　在问卷调查中，卫生人员是指乡镇卫生院和社区卫生服务中心的临床医师等。
②　World Health Organization. "Health Workforce and Services：Draft Global Strategy on Human Resources for Health：Workforce 2030," 2015.

### （四）乡村教育人才

在中国的乡村振兴战略中，人才培养和管理改革是关键因素之一。盘龙区的实践提供了一个典型的例子，展示了如何通过多元化的人才培养和管理模式来推动乡村振兴。首先，该区全面实施了乡村教师和乡村医生的生活补助工作，以及"区管校聘"和"乡管村用"的管理改革，这不仅提高了这两类基础人才的待遇，而且优化了他们的管理体制，特别是新入职的农村教师，通过"2＋2"培训与管理模式，得到了全面的职业发展支持。

其次，盘龙区注重本土人才的培养。通过与高校和科研院所的合作，建立了一套完善的"产学研用"一体化协同机制。该区还安排了街道和所属村（社区）的业务骨干到区级对口单位和城市街道进行挂职锻炼、跟班学习和培训研修，以全面提升他们的能力和素质。

最后，该区从"土专家"、"田秀才"和"乡创客"中招募了一批特聘农技员，形成了一支能够精准服务产业需求、解决生产技术难题和促进农民增收致富的服务团队。同时，该区通过支持党员带头致富和带领致富，力争实现每个有劳动能力的党员有致富项目，进一步加强了乡村振兴的社会基础。盘龙区的这一系列措施不仅体现了人才在乡村振兴中的核心地位，而且为如何有效地整合和利用人才资源提供了有益的经验和启示。

## 第三节　激发基层组织力：乡村组织的重要角色

乡村组织是乡村社会治理和发展的基础单位，它们在维护社会稳定、推动经济发展、促进文化传承等方面具有不可替代的作用。活化基层组织力量不仅能够提升乡村组织的自我治理能力，而且能更好地服务乡村振兴战略，为乡村发展注入持久的活力。除了我们常见的基层党组织和村委会，村级组织还涵盖了一系列与日常生活、文化、教育、健康和经济发展紧密相关的组织。这些组织包括社会工作组织、群团组织、学校、科研机构、医院、金融机构、企业和文化组织等。从乡村社会大调查的村居数据中，我们可以观察到群团组织、慈善机构、学校和医院在样本村中的普及度相对较高（见表 4-1）。这意味着这些组织在乡村生活中起到了核心作用，可能与居民的日常生活、健康、教育和福利需求紧密相关。这也反映了乡村对于基础设施和公共服务的重视。相对地，社会工作组织、科研机构、金融机构和企业在样本村中的普及度较低。这可能意味着这些组织在乡村中的存在和作用还不够明显，或者它们的服务和资源尚未被广泛认知和利用。这也为乡村发展提供了一个思考方向：如何进一步引导和支持这些组织在乡村中的建设和发展，以满足村民更为多元和专业的需求。

表 4-1 各种组织参与村/社区乡村振兴的情况

| 村/社区 | 社会工作组织 | 群团组织 | 学校 | 科研机构 | 医院 | 慈善机构 | 金融机构 | 企业 | 其他组织 |
|---|---|---|---|---|---|---|---|---|---|
| 中所 | | √ | √ | √ | | √ | | √ | |
| 团结 | | √ | | | √ | √ | | | |
| 甸尾 | √ | √ | √ | | | | | | |
| 铁冲 | | √ | √ | | √ | √ | √ | √ | |
| 马军 | | √ | | | √ | √ | | | |
| 麦冲 | √ | √ | | | √ | √ | | √ | √ |

资料来源：根据"中国乡村社会大调查"村居问卷整理而成。

在我国的治理体系中，村级组织又被称为乡村基层组织，由基层党组织、基层政权和其他的经济组织、社会组织、文化组织和民间组织组成。相比于其他类别的组织，村级组织应该具有一定的治理主体性。一方面是因为村委会在法律上就是基层村民自治组织，并没有在严格意义上被纳入行政体系中；另一方面是因为村级组织是直接与村民打交道的基层组织，所以它的治理成效直接关系到村民的获得感和幸福感。本章所研究的村级组织包括基层党组织、村委会以及村委会下的农民群体。基层党组织是党在农村的基层组织，是所有村级组织的领导核心，是政治上对村委会实施领导的组织。村委会是村民选举产生的群众性自治组织，是村民自我管理、自我教育、自我服务的基层群众性组织。村民自治是在党的领导下，在国家法律政策规定的范围内的自治。社会组织是农民群体为了特定的目标自发组织成立的或者由政府助推、支持工作的非营利组织。

近年来，盘龙区致力于建设包括政府在内的乡村多元治理格局，优化乡镇政府与村级组织的合作关系，积极提升农村合作经济的组织化程度。乡镇政府处于国家行政体制的末端，接受乡镇人大和县级政府的双重领导。在垂直领导体制下，乡镇政府为了完成上级政府下达的各项指标，往往不得不对基层干部层层加码。在盘龙区的实践中，由于地处山区，地势过于复杂，加上信息化建设薄弱，直接影响基层政府的执政效率，从而进一步影响乡村治理效率。在盘龙区的乡村治理实践中，村委会成员与村民之间的联系相对紧密，比如村委会在接到上级指令或遇到紧急情况时，可以在较短的时间内召集全体村民来村委会集合，村委会工作更多的是靠其成员在现实生活中经常与村民接触或打交道，具有较强的群众基础。这样，村委会就有了乡镇政府领导下的下属单位和性质上的村民自治组织的双重角色，在乡村治理中发挥重要作用。

在动员社会工作力量参与基层治理上，盘龙区展现了其深思熟虑的思考和卓有成效的实践。首先，为确保社区工作人员的专业发展，该区根据《盘龙区城市社区专职工作人员管理办法》推出了积分管理和职级核定办法，为他们明确了工作路径并提供了晋升机会。其次，区人才工作领导小组与区民政局合作，为全区的300余名社区工作人员提供了专业培训，进一步提升了他们的工作效率。在基础治理上，盘龙区不仅进行深入调研，确保对治理现状有深入了解，而且选取了13个社区作为治理试点，探索更有效的管理方法。最后，该区积极推进社会工作服务站的建设，完成了12个街道的工作站建设，确保为民服务无死角。2021年，盘龙区进一步加强了对社会组织的管理，审批了14个新组织，并对现有的355个组织进行了严格的年检和实地抽查。通过对非法和"僵尸型"社会组织的整治以及与各个社会组织的合作，盘龙区成功地加强了社区的凝聚力，为居民创造了更和谐、有活力的生活环境。

值得注意的是，盘龙区农村群众参与各类社会组织和社会团体的占比并不高。如图4-5所示，根据群众参与各类组织和团队活动的比例，由低到高排序依次为红白喜事会（64.79%）、健身休闲娱乐团队（21.94%）、志愿者组织（18.67%）、治安和纠纷调解组织（13.65%）、群体自发组织（13.64%）、农业协会或合作组织（9.46%）、党团组织（9.44%）、读书会等学习类组织（6.56%）、宗教信仰类组织（4.79%）和传统艺术团体（1.66%）。其中，64.79% 的被调查者参与过红白喜事会，因此，农村移风易俗工作仍然有较大的提升空间。另外，只有近 1/10 的群众参与了农业协会或合作组织。根据研究者的田野观察，盘龙区内行政村多见合作社组织，行业、技术的组织则不多见，农民对行业、技术等信息重视不足，农业协会或合作组织在激发农民主动性上依旧乏力。

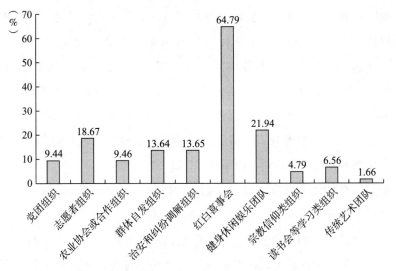

图 4 - 5　盘龙区群众参加各类组织和团队活动的情况
资料来源：根据"中国乡村社会大调查"村居问卷整理而成。

## 第四节　党建为纲：基层社会治理的关键所在

### 一　党建引领盘龙乡村社会治理

基层党建在农村社会治理、经济增长和文化发展方面具有至关重要的作用，被视为这些领域的"灵魂"。它是强化基层组织能力的核心因素，也是推动农村全面进步和维护社会稳定的内在动力，更是提高农民福利的关键途径。毛泽东同志在《论持久战》中首次引入了"组织力"的概念，而且习近平总书记在党的十九大上进一步强调了基层党组织建设的核心是提升组织力，并特别突出了其政治功能。在2020年脱贫攻坚战成功结束后，乡村工作的焦点已转向如何实现农村脱贫与振兴之间的顺利、稳定和快速衔接。这一转变需要一个健全和强有力的组织体系作为支撑。党的力量源自其严密和体系化的组织结构，这一点在乡村振兴战略的有效实施中尤为关键。因此，在新的历史背景下，党的基层组织建设被赋予了新的任务和更高的战略地位，以确保乡村振兴战略有效推进。

盘龙区目前有37557名党员，近几年以3%的速度持续增长，每年新增党员数量约为1100人。其中，男性党员和女性党员的比例分别为48.9%和51.1%。从年龄来看，青年党员、中年党员和老年党员的比例分别为19.09%、35.21%和45.7%。受过高等教育的党员占比达到50.65%，其中，本科和研究生学历的党员分别占26.39%和2.55%。从职业与岗位分布来看，党员广泛分布在各行各业，其中在基层岗位、管理岗位和技术岗位的党员比例分别为74.25%、12.38%和12.64%。

根据乡村社会大调查的村居数据，中所村、团结村、甸尾村、铁冲村、马军村和麦冲村的党员人数分别为146人、67人、127人、104人、127人和75人（见图4-6），占常住人口比例分别为5.7%、3.9%、8.5%、3.7%、4.0%和2.7%。乡村社会大调查中关于6个样本村（社区）的党员人数及其在常住人口中的比例揭示了一些深层次的信息。数据展现了党员在各村的分布不均，例如中所村与团结村的党员人数存在显著差异，这可能与各村的人口规模、历史背景和地理位置等因素有关。另外，甸尾村党员在常住人口中的比例高达8.5%，这意味着该村的每12个人中就有1名党员。这样的比例可能意味着该村的党组织在村务管理、决策和社会动员等方面有较强的影响力。作为经过政治教育的群体，党员在确保村庄和谐与稳定中起到了关键作用。相对地，在党员比例较低的麦冲村，其2.7%的数据可能意味着该村在组织建设和党员培训上还有进一步提升的空间，以确保党的各项政策在村庄中得到切实执行。

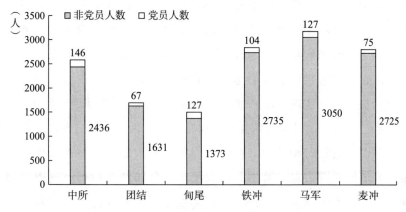

**图 4 - 6 样本村/社区党员人数**

资料来源：根据"中国乡村社会大调查"村居问卷整理而成。

根据乡村社会大调查的村居问卷，图 4 - 7 详细展示了 2022 年盘龙区各村或社区用于基层党建的财务投入。值得注意的是，各村或社区的党建活动费用均大于等于 5 万元，其中铁冲村更是高达 20 万元。这一数据充分反映了盘龙区各基层单位对党建工作的高度重视和较充足的财力投入。

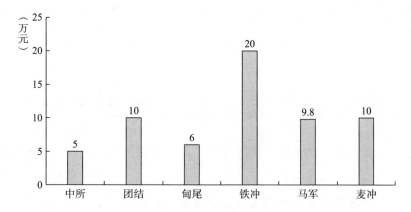

**图 4 - 7 2022 年盘龙区各村/社区用于基层党建的费用**

资料来源：根据"中国乡村社会大调查"村居问卷整理而成。

盘龙区的基层党建工作为乡村振兴提供了一个全面而深入的案例，通过一系列精心设计的机制和措施，强化了基层党组织建设能力，从而更有效地推动了乡村振兴战略的实施。首先，盘龙区通过实施"双整百千"四级联创机制，全面强化了基层党组织建设。这一机制不仅关注党组织自身的强化，而且着眼于与社会、经济和文化等多个方面的整合。这种全面的视角有助于提升组织能力和工作水平。例如，在组织引领方面，该区明确了党组织在乡村振兴中的核心地位，并通过各种政策和措施来加强其组织能力。其次，盘龙区进一步通过"三项引领"（组织引领、产业引领、机制引领）和"四个支撑"（组织支撑、保障支撑、人才支撑、发展支撑）的实施，加强了基层党组织建设。在产业引领方面，党组织被视为推动农村集体经济发展的关键力量，特别是在农业现代化和产业结构调整中发挥了重要作用。在机制引领方面，该区通过制度创新和管理优化，为基层党组织提供了有力的制度保障。另外，盘龙区各村/社区积极利用互联网开展服务，5个样本村都在积极使用互联网优化党建工作（见表4-2）。

表4-2 盘龙区各村/社区利用互联网开展服务工作情况

| 村/社区 | 优化党建工作 | 优化人员管理工作 | 优化医疗服务工作 | 优化旅游文化工作 |
|---------|------------|----------------|----------------|----------------|
| 中所 | | | | |
| 团结 | √ | | | √ |
| 甸尾 | √ | √ | √ | √ |
| 铁冲 | √ | | | |
| 马军 | | √ | | |
| 麦冲 | √ | √ | | |

资料来源：根据"中国乡村社会大调查"村居问卷整理而成。

值得一提的是，盘龙区在党员队伍建设方面做了大量工作。通过各种培训和教育活动，该区不仅提升了党员的素质，而且强化了他们在农村经济发展、社会管理和农村治理等方面的作用。这包括通过"火塘夜话"和新时代文明实践讲习等活动来提高党员的政治觉悟和业务能力。同时，通过与龙头企业和农民专业合作社的合作，党员在农村经济发展中起到了带动作用。2021年，落实换届后村组干部培训班302名农村"两委"干部全员培训工作；举办"强基固本"基础党务培训，143名村组干部参训；举办

"万名党员进党校" 14 期，3794 人参加培训；加强党建引领人才干部培训和创业就业帮扶工作，依托青年人才党支部培育后备力量 118 人，开展农村劳动力技能培训班 130 余期，共培训 7504 人次，为 1200 余人提供就业机会。① 此外，盘龙区还通过多种方式来强化基层党建的人才支撑。例如，该区通过招一批、派一批、引一批、育一批的方式，将 219 名在外优秀人才纳入农村优秀人才 "回引库"。这些人才不仅为基层党组织提供了有力的人才支持，而且为农村经济发展和社会管理提供了专业的技术和管理支持。

从建设结果上看，盘龙区成功构建了由 "区党建引领基层治理工作领导小组—街道'大工委'—社区'大党委'" 组成的三级工作体系，展示了一种高度组织化和系统化的模式。盘龙区党建引领基层治理工作领导小组负责全面统筹和监督，确保党中央及省市区委的方针政策得到有效实施。该小组不仅负责年度工作规划，而且解决推进过程中遇到的重大问题。为了实现目标，领导小组下设了 "一办五组" 结构，包括 1 个办公室和 5 个专项工作组：基层党建、社会治理、社区建设、物业管理和乡村治理。这些工作组分别由不同政府部门的负责人组成，确保治理工作全面而高效。区委社工委是领导小组办公室的牵头单位，负责协调各专项工作组，并收集基层治理中的问题和困难，为领导小组提供决策依据。同时，区委组织部、政法委、民政局、住建局和农业农村局等各自牵头相应的专项工作组，各司其职，形成了一个高效运转的治理体系。

在街道和社区层面，设有 "大工委" 和 "大党委" 作为议事协调机构。这些机构由街道和社区的党工委和党组织领导，负责落实上级下达的各项工作任务，并解决实施过程中的重要问题。这一层次的机构不仅负责自己的工作，而且要协调组织、宣传、统战、政法等多个方面的基层治理工作。为了确保高效运转，街道和社区 "大工委" 和 "大党委" 都设有专门的办公室，由相关部门的负责人组成。这些办公室不仅负责日常工作的组织和协调，而且负责解决各种突发问题，确保基层治理工作的顺利进行。至此，

---

① 中共盘龙区委组织部部务委员及工作人员访谈，2023 年 10 月 28 日。

盘龙区的基层治理模式通过多层次、多部门的参与和协调，形成了一个全面而高效的治理体系。这一体系不仅确保政策的有效实施，而且能灵活应对各种复杂和多变的基层治理需求。

综上所述，通过全面而深入的组织建设，以及与产业、社会和文化等多个方面的紧密结合，基层党建在盘龙区不仅成为推动农村发展的内在动力，而且成为维护社会稳定和提升农民福利的重要手段。这为其他地区在乡村振兴战略实施过程中加强基层党建提供了有价值的参考。

## 二 "三治结合"：基层社会治理的多维度策略

在"十三五"规划期间，盘龙区面临了一系列严峻的挑战，包括复杂多变的国内外宏观环境、持续加大的经济下行压力，以及由新冠疫情带来的严重冲击。这些因素共同构成了一个复杂的治理环境，对基层社会治理提出了更高的要求。为有效应对这些挑战，盘龙区在中国共产党的坚强领导下，采取了一系列创新性的基层社会治理措施，特别是"三治结合"的善治工程。这一工程将自治、法治和德治三个方面有机结合，形成了一种全面、多维度的治理模式。

在自治方面，盘龙区推出了一项名为"民生小实事"的创新项目，被评选为2020年全国市域社会治理创新优秀案例，并获省市重要领导批示表扬。该项目由社区居民自发组织和发起，通过挖掘和整合社区内部以及外部的各种资源，解决社区居民在生活中遇到的各种小问题。这一做法赋予了居民更多的选择权和参与机会，也因其创新性和实效性而获得了云南省及全国范围内的高度认可。到2023年4月，区级财政安排专项资金2100万元，引导居民群众自筹823.6万元，企业捐赠243.5万元，中央和省市共83家公共单位向辖区居民开放服务设施，共完成"民生小实事"604件。[1] 另外，盘龙区积极健全农村社会治理机制，持续推进村规民约（社区公约）

---

[1] 《昆明盘龙区创新实施"民生小实事"项目 惠及群众28万余人》，https://m.yunnan.cn/system/2023/04/14/032547608.shtml，最后访问日期：2024年1月20日。

的规范完善工作，全区 12 个街道、105 个社区（村）已全面完成村规民约（社区公约）的规范完善工作。为了加强对村（社区）权力运行的监督，盘龙区民政局以加强村（社区）"小微权力"监督为重点，以提高村（居）民自治水平为目标，以优化服务群众机制为落脚点，编制了责任清单、小微权力清单和负面清单，以构建一个决策权、执行权和监督权相互制约、相互协调的权力运行体系。这一体系不仅有助于防范和化解各种社会风险，而且为该区的高质量发展提供了有力的制度保障。

在法治建设方面，盘龙区全面推行了行政执法公示制度、执法全过程记录制度和重大行政执法决定法制审核制度。这些制度的推行不仅提高了政府行为的透明度，而且增强了执法的规范性和公信力。金江路社区与盘龙区法院、盘龙区检察院、长青派出所等多个法律和执法机构合作，为社区居民提供了一站式的专业法律服务；金沙社区通过"金豆"模式，成功地整合了大量的社区志愿者和商户资源，显著提高了社会治安综合治理能力。同时，该区还落实了"平安盘龙"三年行动计划，并探索推广了"三社联动"和"五级治理"等社区治理新模式。

在德治方面，盘龙区针对各社区的特定需求和情况，推出了一系列创新性的治理措施。首先，为了改变一些不良的社会习俗和观念，该区加强了移风易俗的工作。具体来说，通过科普宣传活动，该区积极抵制封建迷信、薄养厚葬和人情攀比等不良现象。其次，盘龙区也注重道德和文化建设，特别是在公共空间如公园、长廊、广场和学校等。这些地方不仅仅是法治的展示平台，更是德治教育的重要阵地。通过这些多功能空间，该区旨在打造具有地方特色和文化内涵的"一乡一品"和"一村（社区）一品"的法治和德治品牌。为了更系统地推进德治工作，该区还建立了多个组织和平台。例如，红白理事会、道德评议团和乡贤参事会被设立为常设机构，负责定期开展道德评判活动。这些活动包括发布"道德红黑榜""善行义举榜"，以及通过"道德点平台"和"曝光栏"等多种方式，对表现出色或需要改进的个体和集体进行表彰或批评。除了以上措施，盘龙区还深化了民族团结进步示范村（社区）的创建工作，并全面推动市级社会治理创新示范村（社区）的建设。这不仅有助于提升该区的治理水平，而且为其他地区提供了成功的案例和经验。综合来看，盘龙区在德治方面的多元化和系统化措施，不仅提高了社区治理的有效性，而且丰富了当地的文化内涵，为营造全面和谐的社会环境打下了坚实的基础。

## 三　社会力量参与，提升乡村韧性

现代化与全球化为乡村带来了复杂的影响。这些影响既有积极的一面，又有挑战性的一面。具体来说，现代化和全球化为乡村开辟了新的发展机遇，如技术的迅速进步使乡村与外界的联系更加紧密，市场的扩张为乡村产品提供了更广阔的销售空间，而文化交流也使乡村居民开阔了视野。然而，这些变革同时也带来了一系列的挑战，如外来文化的冲击可能导致乡村的传统文化遭到同化，经济的全球化可能加剧乡村的经济不平等，而社会结构的变革也可能对乡村的社会稳定性构成威胁。

在这样的大背景下，乡村韧性显得尤为重要。乡村韧性不仅仅体现在乡村在经济和物质层面上对外部冲击的适应能力，更重要的是乡村在社会、文化和心理层面上的稳定性和灵活性。乡村的社会结构，如其内部的社会层次、角色分配和人际关系，在很大程度上决定了乡村如何应对外部的变革。乡村深厚的文化和传统则为其提供了一种内在的稳定力量，使其在面对外来文化冲击时，仍能保持独特的文化特色和价值观。当然，我们也不能忽视社会不平等对乡村韧性的影响。资源的不均等分配和权力的不平衡分配可能导致乡村社区内部的矛盾和冲突加剧。面对这样的挑战，乡村如何增强其韧性呢？笔者认为，答案在于人的参与，即乡村居民的社会动员和集体行动。通过加强乡村居民的社区参与，鼓励他们共同参与乡村的决策和管理，乡村可以增强其内部的团结和合作，从而提高其对外部冲击的抵御能力。

盘龙区的乡村治理实践为我们回应上述问题提供了一些思路。在深入理解社会力量在增强乡村韧性中的积极作用后，盘龙区采取了多种策略来提高社会工作和志愿服务在区内的能见度。首先，盘龙区策略性地增设了基层社会管理和公共服务公益性岗位，为盘龙区的乡村振兴注入了新的活力。这些岗位不仅强化了乡村的资源和支持，而且为社会工作者和志愿者提供了宝贵的机会。这些专业人员与当地居民的紧密互动，进一步促进了乡村资源的优化利用，同时也为乡村与外部环境建立了稳固的联系，确保资源的有效对接。为了更好地响应乡村的需求和挑战，盘龙区依托"盘龙一张网"App，对社区进行网格化管理，尤其是积极搭建社会工作服务网络，推进区、街道两级社会组织孵化中心建设，建成2个示范性街道社会工作服务站。

其次，盘龙区积极在社区层面吸纳社会力量，构建并发展高效的治理体系，包括"三社联动"、"五社联动"和"五级治理"等。"三社联动"是一个新型的社区服务管理机制，它依托社区平台、社会组织和社会工作专业人才。这一机制关注居民需求，注重提供政策性服务、支持性服务和延伸性服务。"五社联动"旨在建立综合性的社区治理体系，该体系强调政府、社区、社会组织、企业、社工和志愿者之间的协同合作。通过这种方式，当乡村面对挑战时，它们可以依赖这一体系提供的各种资源和支持，确保乡村的稳定和发展。这种协同合作，使乡村能够更好地整合内外部资源，从而增强其韧性。"五级治理"则是一个从区到街道，再到社区、居（村）民小组，最后到楼栋（户长）的多层次治理模式。这些创新模式已经获得了民政部的认可。这些举措基本实现了盘龙区的社会治理格局，群众的安全感满意率也从89.42%提升到了94.45%。

# 第五章 文化建设：盘龙区乡村文化振兴实践

文化振兴是乡村全面振兴的重要组成部分，自提出乡村振兴战略以来，提升乡风文明，实现乡村文化振兴成为党和政府推进乡村全面振兴的工作重点。习近平总书记在党的二十大报告中指出："全面建设社会主义现代化国家，必须坚持中国特色社会主义文化发展道路，增强文化自信，围绕举旗帜、聚民心、育新人、兴文化、展形象建设社会主义文化强国，发展面向现代化、面向世界、面向未来的，民族的科学的大众的社会主义文化，激发全民族文化创新创造活力，增强实现中华民族伟大复兴的精神力量。"① 乡村文化是中国特色社会主义文化的重要组成部分，乡村文化振兴的重点是弘扬社会主义核心价值观，保护和传承乡村优秀传统文化，加强乡村公共文化建设，推进移风易俗，改善农民精神风貌，提高乡村社会文明程度。② 目前，学者在乡村文化振兴以及存在困境和路径探索层面积累了丰富经验。在此背景下，本章以云南省昆明市盘龙区乡村文化振兴调研为基础，阐述盘龙区社会文化特征及乡村文化振兴实践基础，并在全面展示盘龙区文化建设基础上，分析其建构乡村文化振兴实践的内涵和特征，总结乡村文化振兴实践经验与成效，挖掘乡村文化振兴工作中存在的困境和难点，提出未来乡村文化全面振兴的优化建议。

## 第一节 盘龙区社会文化特征及乡村文化振兴实践基础

昆明市盘龙区，位于昆明市主城区东北部，因盘龙江自北向南纵贯全

---

① 《习近平著作选读》（第一卷），人民出版社，2023。
② 北京师范大学中国乡村振兴与发展研究中心、北京师范大学中国扶贫研究院编《全面推进乡村振兴——理论与实践》，人民出版社，2021。

境而得名。盘龙区有着悠久的历史和灿烂的文化，长期以来注重文化建设，在文化活动场地建设、文化活动开展、文旅事业发展、文化保护等方面取得了丰硕的成果。盘龙区乡村文化振兴具有自身的特点，为了更好地认识和评价其乡村文化振兴实践，需要对盘龙区社会文化特点以及自身优势进行分析，并从已有文化实践中分析其存在的困境，以此提出优化建议。

## 一 盘龙区社会文化的特点

### （一）城区与乡村相融合

盘龙区位于昆明市主城区东北部，下辖12个街道（拓东街道、鼓楼街道、东华街道、联盟街道、金辰街道、青云街道、龙泉街道、茨坝街道、松华街道、双龙街道、滇源街道、阿子营街道），截至2021年，共71个社区、32个村，具有城区与乡村相融合的特点。从城市与乡村二元视角来看，二者社会文化特点具有较大差异，作为城市城区管理基本单位，却维持乡村生活模式的地区，盘龙区乡村文化振兴实践思路与模式将区别于其他地区。由此，正确认识盘龙区城区与乡村相融合的社会特点，才能够理解当地人民的生活模式和行为习惯，进一步了解其文化特点。

### （二）生态环境重点保护区

盘龙区因盘龙江自北向南纵贯全境而得名，农村地区涉及双龙、松华、龙泉、滇源、阿子营、青云、茨坝等街道，约占全区总面积的94.8%。其中，龙泉街道、青云街道、茨坝街道为盘龙区"十三五"规划第二板块"城市扩张区"，现有农业主要分布在双龙街道、松华街道、滇源街道和阿子营街道4个街道。4个街道均在松华坝水源保护区流域，面积达629.8平方千米，占区域总面积的72%。因此，盘龙区乡村振兴实为松华坝水源保护区乡村的振兴。由于盘龙江贯穿盘龙区全境，所以盘龙区乡村围绕"水"形成了独特的"龙水文化"，盘龙区无论是地名、节庆还是民俗都与龙有关，如黑龙潭、黄龙潭、南龙潭、白龙潭、龙泉等地名，也有龙泉博物馆、龙泉古镇等文化载体。因此，理解盘龙区文化就要以"龙水文化"为基础，理解盘龙区文化振兴实践要以生态环境重点保护区为基础。

### （三）传统文化资源丰富

盘龙区除了以水资源为基础的"龙水文化"，还有 35 位院士的故居——龙泉古镇博物馆群落文化资源。1937 年卢沟桥事变后，北京大学、清华大学、南开大学被迫南迁，在昆明成立国立西南联合大学，许多名人、院士曾居住在龙泉镇。龙泉古镇现有 28 处历史建筑中有梁思成林徽因夫妇故居、闻一多朱自清故居、冯友兰故居等。这些名人故居群落以及由此形成的博物馆成为盘龙区重要的文化资源，龙泉古镇成为文旅发展的重镇。认识龙泉古镇的传统，了解名人院士的故事有助于了解盘龙区文化底蕴，理解围绕龙泉古镇博物馆的文化振兴工作也是盘龙区文化振兴实践的重要切入点。

## 二　盘龙区乡村文化振兴的优势

围绕上述社会文化特点，盘龙区乡村文化振兴形塑自身的特点，相比于其他地区具有自身的独特优势。

### （一）丰厚的文化资源和底蕴有助于公共文化空间建设

盘龙区不仅围绕龙水文化产生了许多风俗习惯和文化活动，这些活动场地、文化活动以及文化传承人逐渐入选当地非物质文化遗产保护名录、非物质文化遗产传承人等，有助于传统文化的保护与传承。同时，基于龙水文化盘龙区能够广泛动员农民，参与相关舞龙大赛、盘龙江文化艺术大赛等，激活乡村文化活力。同时，围绕龙水文化传承以及针对乡村文化艺术团体，政府提供人才培养、活动策划以及资金扶持等多样化支持政策。与此同时，围绕龙泉博物馆盘龙区也修缮名人故居，建立博物馆和图书馆，开展的阅读活动和文化交流活动成为盘龙区的独有特色。

### （二）得天独厚的生态环境有助于实现文旅融合

得天独厚的生态环境形成了深山林海、湖水以及水杉美景等，这些有助于吸引游客，实现文旅融合发展。除此之外，在林山、湖水附近建设健身步道、户外徒步、登山、乡村骑行等旅游项目也有助于文旅融合发展。

习近平总书记强调"绿水青山就是金山银山"，文旅产业的发展不仅有助于保护生态环境，而且能够实现地方政府增收，促进地方发展。因此，得天独厚的生态环境资源是盘龙区文化振兴的重要优势。

**（三）城市周边乡村有雄厚的游客基础**

昆明市是西南地区的重要城市，有常住人口 860 万人，且具有雄厚的游客基础，盘龙区作为昆明市辖区，也具有雄厚的游客基础，这也是盘龙区打造特色文化空间、开发文旅产品的现实基础和优势。随着城市周边游、山地骑行等休闲生活的丰富化，以及互联网经济的发展，借助"网红"宣传盘龙区文化、文化旅游产品等有助于吸引广大游客光临盘龙区，提升其文化活动影响力。

**（四）资本下乡带动特色文化产业与公共文化服务**

乡村振兴背景下大量资本下乡，实现土地流转，村民闲暇时间增多，有时间、有精力参与乡村文化团体和相关活动。除此之外，资本下乡更有助于村集体收入增多，间接地推动村集体、村组织发展乡村文化团体，支持文艺活动。不仅如此，资本和社会企业等多元化的社会力量下乡，有助于承接乡村文化振兴项目，如古代建筑的修缮与开发、养老服务空间打造与服务提供等方面，助力乡村文化振兴实践。如何处理好资本、社会力量与乡村社会之间的关系，成为文化振兴的重要动力。

## 三　盘龙区乡村文化振兴的限制条件

城乡融合、水源保护区是盘龙区社会文化的特点，这些现实特点虽然有助于开展多样化文化振兴实践，但是对于乡村文化建设也具有一定限制。首先，盘龙区传统文化资源主要集中于城区，而农村社区文化空间和资源较为有限，现有文化建设政策也较少关注农村地区。其次，由于水源区保护政策倒逼乡村文旅产业发展较慢，较难开发新型旅游空间和旅游产业，文化产业发展受困。再次，资本下乡更多关注产业建设，而在文化振兴中资本的参与和支持较少，没有实现资本带动文化发展。最后，乡村人口流失较为严重，乡村留守老年人较多而青年人才回流较少，无论是文化空间建设和运营还是文化活动开展都缺乏人才支持，导致文化振兴实践较慢。

综上所述，盘龙区位于昆明市城市周边，兼具城区与乡村社会特点，又是生态保护重镇，有龙泉博物馆等名人故居，具有资本下乡的现实基础，基于这些社会文化特点，围绕文化资源、生态环境、游客基础以及资本下乡条件形成了乡村文化振兴的优势，明确自身优势、合理开发利用优势，有助于实现盘龙区具有自身特点的文化振兴。但是文化空间集中于城区、受制于生态保护现状而无法发展新型文旅产业、资本较少参与文化建设以及人才流失和不足等也是盘龙区文化振兴的限制性因素。

## 第二节　盘龙区文化振兴实践

长期以来，盘龙区注重文化建设，在现有文化事业建设的基础上，盘龙区党和政府贯彻落实国家、省、市乡村文化振兴相关政策文件，以文化和旅游局为核心，以完善公共文化服务体系建设，加强乡村文化保护，促进文化与旅游相融合，发展乡村特色文化产业以及开展丰富的乡村文化活动为内容，开展乡村文化建设，促进乡村全面振兴。

### 一　文化振兴制度设计

自乡村振兴战略提出以来，以盘龙区乡村振兴局与盘龙区文化和旅游局为核心，盘龙区制定有关文化振兴制度，并以此为基础开展了多样化文化振兴实践。

"十三五"以来，盘龙区认真贯彻执行《中华人民共和国公共文化服务保障法》，制定出台了《"幸福盘龙"建设工程群众文体活动三年行动计划工作意见》《盘龙区关于加快构建现代公共文化服务体系的实施意见》，全面加强基层公共文化基础设施建设，全面贯彻落实《全民健身条例》《中国足球改革发展总体方案》等精神，结合盘龙区实际情况，积极推动公共体育设施建设，开展全民健身活动，推动竞技体育发展，营造良好的社会环境和市场环境；认真落实《盘龙区"十四五"期间文化、旅游、体育融合发展规划》《盘龙区旅游业高质量发展三年行动计划》，以融合发展为主线，以"旅游革命"为抓手，不断整合文化旅游资源，加快旅游产业转型升级；加大对非遗传承人的扶持力度，开展以少数民族和农村地区为重点的传承人培训活动，认真落实《盘龙区非物质文化遗产名录项目申报暂行管理办法》《盘龙区非物质文化遗产项目代表性传承人暂行管理办法》《盘龙区非物质文化遗产传习基地、展示馆和传习馆暂行管理办法》。

盘龙区委宣传部先后出台《盘龙区加快文化创意产业发展的实施意见》《盘龙区文化创意产业发展引导资金管理办法（试行）》《盘龙区文化创意产业园区（示范基地）认定管理办法》等一批文件，并于2019年率先修订了《盘龙区文化创意产业发展引导资金管理办法（试行）》，为文化产业发展营造了良好的政策环境。文旅局出台了《盘龙区关于加快旅游产业发展的实施意见》《关于实施盘龙区都市旅游产业转型升级三年行动的工作意见（2017—2019年）》等文件，以"旅游革命"为抓手，以机构改革为契机，不断整合文化旅游资源，加快旅游产业转型升级，推动文化和旅游深度融合发展。此外，盘龙区编制完成了《关于加快推进盘龙区夜间经济发展实施方案》，以文旅消费推动夜间经济发展，形成了良好的氛围。

## 二　完善公共文化服务体系

公共文化服务空间是文化振兴的载体，是文化建设的基础。长期以来，盘龙区注重文化空间的建设与修缮，以公共图书馆、广场、公园等为载体完善公共文化服务基础设施，建设公共文化服务体系。

在文化活动中心或社区文化活动室建设方面，盘龙区注重新建与改建相结合，活用街道办事处、乡村学校等公共空间，已基本实现区、街道、村（社区）公共文化设施全覆盖，基本形成全区三级公共文化设施网络，具体如表5-1所示。2022年，盘龙区建成街道综合文化站12个，总面积为11020.14平方米；建成社区（村）综合文化服务中心105个，总面积为25750平方米；建成文化信息资源共享工程区级支中心1个，12个街道办事处基层服务点（覆盖率达 100%）、44 个社区基层服务点；建成公共文化服务示范点 11 个（市级 2 个、区级 9 个）。

表 5 - 1　文化活动场地建设情况

| 场地名称 | 建设情况 |
|---|---|
| 街道综合文化站 | 12 个，总面积 11020.14 平方米 |
| 社区（村）综合文化服务中心 | 105 个，总面积 25750 平方米 |
| 文化信息资源共享工程中心 | 区级支中心 1 个，12 个街道办事处基层服务点，44 个社区基层服务点 |
| 公共文化服务示范点 | 市级 2 个、区级 9 个 |

资料来源：根据"中国乡村社会大调查"村居问卷整理而成。

在完善基础设施建设方面，盘龙区注重公共文化空间的有效利用，创建"社区文化指导员制度"，将文化文艺专业人才派驻基层街道（社区、村），实施网格化管理与服务，参与策划、组织、指导基层文化活动、辅导、培训等，助力基层社区打造群众文化活动品牌，促进了公共文化空间的有效利用，提升了公共文化活动的多样化。

长期以来，盘龙区注重全民阅读工程，建设书香盘龙。一方面，盘龙区加强公共图书馆、公共文化馆和博物馆建设，盘龙区建有公共图书馆 1 个（国家一级）、公共文化馆 1 个（国家一级）、博物馆 1 个。盘龙区持续推进总分馆制建设，通过整合利用辖区图书和数字资源，努力形成覆盖城乡、高效便捷的城市阅读公共文化服务网络，真正建立均等便捷、实用高效的盘龙区阅读服务体系，进一步满足广大人民群众日益增长的阅读需求。另一方面，盘龙区积极探索开展多样化的读书活动，持续开展"4·23 世界读书日"全民阅读、"寻找盘龙江畔最美朗诵声·声音有力量'阅读'越幸福"、"小桔灯"少儿系列服务、"阳光下成长快乐中飞翔"——"六一"儿童节系列活动等，并不断巩固农家书屋建设成效，采取"菜单式 + 订单式"服务模式，持续对全区各社区农家书屋补充、更新图书。

除此之外，盘龙区加强公共体育健身场地设施规划和体系建设，建成一批覆盖区、街道、村（社区）的文化体育基础设施和惠民工程。2020 年盘龙区体育场地调查结果显示，盘龙区共有体育场地 662 个，面积为 165.6569 万平方米，人均体育场地面积达 1.82 平方米，在全区实现 12 个街道的 71 个社区和 32 个村体育场地 100% 全覆盖。截至 2020 年，全区共有农村标准篮球场 119 个，健身路径 136 条，共建成社会足球场地 20 块。同时，盘龙区以野鸭湖健身步道为主线，设计开发户外徒步、登山、乡村骑行等旅游产品和旅游线路，支持世博生态城健康步道、野猫山山地自行车赛、摩托车赛事体育休闲项目建设，提升盘龙区体育及户外运动旅游水平，提升山地自行车赛、摩托车赛等赛事活动的知名度和影响力。

## 三 加强文化遗产保护工作

文化遗产保护是文化振兴的重要内容，盘龙区历史悠久，具有丰富的文物资源、历史遗迹。因此，盘龙区基于历史文化资源，在文化遗产保护、文物保护层面开展文化振兴实践。

盘龙区推进龙泉古镇博物馆群落建设工作，编制《龙泉古镇文物保护利用暨博物馆群落建设工作实施方案》，以闻一多历史陈列馆为核心，以梁思成林徽因旧居、闻一多朱自清旧居等文物及历史建筑为支撑，围绕龙泉古镇 28 处文物，充分挖掘龙泉古镇历史文化资源优势，修缮名人旧居、文化遗迹及标志性建筑，开展盘龙区历史文化和文博展示工作。截至 2022 年，全区有各级文物保护单位 47 项（国家级 3 项、省级 10 项、市级 12 项、区级 22 项），有登记保护文物 159 项。[①] 现在，盘龙区建设完成闻一多公园，稳定开放闻一多和朱自清旧居、晋氏宅院、闻一多纪念馆；完成金殿历史建筑群"环翠宫"、"天师殿"、北京路 444 号朱氏楼文物修缮工程验收工作以及瓦窑村传统民居群修缮工程；完成龙泉宝云片区博物馆群落——西南联大主题馆内部展陈方案设计工作；完善文物安全设施，排查辖区内不可移动文物电路老化等问题，以及对梁思成林徽因旧居、闻一多朱自清旧居、

---

① 《2022 年盘龙区简介》，http://www.kmpl.gov.cn/c/2023-05-04/6631495.shtml，最后访问日期：2024 年 3 月 22 日。

晋氏宅院消防安全隐患进行整改，确保当地文物安全。

与此同时，盘龙区重视非物质文化遗产的保护工作，积极申请非物质文化遗产项目，培育非物质文化遗产传承人，建设非物质文化遗产名录专业数据库，以此推进乡村文化保护工作。

截至 2022 年，全区有各级非遗项目 53 项、传承人 65 人，具体如图 5 - 1 所示。盘龙区已经建设完成非物质文化遗产名录专业数据库，完成盘龙区省级以上非物质文化遗产项目名录的文字、图片、录音、影像、数字化多媒体等资料录入工作，并形成常态化的更新机制。与此同时，盘龙区还积极筹备区级非物质文化遗产名录项目申报推荐工作，对"得胜桥豆花米线"、"英凤烧饵块"、"花丝镶嵌"、"锡瓷技艺"、"野生菌过桥米线"、"传统眼镜制作和调校技艺"、"华龙拳"、"龙头街传统回民菜"和建筑彩绘（五墨彩绘）等项目进行培育和支持，为戏曲传承发展工作提供支持，并持续对代表性传承人进行考核，基于考核结果发放传承补助，提供培训。此外，盘龙区对濒危项目高龄传承人进行数字化采集，完成盘龙区省级剪纸代表性传承人张月仙和泥塑代表性传承人马加寿的数据采录工作，其中包括访谈、技艺、生活等项目的采集。盘龙区还组织文化名人、设计师、艺术家、学者等为传习馆及代表性传承人进行指导和建议，为提升其技艺水平、开阔其创作视野发挥了重要功能。

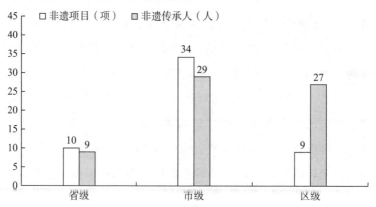

图 5 - 1  盘龙区非物质文化遗产保护相关数据

资料来源：根据《昆明市盘龙区统计年鉴》整理而成。

## 四　促进文化与旅游融合发展

文旅融合能够促进传统文化与旅游事业相结合，创新发展文化事业，提升游客旅游体验感。自乡村振兴战略实施以来，盘龙区有序开展乡村旅游，积极培育乡村旅游品牌，借助麦冲村、双龙旅游小镇、野鸭湖旅游小镇等现实条件，提升农家乐档次和服务水平，发展生态农业观光园、乡村生态科技园、乡村农庄，推出特色餐饮、劳作体验、森林观光、康体运动等系列乡村休闲产品，实现乡村旅游与新农村建设一体化发展。其中，盘龙区双龙街道辖区的乡村旅游工作卓有成效。该区的"一丘田"田园综合体、野鸭湖公园、龙森康城、左藏花园等一批热点项目，集休闲、娱乐、观光、采摘、住宿于一体，极大带动了当地经济发展。该区现形成以哈马者为主的"烤全羊"、以东大为主的"花椒鸡"农家乐等一批网红打卡点集群，成为昆明市"1小时生活圈"乡村旅游的重要地点，也是当地村民经营增收的重要途径。

与此同时，盘龙区借助自然资源，以当地野鸭湖健身步道为主线，设计开发户外徒步、登山、乡村骑行等旅游产品和旅游线路，支持世博生态城健康步道、野猫山的山地自行车赛、摩托车赛事体育休闲项目建设，不断提升当地山地自行车赛、摩托车赛等赛事活动的知名度和影响力，提升盘龙区体育及户外运动旅游水平。

## 五　开展丰富的文化活动

文化振兴以多样化文化活动为依托，盘龙区也正是基于多样化文化活动的契机，开展文化振兴实践。2022年，盘龙区文化馆紧紧围绕《中华人民共和国公共文化服务保障法》《云南省公共文化服务保障条例》，做好公共文化惠民演出、公益讲座、公益展览，深入基层承办、协办各类文化艺术活动，2022年1~11月共举办文化惠民演出活动18场，服务总人次为13500人次；盘龙江文化艺术节系列活动12场，服务总人次为18000人次；公益讲座52场，服务总人次为1920人次；全年顺利完成公益文化展览13

期，非遗展览 1 期，流动巡回展览 3 场。盘龙区持续举办盘龙江文化艺术节系列活动，先后开展松华街道分会场文艺演出活动、滇源分会场文艺演出活动、东华街道分会场文艺演出活动、双龙街道分会场文艺演出活动、茨坝街道分会场暨茨坝街道第十三届黑龙潭群众文化艺术节文化系列活动等一系列特色文艺活动。其中，真庆观盐隆祠、司家营晋氏宅院 2 个惠民剧场，《吴澄》、《钱南园》和《闻一多》3 个庭院剧目是常态化惠民演出服务品牌。另外该区筹划开设"龙泉星光"公益文化讲堂，自 2022 年 6 月 18 日开讲以来，每周三、周六举行（国家法定节假日除外），邀请各行业的专家、教授、学者，以及作家、画家、非遗传承人等组成讲师团，共开设 40 场讲座，2022 年讲授 26 场，除讲授盘龙区的红色历史文化外，还有书法、演唱、摄影、民艺、非遗、养生等丰富多彩的活动，助力龙泉古镇博物馆群落·市民文化中心更好地服务基层、惠及民生。

百团巡演是当地举办的特色群众文化服务品牌活动。该项目是由盘龙区文化和旅游局、盘龙区文化馆在全区开展的以"百团巡演进社区·千家欢唱颂和谐"和"共享盘龙和谐美·携手文化彩云南"为主题的公共文化服务品牌活动，于 2012 年 1 月开展，旨在发动全区业余文艺团队，以社区为文化服务阵地，以普通市民群众为主体和服务对象。一是"群众演、群众看"，群众业余团队在家门前演出，社区（农村）群众在家门前观看熟悉的邻里亲友表演，让基层群众能就近在身边欣赏、体验和享受百团巡演等公共文化服务，提高群众的参与意识；二是以"携手文化共享和谐"为主题宣传社会主义核心价值观。百团巡演活动开展以来，每年参演团队超过百支，影响带动社区（农村）群众开展活动 100 场以上，观众人次达每年 20 万人次，覆盖全区 105 个社区（村），为构建健康和谐的盘龙文化氛围发挥了积极作用。2015 年百团巡演活动被昆明市评为昆明春城文化节"优秀项目奖"。

除此之外，盘龙区基于各级各类图书馆，普及推广阅读活动，推动文化振兴。在书香盘龙建设指引下，盘龙区持续开展"4·23"世界读书日"书香盘龙·阅见美好"全民阅读系列活动。"图书赶集·润泽盘龙"是

"书香进乡村"活动的主角，也是盘龙区为 4 个位于水源保护区的街道万余群众打造的阅读新模式。"图书赶集·润泽盘龙"主题活动全年开展 12 场，在滇源街道、双龙街道双龙街集市、松华街道小河街集市、阿子营街道牧羊街集市等"乡街子"流动开展"图书赶集"活动，为水源区万余名群众提供阅读服务；除每场活动为群众提供近千册图书外，还开展"图书交换""山货交换""听书交换""非遗交换"等主题活动。

综合来看，在乡村振兴背景下盘龙区贯彻落实党和政府有关文化振兴相关政策文件，基于当地丰富的生态资源和非物质文化遗产，完善公共文化服务体系建设，加强文化保护工作，促进文化与旅游相融合，发展乡村特色文化产业以及开展丰富的文化活动，促进全区文化振兴。但是，从整体视角来看，全区文化振兴实践主要集中于城区文化建设，缺乏乡村文化建设，而从已经开展的乡村文化建设路径来看，盘龙区在提供基本公共文化服务基础上，明确自身乡村文化建设的限制性条件，结合节庆、教育、乡土与治理等开展乡村文化振兴实践。

## 第三节　盘龙区乡村文化振兴实践

从文化振兴实践来看，盘龙区已经按照国家要求，全面完善阵地建设，城乡文化活动空间已经完备，而受制于文旅产业发展和特色文化产业发展，在公共文化活动方面结合自身特征开展丰富实践，成为盘龙区自身特点。

### 一　文化振兴实践基础

文化振兴实践不仅需要有完备的公共服务活动场地，而且需要政府多样化公共文化服务活动经费的支持，还需要政府、社会组织和村民的广泛参与。从盘龙区乡村文化振兴实践来看，上述需求已经具备。

首先，城乡融合的社会文化特点有助于城市文化服务辐射到乡村文化服务。如本章第一部分所述，盘龙区文化振兴的特点和优势在于城乡融合以及具有多样化的传统文化资源。由于盘龙区乡村在城市周边地区，相关部门在提供多元化文化服务中会充分考虑对乡村的带动作用，并且在城市开展文化活动时也会从乡村本土文化服务队伍中选择具有代表性的组织参与文化服务，提升文化振兴实践中的城乡融合，以及"以城带乡"的文化振兴实践。

其次，盘龙区公共文化服务设施逐渐完备。如本节第二部分所述，盘龙区在乡村振兴背景下以文化服务空间建设为第一任务，在各乡镇街道完善基层公共服务办公空间，创建群众文化活动场地，加强公共文化服务空间使用制度建设，有效利用和发挥了公共服务空间的功能。以滇源街道文化综合服务中心为例，近年来与白邑社区一同共建共治共享社区公共文化活动空间，创建图书馆、活动中心、电子阅览室、健身房等多样化空间，为群众创造了参与公共文化活动的空间。

再次，充足的经费支持。近年来盘龙区注重文化建设，在文化振兴事业上投入了大量的资金。虽然现有数据无法直接体现盘龙区在乡村文化振兴中的资金投入，但是从图5-2、图5-3、图5-4、图5-5中可了解到盘龙区相比于其他区县的一般公共预算支出以及一般公共服务支出、文旅体育相关支出等情况。图5-2显示昆明市14个县（市、区）2016~2021年一般公共预算支出，其中安宁市数据增长最快，盘龙区在官渡区和西山区后位于第4。图5-3和图5-4为盘龙区一般公共服务支出和文化旅游体育与传媒支出，虽然2019~2021年有增有减，但是基本保持在8000万元和6000万元左右的支出水平。图5-5为盘龙区2019~2021年文娱体育与娱乐业企业数量和注册资金数据，在图中我们可以了解到2019~2021年盘龙区文娱体育与娱乐企业内资企业和私营企业发展迅速，个体工商户发展较慢，内资企业和私营企业注册资金也在逐年增多，有助于推动当地文化事业建设。在具体建设过程中，滇源街道文化综合服务中心刘主任介绍："在公共文化基础设施建设过程中，争取到省级和区级资金，文旅局也提供了100万元的支持。"由此，我们能够看到各级政府对乡村文化振兴的资金支持较多。

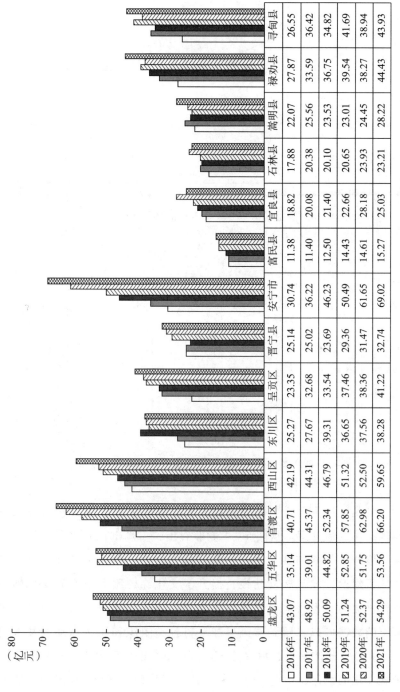

| | 盘龙区 | 五华区 | 官渡区 | 西山区 | 东川区 | 呈贡区 | 晋宁县 | 安宁市 | 富民县 | 宜良县 | 石林县 | 嵩明县 | 禄劝县 | 寻甸县 |
|---|---|---|---|---|---|---|---|---|---|---|---|---|---|---|
| 2016年 | 43.07 | 35.14 | 40.71 | 42.19 | 25.27 | 23.35 | 25.14 | 30.74 | 11.38 | 18.82 | 17.88 | 22.07 | 27.87 | 26.55 |
| 2017年 | 48.92 | 39.01 | 45.37 | 44.31 | 27.67 | 32.68 | 25.02 | 36.22 | 11.40 | 20.08 | 20.38 | 25.56 | 33.59 | 36.42 |
| 2018年 | 50.09 | 44.82 | 52.34 | 46.79 | 39.31 | 33.54 | 23.69 | 46.23 | 12.50 | 21.40 | 20.10 | 23.53 | 36.75 | 34.82 |
| 2019年 | 51.24 | 52.85 | 57.85 | 51.32 | 36.65 | 37.46 | 29.36 | 50.49 | 14.43 | 22.66 | 20.65 | 23.01 | 39.54 | 41.69 |
| 2020年 | 52.37 | 51.75 | 62.98 | 52.50 | 37.56 | 38.36 | 31.47 | 61.65 | 14.61 | 28.18 | 23.93 | 24.45 | 38.27 | 38.94 |
| 2021年 | 54.29 | 53.56 | 66.20 | 59.65 | 38.28 | 41.22 | 32.74 | 69.02 | 15.27 | 25.03 | 23.21 | 28.22 | 44.43 | 43.93 |

图5-2 昆明市14个县（市、区）2016~2021年一般公共预算支出

资料来源：根据2016~2021年《昆明盘龙区统计年鉴》整理而成。

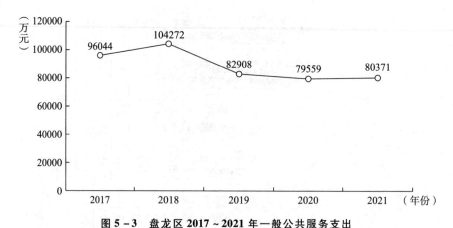

**图5-3 盘龙区2017~2021年一般公共服务支出**
资料来源：根据《昆明市盘龙区统计年鉴》整理而成。

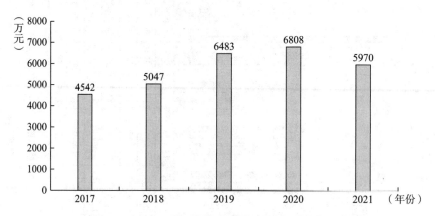

**图5-4 盘龙区2017~2021年文化旅游体育与传媒支出**
资料来源：根据《昆明市盘龙区统计年鉴》整理而成。

最后，盘龙区注重多元主体的文化参与，不断加强乡土文化服务队伍建设，实现共建共治共享。从图5-4能够看出，市场部门在文化旅游体育等基层文化服务中的参与在增多。在政府部门层面，盘龙区已经健全乡村文化服务队伍建设，加强制度建设，提升了文化综合服务中心和文化站的公共文化提供能力，也在大力支持乡土文化服务队伍建设。从盘龙区乡村社会大调查的数据可以了解到村民参加乡村各类组织和团队活动的基本情况（见图5-6）。整体来看，村民参与红白喜事会的比例最大，红白喜事会是乡土传统文化的载体，由此可见，村民依然保持传统文化。除此之外，参

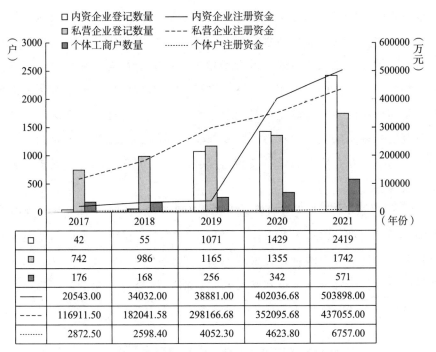

**图 5 - 5　盘龙区近 5 年文娱体育与娱乐业企业数量和注册资金**

资料来源：根据《昆明市盘龙区统计年鉴》整理而成。

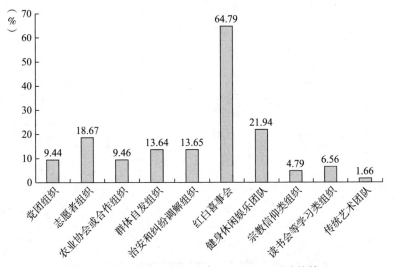

**图 5 - 6　盘龙区群众参加各类组织和团队活动的情况**

资料来源：根据"中国乡村社会大调查"盘龙区调查数据整理而成。

与健身休闲娱乐团队和志愿者组织的比例也较高，随着乡村土地流转村民
空闲时间增多，以及在生活水平提升过程中，村民越发注重身心健康，村
民参与乡村文化娱乐队伍的人数逐渐增多。同时，村党委和村委会多年来
一直加强乡村社会的志愿服务，在河道清理、山林保护、街道美化等方面
都注重动员村民参与，以此促进村民组织化。不仅如此，在基层公共文化
服务制度和多元化主体的支持下，乡村本土各级文化队伍发展迅速，并从
相关部门得到专业培训和资金支持，激发了村民的内生动力，促进了公共
文化服务参与。

　　表 5 - 2 和表 5 - 3 为乡村社会大调查中所了解的村民对本村特色文化的
认同以及村民对一些行为的基本态度。整体来看，村民对本村的特色文化
比较了解，且都认为本村特色文化具有一定的价值。同时，村民也都具有
乡村公共性，在村里经常相互帮助，比较信任村里人，爱惜公共物品，呵
护儿童成长，这些公共意识有助于促进乡风文明和文化振兴。

表 5 - 2　盘龙区群众对本村特色文化的同意程度

| 同意程度 | | 我了解本村的特色文化 | 我认为本村的特色文化很有价值 | 我认为本村的特色文化发展得很好 |
|---|---|---|---|---|
| 总分（分） | | 3.47 | 4.12 | 3.59 |
| 分布（%） | 非常不同意（1） | 5.25 | — | 4.43 |
| | 不太同意（2） | 8.62 | — | 12.78 |
| | 一般（3） | 41.01 | 20.96 | 23.27 |
| | 比较同意（4） | 24.22 | 46.07 | 37.93 |
| | 非常同意（5） | 20.89 | 32.97 | 21.59 |

资料来源：根据"中国乡村社会大调查"盘龙区调查数据整理而成。

表 5 - 3　盘龙区群众对下列行为的基本态度

单位：%

| 同意程度 | 经常互相帮助 | 信任村里的人 | 看到破坏花木或公共物品，会阻止 | 看到孩子打架，会阻止 |
|---|---|---|---|---|
| 非常不同意（1） | — | 2.92 | 2.08 | — |

| 同意程度 | 经常互相帮助 | 信任村里的人 | 看到破坏花木或公共<br>物品，会阻止 | 看到孩子打架，<br>会阻止 |
| --- | --- | --- | --- | --- |
| 不太同意（2） | 1.17 | 6.20 | 0.32 | 0.43 |
| 一般（3） | 7.79 | 14.25 | 6.84 | 6.83 |
| 比较同意（4） | 30.07 | 41.46 | 26.00 | 26.46 |
| 非常同意（5） | 60.97 | 35.17 | 64.76 | 66.28 |
| 合计 | 100 | 100 | 100 | 100 |

资料来源：根据"中国乡村社会大调查"盘龙区调查数据整理而成。

## 二　乡村文化振兴实践特点

### （一）以节庆为依托

节庆是群众文化的重要组成部分，不同民族在历史长河中形成了不同的节庆活动。在盘龙区有 21 个民族生活在一起，促进了民族之间的交往交流交融，也形成了多样化的节庆活动。目前，盘龙区乡村文化振兴实践也是依托多样化传统节庆活动，通过组织和支持传统文化活动开展，引导群众保护和发展自身文化，有效开展保护乡村文化、支持乡村文化、发展乡村文化工作。

以"白邑三月头龙节"为例，"白邑三月头龙节"是昆明市盘龙区滇源街道独有的民俗节日。每到这时，滇源辖区各村群众都自发围绕各龙潭举行隆重的祭龙仪式，祈求风调雨顺，该习俗相传至今已有近 300 年的历史。滇源街道文化综合服务中心近年来在线上与线下开展"白邑三月头龙节"系列文化活动，线上内容由云南公共文化云、微观盘龙、盘龙 Morelife 等媒体转载。每年农历三月第一个属龙的日子，由民间自发组织"白邑三月头龙节"这一特殊的民间庙会节庆活动，白邑、南营、中所、苏海等 10 余个村，都在龙潭、泉源、庙宇等地方开展一系列民俗文化活动，如传统祭龙仪式、舞龙舞狮、花灯歌舞、乡村民俗才艺大会、书画笔会、茶艺、山歌、游园及庙会等，为辖区居民及来往游客带来一场场文化盛宴。活动期间，周边县区、友邻街道市民慕名来游，到场参与活动者可达万余人次。

以茶花展系列文化活动为例，近年来，由昆明市盘龙区文化和旅游局、盘龙区滇源街道党工委、滇源街道办事处主办，昆明市茶花协会、滇源街道文化综合服务中心等承办的多届昆明茶花节滇源茶花展系列文化活动，先后开展舞龙舞狮展演、茶花展、文艺演出、新春书法送对联、游园、匾额文化展等多项文化活动。滇源街道是昆明茶花节分会场，至2022年已连续举办了13届，2023年活动以"生态优先、绿色发展、都市花园、美丽乡村"为主题，旨在贯彻党的二十大关于全面推进乡村振兴和农业农村现代化、发展社会主义先进文化、满足人民日益增长的精神文化需求的精神，弘扬茶花文化，推动茶花产业发展，丰富人民群众精神文化生活，促进滇源区域物质与精神文明建设。

### （二）服务与教育相融合

为加强乡村文化服务与乡村教育之间的联结，将文化活动带进校园，进行文化服务宣传和教育，盘龙区开展"小手拉大手"活动，通过儿童文化教育带动对儿童家长的宣传和动员，有助于推进文化工作。尤其在春季学期，乡村文化综合服务中心结合学习雷锋活动日、野生动植物日等进校园开展"小手拉大手，志愿我先行""保护野生动植物，温暖你我他""垃圾分类从我做起""普法强基进学校·法润成长进校园"等系列活动，宣传文化知识，也会在乡村小学和中学开展一些非遗传承活动，将舞龙技艺等传统文化带进校园，加深学生对传统文化的认识。

除此之外，"图书赶集"是盘龙区乡村文化服务结合教育的特色实践。习近平总书记曾指出："要提倡多读书，建设书香社会，不断提升人民思想境界、增强人民精神力量，中华民族的精神世界就能更加厚重深邃。"[①] 为深入贯彻习近平总书记关于推动全民阅读、建设书香社会的重要指示精神，全面提升盘龙区文化惠民特色，打造盘龙区全民阅读新典范，以世界读书日为契机，以"书香进乡村"为切入口，以紧密结合群众生产生活方式的

---

① 《爱读书读好书善读书　全民阅读建设书香中国》，https://news.cnr.cn/native/gd/20230424/t20230424_526229926.shtml，最后访问日期：2024年1月18日。

"图书赶集"活动聚焦水源地。作为盘龙系列活动之一的"图书赶集·润泽盘龙"是"书香进乡村"活动的主角，满载千余册图书的流动大篷车驶进集市，为水源区4个街道万余名群众打造了阅读新模式。在2023年的活动现场，来自盘龙区双龙、松华、滇源、阿子营4个街道的"阅读推广人"为街道"代言"，通过"土味"方言朗诵出对家乡的热爱，深切地表达辖区居民对家乡的眷恋与期盼，同时现场嘉宾演唱原创歌曲《美丽盘龙》赞颂大美盘龙、大美滇源。2023年的"图书赶集"活动，除每场为群众提供近千册图书外，还开展"图书交换""山货交换""听书交换""非遗交换"等主题活动，以主题促阅读，提升水源区群众的文化认知和科学知识水平。

### （三）以农民为主体

乡村文化振兴需要发挥农民主体性，不仅要有自上而下的文化建设，而且需要培育和发展乡土文化队伍和人才。近年来，盘龙区各乡村在自上而下的政策支持下，加强乡村本土草根文化队伍建设，加强与乡村文化骨干和新乡贤之间的联系，培育和支持文化骨干，提升了群众参与性和自我长期服务能力。

以乡村文艺服务队伍培训为例，为弘扬民族优秀传统文化，在普及文化的基础上提高辖区各文艺团队的文化素养和艺术水平，进一步加强基层文化队伍建设，全面提升人民群众精神文化生活，盘龙区文学艺术界联合会与滇源街道联合开展以"助力乡村振兴·共建美好家园"为主题的新时代文明实践文艺志愿服务暨滇源街道2022年花灯艺术提升培训活动。其中，培训特邀请昆明市文联的文艺家对花灯演唱及花灯表演进行了现场授课，比如结合《十大姐》《买得头巾心欢畅》这两支云南地方花灯曲目，采取理论讲授、互动交流、教师示范、学员展示、现场点评等多种方式授课，参与培训的学员组织自己的队伍，将所学所得在文艺队中再传授，做好培训成果的推广者和传播者。此类活动以艺术助推乡村文明建设，以文化助力乡村振兴。

以舞龙技艺培训为例，为传播和弘扬传统文化，提升文化自信，增强村民身体素质，推进精神文明建设，丰富人民群众的精神文化生活。2023

年 6 月 7~9 日，为期 3 天的舞龙技艺提升培训活动在滇源街道开展。活动邀请到盘龙区文化馆专业老师进行现场教学，旨在贯彻全民健身战略，顺应新时期舞龙运动发展，加强辖区舞龙队伍建设。舞龙涵盖了竞技、运动、健身、协作、配合、传统文化等多项元素。此次培训，老师从队形、步伐、手上动作等基本功方面进行讲解、示范、指导传统舞龙专业技能，并与队员配合，加强动作记忆，将自己的技能教授给队员，让他们可以后期组织练习。珠引龙走，龙跟珠行，节节相随，快慢有序，组成龙的不同形态，学员们用心领会、悉心学习、齐心协力、相互配合，学以致用地把舞龙表现得活灵活现，翻转自如，如真龙自由遨游于天际，得到指导老师的一致好评。

### （四）促治理优化

基层治理是国家治理的根基，公共文化活动有效促进乡村社会治理。在盘龙区，随着公共文化活动的多元化开展，不仅实现了群众的广泛参与，提升了群众对社区的认同感，而且间接推动了群众志愿服务的开展。

在多样化乡村文化振兴实践中，"激情火把节"文化活动成为广泛动员群众参与、激发群众公共精神、促进民族交往交流交融的重要活动，成为盘龙区乡村文化振兴的典型案例。随着脱贫攻坚和乡村振兴战略的实施，乡村基础设施得以建设，乡村文化得以被重视和发展。2019 年 7 月 26 日（农历六月二十四日）晚，滇源街道"激情火把节·滇源狂欢夜"民族大联欢特色活动在白邑公益园开展，活动吸引了千余名群众参与，有效推动了乡村社会治理。透过火把节，我们能够将滇源街道文化综合服务中心公共文化服务供给创新工作总结为以下几点。

第一，文化活动场地得以建设，为乡村文化活动提供了平台。随着城乡流动的加快以及乡村原子化的推进，乡村文化活动空间逐渐变小，乡村文化逐渐衰败。在乡村振兴战略背景下，各级政府首先加强乡村基础设施建设，广场、路灯、图书室等公共文化空间成为各个乡村的标配，这也成为乡村文化振兴的现实基础。例如，白邑村作为滇源街道所在村，无论是室内活动场地还是室外活动空间都得以大力建设，为乡村文化振兴实践提供了大量的支持。目前，滇源街道文化综合服务中心与白邑村委共建共享一处1000多平方米的场地，共4层，其中配备能够容纳50人的培训室，另有非遗传习所、活动排练室、会议室、展览室（荣誉室）、健身房、阅览室以及电子阅览室等空间，为辖区村民提供多样化服务。这些基础设施和空间建设极大促进了文化活动的开展。

第二，广泛引导村民参与文化活动，村民从旁观者转向参与者。以往文化活动的开展，往往采取自上而下动员和宣传的方式，召集村民参与文化宣传工作，不注重乡村文化队伍建设以及村民的积极参与。随着公共文化服务工作的创新，文化综合服务中心并始注重乡村文化队伍的建设，注重文化队伍领袖的培育，链接社会资源、专业资源嵌入乡村提供多样化培训，提升乡村文化队伍的可持续性发展和专业化发展。不仅如此，在培育发展乡村文化队伍的基础上，盘龙区通过项目扶持和荣誉证书颁发等多样化形式，鼓励村民参与文化活动，极大提升了村民的参与热情。村民自主参与意识的崛起，也逐渐激发了乡村公共性和社会责任心，在活动开展前后，村民都会积极参与活动，担任志愿者，与文化综合服务中心成员一同进行布置、清理等工作，促进活动顺利开展。

第三，促进民族之间的交往交流交融，铸牢中华民族共同体意识。促进民族间的交往交流交融是铸牢中华民族共同体意识的重要途径。在以往的文化活动中不同民族注重本民族传统文化的传承和发展，但是缺少对其他民族文化传统的了解和参与。随着新时代民族工作的推进以及乡村振兴战略的实施，各民族交往交流交融逐渐加强，尤其通过文化活动多民族成员参与其中，加强了彼此之间的交往交流交融。在滇源街道有21个民族共居于此，其中彝族、回族、苗族等少数民族都有自己的传统文化活动，但是以往的文化活动较为封闭，不同民族之间的交流较少。在新时代公共文化服务创新发展过程中，无论是自上而下的服务供给者还是自下而上的村民都表现出对多元文化的包容和参与。在火把节活动中，彝族也愿意在白邑村开展活动，愿意邀请不同民族、不同地区的村民参与其中，而苗族大合唱，汉族、回族等多民族参与也成为火把节得以成功开展，扩大影响力的重要原因，火把节成为加强民族间交往交流交融的契机。在多民族混住地区，民族间的交往交流交融是未来乡村文化创新发展的关键。

第四，打造村民参与的网络平台，促进智慧文化传播。随着互联网的发展，数字乡村建设成为当前乡村振兴的重要内容，也逐渐成为乡村文化振兴的重要工作。一方面，文化活动需要通过互联网平台进行宣传。目前，滇源街道文化综合服务中心通常在微信公众号、朋友圈等互联网平台进行文化活动开展的公告发布，也通过在乡村村组微信群发布文化宣传知识以及活动公告，第一时间将活动内容向村民进行宣传，继而促进村民对文化活动的了解和参与。另一方面，文化产业可以通过互联网得以发展。随着互联网的发展，乡村特色文化产业以及文化活动得以在网络上出现，全国各地人民能够了解当地特色文化、购买特色产品，实现文化产业的新型发展路径探索。不仅如此，互联网促进了村民对文化知识的了解，文化内容也在村民中得以宣传和流传。近年来，滇源街道文化综合服务中心加强组织基础设施建设，并开辟电子阅览室、有声阅读等结合互联网的文化传播和文化活动模式，以喜闻乐见的形式向村民传达文化知识，引起了村民的广泛关注。同时，村民也通过互联网与外界进行对接，了解不同地区多样化的文化活动，提升文化素养，宣传本地文化，文化得以在村民日常生活中流传发展。

第五，探索"文化＋"模式，实现公共文化服务长效供给。在文化振兴背景下，"文化＋"模式逐渐成为文化服务长效发展的关键内容。基于社会现实条件的限制，滇源地区无法大量开发文旅产业，文化转型发展较为困难。但是，"文化＋经济""文化＋数字""文化＋志愿服务"等模式可以实现文化多样化发展，并且能够产生更多意想不到的成效。例如，近年来，盘龙区在数字平台上通过宣传滇源社会文化，吸引了众多企业加入滇源地区产业建设；通过文化活动开展，吸引小型商贩参与销售和承接工作，继而提供经费支持，实现长效发展；以文化活动为契机，加强村民之间的交流，提升村民的互助精神和公共精神，促进其参与多样化志愿服务活动，通过文化达到乡村善治。

综上所述，在乡村振兴背景下，盘龙区乡村在完善公共服务基础设施的基础上，通过文化服务供给创新，以多样化乡村文化活动为基础，逐渐探索形成多样化乡村文化服务模式，将公共文化服务与节庆、教育、乡土人才（队伍）、治理等内容相结合，逐渐形成具有自身特点的文化振兴实践模式。

## 第四节　乡村文化振兴实践困境

盘龙区乡村文化振兴实践逐渐形成了自身的特色，积累了经验，但是在长效建设发展以及高质量文化振兴中还存在诸多困局。对此，本部分将从制度、做法、策略、内容以及其他现实条件等方面进一步分析其乡村文化振兴实践中的困局。

### 一　制度层面乡村公共文化服务供给侧与需求侧出现脱节

乡村公共文化服务是乡村文化振兴的基础，但是在服务供给中出现了与乡村需求侧相脱节的情况。整体来看，公共文化服务供给主要集中在主城区和旅游基地，但是对于其他乡村地区，尤其是地理位置较远的乡村则相对匮乏，公共文化空间和设施管理不善，图书馆和文化站等服务设施不足，文化活动和项目较少，从而导致村民难以获得丰富多样的文化活动和资源，难以满足其文化需求。一方面，政府对村民的文化生活需求关注较少，没有真正了解村民文化需求，以阅读活动、图书交流活动为主的公共文化服务难以有效动员村民参与，效果不佳。另一方面，村民自身对公共文化服务的认知相对欠缺，对盘龙江文化艺术节等大型演出的内涵缺乏认识，进而导致参与度低、参与意愿不强。不仅如此，一些乡村之间的距离较远，而公共文化服务设施没有做到普及，导致村民难以参与的情况出现。

### 二　乡村文化服务设施"建、管、用"效能有待提升

随着现代公共文化服务体系建设的推进，盘龙区乡村公共文化设施实

现了从无到有的质的飞跃，但是面对高质量发展要求，乡村公共文化服务设施在建设、管理、使用方面仍存在挑战和不足。第一，由于盘龙区乡村地区的经济、地理等差异，乡村公共文化服务设施的建设存在不平衡现象，例如双龙街道、滇源街道的基础设施建设较好，而其他地区则相对而言缺乏基础设施支持，乡村公共文化服务的覆盖范围不均衡。第二，乡村公共文化服务设施的管理存在薄弱环节，体现在乡村公共文化服务专业人才团队的缺乏，导致设施在日常维护、运营管理效果等方面存在问题，公共文化服务水平仍有提升空间，因此需关注管理人员的培训和素质提升。第三，乡村公共文化服务设施使用效果不佳，由于宣传力度不够、活动内容单一、农家书屋开放时间不符合务工、务农居民的作息规律等问题，部分公共文化服务活动缺乏社会参与，公共文化设施面临资源浪费和闲置的情况。

## 三　乡村文化服务策略层面城乡一体化建设不足

盘龙区公共文化服务体系城乡一体化建设水平仍有待提升。一方面，在总分馆制建设的要求下，当地村级文化活动室有农家书屋、电子阅览室、文化小广场等正常投入使用，但结合盘龙区农家书屋实际情况，农村公共服务存在藏书单一、农家书屋管理员数量紧缺、无法完全满足数字资源需求等问题，仍需不断巩固农家书屋建设成效，要保证公共文化服务质量，还需持续探索基于当地情况的特色图书推广活动，提升当地流动公共服务的效能。另一方面，城乡公共文化基础设施建设还存在差距，体现在城市街道对农村地区的结对帮扶缺乏对文化振兴的关注。目前，盘龙区基层综合文化服务中心达标建设等文化基础设施建设工作还在持续推进和提升过程中，因此在公共文化基础设施方面的城乡一体化建设水平亦有待提升。

## 四　乡村群众文化活动内容和形式相对单一

盘龙区在乡村群众文化活动内容和形式方面仍存在相对单一的问题。第一，文化活动品质亟待提升，如当地乡村文化活动内容的策划和执行不够细致深入，目前对当地文艺团队培训不足，文化活动策划管理人才仍需补充，提高文化活动品质可以满足当地乡村居民的文化需求，激发乡村文化创造力，推动乡村文化的蓬勃发展。第二，文化活动形式有待丰富，目前乡村群众多数文化活动未结合信息技术和互联网手段，如果能够积极与城区联动建设数字文化馆、网络文化平台等，例如积极宣传推广公共数字文化云的使用等，乡村居民就可便捷地获取优质文化产品和服务，提升乡村公共文化服务质量，能够从信息供给层面推动乡村文化的数字化、智能化发展，同时也能促进城乡文化的交流与融合，实现城乡一体化发展。

## 五　乡村文化服务专业人才队伍建设存在明显不足

农村公共文化服务专业人才队伍不健全，主要体现在年龄结构分配不均与混岗问题这两个方面。第一，专业人才队伍年龄结构分配不均。盘龙区文化馆现有编制人数 12 人，实际在岗在编人员 11 人，其中 50 岁以上 4人，40～49 岁 4 人，30～39 岁 3 人，老龄化现象严重，急需扩编，向社会招收 30 岁以下本科学历以上的青年人。而昆明少年儿童图书馆（盘龙区图书馆）核定编制为 18 人，现有在职在编人员 14 人，实际在岗 12 人，2023年 10 月～2024 年 4 月将有 3 人退休，昆明少年儿童图书馆人员老龄化严重、人员紧缺的问题日益突出，现有在编人员严重不足。[①] 因此，承担服务职能及相关业务工作的人才队伍建设面临年龄结构不均的难题。第二，混岗问题严重。目前盘龙区文化馆全部为专业技术人员，所有专业技术人员在承担大量公共文化工作和非物质文化遗产保护工作的同时，还需要身兼财务、人事、档案、固定资产、办公室等工作，混岗严重，不符合新形势下政府对行政工作的要求；专业技术人员接受岗位培训和继续教育不足，难以适应和承担新形势下公共文化工作中大量的资源普查、田野调查、资料整理、项目文本和录像片制作、数字化建设、保护规划的制定和实施等技术性、学术性、实践性较强的工作。公共文化服务和非遗保护工作难以

---

① 《昆明市盘龙区文化馆 2021 年度部门决算》，http://www.kmpl.gov.cn/c/2022 - 10 - 27/6279272.shtml，最后访问日期：2024 年 3 月 21 日。

做到科学化、规范化，此类混岗问题使公共文化服务质量难以提升。

## 六　乡村文化遗产保护任务重但经费支持不足

盘龙区虽然在非物质文化遗产保护工作方面投入了较大精力，但是整体来看，经费投入不足，制约了该区乡村文化遗产工作的全面发展。盘龙区 2020 年下拨非遗经费 10 万元，2021 年和 2022 年减为 8 万元，经费支持欠缺会影响项目申报、传习馆和传习基地扶持、濒危项目记录等非遗工作的开展。例如，当地面临的主要困境包括营造学社旧址等 8 项不可移动文物修缮停滞不前，因其为项目方代建，项目方资金困难，修缮工作停摆，而其中营造学社旧址为市级文物保护单位，此类文化遗产的保护工作受到社会各界人士的关注。此外，盘龙区当地存有梁思成林徽因旧居、中央研究院历史语言研究所旧址（含冯友兰旧居），目前这类文物建筑的产权收购工作与文物产权国有化工作仍推进困难。

## 七　乡村文化产业化发展空间有限，欠缺与资本对接能力

在现有政策背景下，盘龙区乡村文化产业发展制度空间受限。乡村文化旅游限于双龙街道，例如麦冲村小组"一丘田"农庄，发展生态旅游，农庄集餐饮、娱乐、生态采摘、户外运动于一体，值得体验，而伯贤都市农庄、黄龙箐综合养老社区项目由于规划制约、资金匮乏等因素仍推进缓慢。乡村特色文化产业目前仅有滇源街道中所村的竹编产业，中所村地处竹资源丰富的地区，这为其提供了发展竹编产业的良好基础，当地竹编制作工艺源远流长，具有浓厚的地方特色。竹编产品种类包括家居用品、装饰品、手工艺品等，注重创新设计和市场开拓，为当地村民提供了就业和增收的机会，而体量、规模、业态都较为单一，文化产业赋能乡村振兴的功能较弱。在多元化资本下乡过程中，当地政府和基层村委应加强与企业之间的对接，积极探索本地可创新发展的文化产业，探索商业化发展之路，但是目前文化产业化发展案例较少，没有实现可推广的经验，欠缺与资本对接的能力，阻碍了乡村文化产业的普及、推广和发展。

综上所述，盘龙区虽然在乡村文化振兴实践方面做了许多实际工作，但是在实践中还存在制度偏离，城区与农区发展不平衡，供给侧与需求侧出现偏差，公共文化服务建设、管理与使用效率低下，城乡一体化建设不足，以及公共文化服务活动内容单一，缺少服务人才队伍，经费支持不足和文化产业化程度低等多重困境。这些困境的出现，与基层政府对文化振兴的认知和不同策略有关，如重视城区和文化集群建设而对边缘乡村支持不足等，也与当地乡村独有社会特点有关，如生态资源保护政策倒逼文旅产业发展不足等，还与当前乡村社会面临的困境有关，如乡村老龄化、人才不足以及资本下乡与参与乡村治理能力有限等。结合上述发展困境，盘龙区应进一步优化文化振兴实践策略，实现长效发展。

## 第五节　优化乡村文化振兴路径

### 一　通过公共文化服务的标准化、均等化、社会化、智能化提升农村公共文化服务的效能

盘龙区应全面贯彻落实云南省提出的《关于推动云南省公共文化服务高质量发展的实施意见》，将"落实服务标准，促进公共文化服务均衡发展"作为当下公共文化服务建设的主要任务之一。

首先，针对盘龙区南北片区人口集中的密度差异，公共文化资源应适度向人口相对集中、辖区范围较广的北部片区实现倾斜配置，改变均分几份的传统配置方式，着力加大阿子营等部分街道、社区公共文化设施及体育设施等配备建设力度。与此同时，盘龙区政府连同智库与专业机构，出台并严格执行公共文化基础设施的建设标准，争取到 2025 年，实现全区文化馆、图书馆、博物馆等公共文化服务设施达到国家一级以上，街道（社区）综合文化服务中心标准化建设率达 100%。

其次，在全面加强公共文化基础设施建设的基础上，盘龙区应转变由政府文化部门单打独斗的现状，通过与宣传部门等联合实现文化资源整合，

促使供给渠道更加灵活畅通，解决文化供应的"最后一公里"问题。在社会力量的加入机制中，盘龙区应更加注重发挥志愿者群体的公益服务作用以及本土文艺队伍的文化需求多样性满足作用，创新"文化志愿 + 乡村振兴"模式，培育一批具有盘龙区特色、作用发挥明显、社会影响广泛的文化志愿服务项目。中心服务场馆通过提供活动场所和专业指导等服务，增加类似于白邑植物园志愿服务、博物馆场馆志愿讲解、滇源火把节等活动的举办频次，推动"文艺下乡"、乡村歌舞会等文艺活动举办。积极发动群众以不同的方式加入文化服务的队伍，通过调动群众的积极性来弥补由街道文化经费不足、人手不足、配置不完善等问题带来的公共文化服务空白，提升公共文化服务可及性，在村民进行自我服务的同时满足自身文化需求。

最后，针对部分街道文化站（室）利用率不高，甚至存在"空室"现象的问题，盘龙区应主要着眼于提高文化资源调配适度性。当前大部分街道社区所配备的图书类文化资源多存在陈旧且实用性能低等问题，为实现资源的及时更新，应该完善文化资源供应系统，按时按需地向村民供应有关农业技术类、风俗文化类等更契合村民需要的文化资源；减少公共文化服务地域限制，应积极利用信息技术和智能化手段推动数字化公共文化服务能力提升，通过数字技术赋能，着力建设数字农家书屋等公共文化服务设施，呈现馆藏数字化、服务数字化时代新优势；扩大文化精品和演艺精品等优质文化产品的服务范围，建设与文化服务站点配套的数字化平台和应用软件，推动文化演艺、文化活动等相关信息的及时发布与送达；通过联合文化活动中心、文化馆、博物馆等文化场所，举办民俗展览、艺术展览、历史文化展览等文化活动，将本土文化的"乡愁"留在乡村中，实现本土文化服务本土村民。

## 二 健全突破城乡文化壁垒的体制机制，推动城乡文化一体化发展

健全突破城乡文化壁垒的体制机制，注重城乡公共文化服务一体化建设，有助于推动城乡文化一体化发展。

首先，打通阻隔在城乡之间的文化壁垒，需从政策和经济下手，政策上加大对乡村公共文化体系建设的支持力度，经济上通过开发在地性自然文化资源，推动文化产业发展，开发文创经济模式，在探索"文化＋""旅游＋""非遗＋""网络＋"等发展路径的同时满足当地群众的文化需求。

其次，在建设公共文化服务城乡一体化的过程中，重视城乡结对帮扶制度与人才队伍建设作用。要推动乡村内生性发展就要将乡村人力资源开发放在首要位置，健全完善乡村引才、育才、用才、留才配套机制，不断壮大、优化农村基层队伍。建立层级管控下的城乡结对帮扶针对性政策机制，将公共文化服务建设纳入结对帮扶工作范围，借鉴其他社会领域的成功经验，提高城乡帮扶制度的实效性。将盘龙区的乡村、街道进行具体划分，分别与城区社区一一对接，使二者产生与利益、发展密切关联的共生关系，解决先前主体关系连接度低导致的资源共享不彻底问题。发挥被帮扶主体的发展自主性，解决内驱性不足导致的帮扶效果不明显问题，开展农业技术推广、数字农业平台建设等结对帮扶工作，以推动优质资源的共享，帮助乡村借鉴城区的成功经验，实现快速发展。建立常态化沟通联系机制，打通实时监管和反馈渠道，动态掌握社会组织结对帮扶情况，及时协调解决工作推进中存在的问题，确保城乡结对帮扶工作取得实效，为推动责任、政策、项目落实到位创造有利条件。

最后，打通城乡公共文化壁垒，实现城乡文化资源系统化，增强文化资源共享。总分馆制在 2017 年时被写入《中华人民共和国公共图书馆法》，在《"十四五"文化和旅游发展规划》《"十四五"公共文化服务体系建设规划》中，再次明确要深入推进图书馆总分馆制建设，打通城乡之间的文化壁垒与隔阂，推动优质公共文化服务向乡村延伸，以实现城乡公共文化服务一体化。优化乡村基层公共图书馆治理体系，形成不同层级政府、社会与图书馆良性互动共治的治理格局，从而提升治理效能，促进基层公共图书馆高质量、可持续发展。

在总馆的建设中遵循"多级投入，集中管理"模式，在多部门联合下力图实现总馆资源有效整合、总分馆之间图书规范化通借通还，同时重视总分馆体系下分馆的主体性和独立性建设，明确文化管理和社会服务的双层职能；根据盘龙区实际情况，因地制宜地进行总分馆建设结构探索，形成"总馆＋个别乡镇图书馆＋个别基层服务点＋较为密集的流动服务"模式雏形，重点支持群众较为密集、需求较大的个别乡镇图书馆和基层服务点，配备明显优于其他规模较小的乡镇图书馆的文献资源、硬件设施等，并为整个辖区范围内非持续性人员密集场所以及乡村小学、中学等场所提供流动图书馆、流动舞台车、流动图书车、文艺小分队、读书会、农村书画展等形式的服务。重视总分馆之间的文化交流与互动方式的多样性，在文化资源的碰撞下促进城乡地区文化的传承与创新；建立总分馆之间的文化资源流动机制，推动总馆对乡镇分馆和基层服务点的文献资源补充的频率固定化，并通过多分馆联合举行展览、演出、讲座、培训等形式，增强分馆与基层服务点管理人员的服务能力，推动城市文化艺术团体和艺术家走进乡村，促进城乡文化表达和艺术形式的碰撞，实现文化共创与共享。

## 三　完善乡村优质文化产品和服务供给体系，提升乡村公共文化服务质量

完善乡村优质文化产品和服务供给体系，助力提升乡村公共文化服务质量。按照《盘龙区优化提升营商环境问题整改行动工作方案》的要求，应从文化开放与包容、人才教育等方面完善基本公共服务体系，不断开创新的服务供给模式。

第一，在"十四五"规划中明确表示，提升乡村优质公共文化产品、服务的水平与质量，要因地制宜地加强对乡村现实题材的创作生产，在不断推出反映时代新气象、讴歌人民新创造的文化产品的同时凸显乡村本土文化的优势与特色；乡村文艺队伍普遍存在专业性不强、创新性不足的问题，增加乡村文艺团队外出学习和交流的机会，提供专业化的管理和服务；在城市专业化指导与帮助下推动文化精品创作以及乡村文化演艺队伍水平提升，可持续委派高校、文化馆等机构专业老师深入街道担任社区文化指导员，提供一对一服务和帮助，辅助街道、社区制定文化活动实施方案、

工作计划，并组织、指导和协助开展各类文化活动，辅助街道（社区）打造和培训当地群艺团队，挖掘发展盘龙文化特色项目，打造当地的公共文化品牌形象，推动农村公共文化事业的规范化和专业化发展。

第二，推进媒体深度融合，实施全媒体传播工程，做强新型主流媒体，建强用好融媒体中心。以媒体为交流传播新渠道，为乡村创造出优质文化、培育出优秀文艺队伍打开资源共享的大门；提高群众知晓率、参与率和满意度。进一步加强错时开放、延时开放，鼓励开展夜间服务、节假日服务、双休日服务以及 24 小时自助服务等。

第三，完善乡村地区图书馆、文化中心、艺术表演场所等文化场所、设施建设，依托地方特色提供个性化文化产品与服务。乡村公共文化服务"通路"问题也具有重要意义，为提升乡村公共文化服务质量和水平，增强流动文化车等便民利民文化设施的配备，提高乡村公共文化基础设施的利用效率，城乡公共文化服务的提供不仅应包括"三馆一站"的公益性文化服务，而且需要通过提供个性化文化产品和文化服务，进一步满足群众多样性文化需求。加强乡村地区的文化产业发展，以乡村蕴含的丰厚文化资源实现赋能，加强文化创意产品的创作研发，推动传承乡村优秀传统文化，实现创造性转化和创新性发展，为不同社区/乡村的群众提供更加多样化、个性化的文化产品，满足群众文化需求。

## 四　加强农村文化工作者队伍建设，提升其业务能力和服务水平

在城乡的公共文化服务建设中，加强农村文化工作者队伍建设是基本要求。

首先，要实现以城带乡，将城市高素质文化人才引入乡村。依托专业性较强的高校、机构、知名艺术团体对乡村文化工作队伍展开帮扶与定期培训，以外部力量助力乡村公共文化服务能力提升，推动乡村文化工作者队伍文化素养、艺术素养、管理能力的提升。在全辖区范围内形成尊重人才、重视人才的社会氛围，出台与完善乡村人才的引进、优待机制，在吸

引人才后成功留住人才；为引进的农村文化工作者提供良好的工作环境、条件和充分的发展空间与机会，不断改善工作设施和场所，为人才发光发热提供必要的工作资源和支持，通过政策支持和社会认同不断激发他们的工作热情和创造力，在不断历练中提升业务能力和服务水平。

其次，积极培育建设乡村文化"自我供给"系统，挖掘本土人才，调动社区群众的参与积极性。发挥党建和政府作用，注重培养和发展乡土文化骨干，并重视发挥乡土文化骨干的领头作用，让最了解乡村的一批人投入乡村的公共文化服务工作，助力本土人才在家乡文化建设和文体活动中发光发热。作为激活内生型文化资源的关键，要把社区中的文化积极分子有效动员起来，再经由他们形成辐射作用，来调动周边社区居民的参与积极性，进而形成以群众为主体的公共文化建设，实现文化服务低成本的高效运转；在农村本土文化工作人才队伍的培育中，要建立理论和实践双管齐下的成长通道，开设相关培训课程和研修班，加强文化管理、文化传媒、文化艺术等方面的知识和技能培养，与此同时鼓励农村文化工作者参与实践活动，提升实践能力，通过组织实地考察、文化交流、艺术创作等活动，帮助文化工作者更好地将所学知识运用到实际工作中。

## 五　推动乡村优秀传统文化创造性转化、创新性发展

为实现让文化成为乡村振兴的内生动力这一目标，在传承和保护优秀传统文化的同时，更应该引入时代新内涵，推动乡村优秀传统文化的创造性转化和创新性发展，让乡村文化在新时代焕发新生机。

第一，结合信息化新趋势，加强重要文化遗产的完整性和原真性保护。盘龙区文化遗产资源较为丰富，但同时也存在部分濒危文物急需开展保护性抢救修缮的问题，针对不同类型的濒危文物定制个性化修缮方案。在全辖区范围内开展对于不可移动文物的复核和档案梳理工作，建立文物电子数据资源库，动态全面地掌握辖区内文物保存状况和保护需求，对濒危或即将面临濒危风险的文物及时采取保护措施。继续挖掘当地文化遗产相关史料以及口述历史的保护整理，编辑出版相关书籍，并开展文物档案和业

务档案梳理工作，建立文物电子数据资源库，加强历史文化遗产的多平台保护，切实做好文物资源普查、公布及活化利用，推动下一步的文化推广宣传工作。

第二，广泛开展非遗展示宣传，从不同群体特性中不断探索传承新方式。在街道文化馆的场馆建设中增设小型非遗展示室，坚持"零门槛、无障碍"地向乡村群众全面开放；依托辖区"白邑三月头龙节"、火把节等传统节庆日开展非物质文化遗产展示展演活动，扩大包括三转弯苗族立秋斗牛花山盛会在内的非物质文化遗产保护圈，并逐渐将盘龙区辖区内的文化遗产都囊括其中；持续探索推广"文化和自然遗产日"等展示展演活动，让各类民众通过参与活动走进非遗、认识非遗和了解非遗，从而热爱非遗文化，提高民众非遗传承和保护的自觉性，做到积极传承并发展农村优秀传统文化。

第三，推动公共文化群众品牌建设。响应全省号召，加快推进"全民艺术普及月""全民文化艺术节"等活动在盘龙区辖区内落地生根，充分发挥"群星奖""彩云奖"等优质品牌的示范作用，推动创作更多有力量、有筋骨、有温度的群众文艺精品。在完整保存文化遗产的基础上，拓展公共文化创意空间，结合当地文化特色，找到类似于小营村酒厂、竹编、得胜桥豆花米线、金殿彩绘、传统香、鲜花饼、龙共堂舞狮、松华坝豌豆粉、茶艺冲泡、陶壶制作、滇剧、少数民族乐器制作、苗族古歌和苗族蜡染等文化品牌创意点，努力形成"一村一品、一村一景、一村一风、一村一韵"的乡村文化产业发展新格局。

## 六　构建和完善农村公共文化治理体系

构建和完善农村公共文化治理体系是促进农村文化发展，提升乡村居民文化素质的关键。

第一，克服碎片化，多元主体进行整体性治理。单独依靠文旅局推动公共文化治理已经无法满足当下的文化发展需求，推动盘龙区多部门协作实现整体性治理，解决乡村公共服务主体单一、碎片化严重的问题；从责任重新分配入手，通过对公共文化服务职能整合、部门协调、信息共享、制度保障等方面的责任落实，建立"文长制"，将公共文化服务较为薄弱的街道与各政府部门负责人政绩直接挂钩，责任落实到个人。推动公共服务供给网主体建设，向主体多元化、责任分散化、组织边界柔性化和需求响应弹性化、合作关系伙伴化以及资源优势互补化等方向不断调和三方力量。

第二，鼓励农村居民积极参与农村公共文化的治理。推动专业性社会组织进入乡村社会领域，在填补乡村治理中社会力量参与空白的同时，着力解决乡村原子化问题，将乡村文化服务纳入村民自治的范围，激发群众积极性，提高群众凝聚力；通过提供政策性支持，发挥离退休干部、退役军人、优秀农民工、乡村企业家等新时期乡村精英、乡贤的主体作用，使他们成为乡村文化建设的骨干和领头雁。推动乡规民约的建设，组织居民参与文化活动的策划、组织和评估，提高居民自治意识和参与度，建立社区文化委员会与文化志愿者组织，并发挥基层政权作用，开展社区群众自治组织建设工作，指导社区居委会和村民委员会的民主选举、民主决策、民主管理和民主监督，推进社区事务公开和基层民主政治建设。

第三，推动基层综合公共文化服务机构不断完善，加强社会化公共服务的能力建设。乡村公共文化服务的重任最终会落到各个基层文化服务中心，根据具体情况，政府应出台相应的针对公共文化管理队伍的管理办法，从制度上保障文化管理员的权益；提高文化管理员入职"门槛"，打通人才队伍的进入、晋升、退出渠道，建立一个规范、稳定、有想法、有体会、有冲劲的公共文化服务队伍。在政府"够不到""管不了"的公共服务空白领域引入社会力量，加大政府购买力度，规范政府购买机制，制定社会力量参与公共文化服务的绩效评价办法、评估标准。

乡村文化振兴是乡村全面振兴的重要内涵，盘龙区具有丰富的文化资源和文化振兴基础，并且在乡村振兴战略背景下从制度建设、公共文化服务体系建设、非物质文化遗产保护、特色产业发展、文旅融合、丰富群众文化服务活动等方面开展了丰富的文化振兴实践。但是，实践中还存在制度偏离，城区与农区发展不平衡，供给侧与需求侧出现偏差，公共文化服务建设、管理与使用效率低下，城乡一体化建设不足，以及公共文化服务活动内容单一，缺少服务人才队伍，经费支持不足和文化产业化程度低等多重困境。针对此，盘龙区应结合自身社会文化特点和优势，加强公共文化服务的标准化、均等化、社会化、智能化，提升农村公共文化服务的效能，推动文化建设城乡一体化发展，提高公共文化服务供给质量，加强乡村文化工作者队伍建设，推动乡村优秀传统文化创造性转化，完善乡村公共文化治理体系，以此高质量推动乡村文化振兴，助力盘龙区乡村全面振兴。

# 第六章　"中国乡村社会大调查" 典型案例分析

　　"中国乡村社会大调查"以定量研究和定性研究相结合的方式全面深入了解盘龙区脱贫攻坚的成就和乡村振兴的实践，对呈现盘龙区乡村振兴的成就、经验和创新实践具有重要意义。按照云南大学"中国乡村社会大调查"课题组确定的分层 PPS 抽样（Stratified Probability Proportionate to Size Sampling），在盘龙区乡村社会大调查问卷调查部分，需要抽取 6 个行政村/社区。在行政村/社区抽样上，根据 2020 年云南省统计用区划代码和城乡划分代码确定乡村的所有村（居）委会的抽样框，根据从云南省统计局获得的"七普"统计资料，依照各村（居）委会常住人口总数等统计信息，以系统 PPS 抽样的方法抽取 6 个行政村/社区样本，即双龙街道麦冲社区、松华街道团结社区、滇源街道中所村、滇源街道甸尾村、阿子营街道铁冲村、阿子营街道马军村。

　　自然村抽样，按照 6 个行政村/社区下的自然村名单确定抽样框，按照定量和定性相结合的抽样设计原则，每个行政村抽取 2 个自然村，课题组根据自然村典型性确定 1 个意向自然村，在随机抽样方案中确定 12 个自然村样本，即双龙街道麦冲社区九龙湾、麦冲自然村，松华街道团结社区雷打石、磨刀箐自然村，滇源街道中所村皮家营、庄科自然村，滇源街道甸尾村村北小组、村南小组自然村，阿子营街道铁冲村火烧营、牧羊口自然村，阿子营街道马军村猫猫箐、响坑自然村。上述样本村共同占据了盘龙区面积的 72%，它们的生态价值对整个区域的重要性不言而喻，为我们呈现了在有特定地理和生态特点的地方如何实施乡村振兴具体策略。

　　2023 年 1 月 31 日至 8 月 27 日，"中国乡村社会大调查"盘龙调研团队先后在 6 个行政村村委会（社区居委会）、4 个涉农街道办事处、9 个区级党委政府部门通过问卷调查和访谈收集资料，对芸岭鲜生等相关企业管理人员、滇源街道基层综合文化服务中心负责人以及村民进行深度访谈。本书旨在深入剖析、解读这些社区/村的典型性，构建一个理解盘龙区乡村振兴和整体发展策略的合理框架。

## 第一节　"中国乡村社会大调查"中的盘龙区

在盘龙区，乡村社会大调查采取了分层 PPS 抽样策略，选取了包括双龙街道麦冲社区和滇源街道中所村在内的 6 个行政村/社区。基于此，每个行政村进一步选择 2 个自然村进行家户抽样。在家户抽样环节，根据各自然村的人口特点，选择了 161 个家户进行深入的问卷调查。课题组还扩展到焦点小组访谈和深度对话，涵盖了行政村、与农业相关的街道办事处、区级机构，以及与乡村振兴息息相关的干部、企事业单位和居民，针对 6 个行政村/社区收集了丰富的村居层面数据。本书所用的量化数据来源于此次大调查的村居层面。

### 一　土地类型以林地为主

乡村社会大调查覆盖的盘龙区的 6 个行政村/社区均坐落于松华坝水源保护区内。地理上，这些村庄主要分布在坡地或半坡地地带，其耕地面积有限，而林地占据主导。具体到每个行政村/社区，林地所占的比例均超过一半。特别是团结和铁冲，林地面积占比在八成以上，而麦冲更是高达九成（见图 6 - 1）。这 6 个行政村/社区的独特地理位置决定了其典型意义。

### 二　人口老化较为严重

盘龙区 6 个受调查的村/社区在人口结构上均呈现老龄化趋势（见表 6 - 1），其中一半已超越盘龙区的平均老龄化水平（15.5%）。尤为突出的是甸尾村，其老龄化率高达 27.33%。在民族构成上，这些村/社区主要为

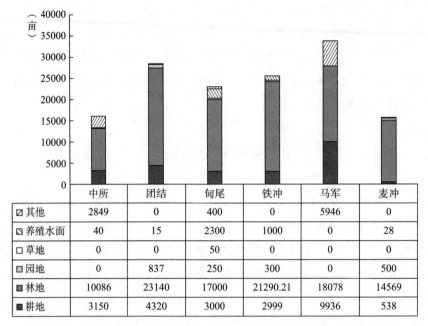

| | 中所 | 团结 | 甸尾 | 铁冲 | 马军 | 麦冲 |
|---|---|---|---|---|---|---|
| ☒ 其他 | 2849 | 0 | 400 | 0 | 5946 | 0 |
| ◩ 养殖水面 | 40 | 15 | 2300 | 1000 | 0 | 28 |
| ▢ 草地 | 0 | 0 | 50 | 0 | 0 | 0 |
| ▢ 园地 | 0 | 837 | 250 | 300 | 0 | 500 |
| ▦ 林地 | 10086 | 23140 | 17000 | 21290.21 | 18078 | 14569 |
| ▪ 耕地 | 3150 | 4320 | 3000 | 2999 | 9936 | 538 |

**图 6 - 1　盘龙区 6 个村/社区的土地面积及其构成**

资料来源：根据"中国乡村社会大调查"盘龙区调查数据整理而成。

汉族，但麦冲的少数民族人口占比达到 17.86%。在人口流出方面（见图 6 - 2），马军和麦冲的户籍人口外出率最高，分别为 39.7% 和 43.1%。而在高学历人口（大学及以上学历）方面，甸尾和铁冲人数超过 100 人，团结紧随其后，为 50～100 人，而麦冲和中所则在 10 人以下。

**表 6 - 1　盘龙区 6 个村/社区的人口状况**

| 村/社区 | 常住人口数（人） | 人口结构（%） | | | | 留守人群（人） | |
|---|---|---|---|---|---|---|---|
| | | 16 岁以下儿童占比 | 劳动年龄人口占比 | 老年人口占比 | 少数民族占比 | 留守儿童 | 留守老人 |
| 中所 | 2582 | 23.24 | 58.09 | 18.67 | 0 | 7 | 5 |
| 团结 | 1698 | 15.31 | 68.90 | 15.78 | 2.12 | 0 | 0 |
| 甸尾 | 1500 | 23.33 | 49.33 | 27.33 | 8.00 | 1 | 100 |
| 铁冲 | 2839 | 19.48 | 65.41 | 15.11 | 4.40 | 15 | 20 |

续表

| 村/社区 | 常住人口数（人） | 人口结构（%） | | | | 留守人群（人） | |
|---|---|---|---|---|---|---|---|
| | | 16岁以下儿童占比 | 劳动年龄人口占比 | 老年人口占比 | 少数民族占比 | 留守儿童 | 留守老人 |
| 马军 | 3177 | 18.07 | 66.73 | 15.20 | 10.89 | 18 | 20 |
| 麦冲 | 2800 | 9.29 | 83.39 | 7.32 | 17.86 | 0 | 0 |

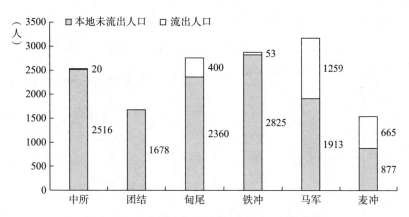

图 6-2 盘龙区 6 个村/社区户籍人口流出情况

资料来源：根据"中国乡村社会大调查"盘龙区调查数据整理而成。

## 三 产业规划与现实存在一定差距

虽然 6 个村/社区均计划积极发展休闲旅游业和新型服务业（见表 6-2），但实际上，从事这些产业的农户比例仍然较低（见图 6-3）。具体地，铁冲的农户主要从事养殖业，占比达到 81.52%；团结的农户全部投身于种植业；马军则有 89.47% 的农户从事种植业，68.42% 的农户从事养殖业；中所、甸尾、麦冲 3 个村/社区的农户在各产业中的参与度相对较低。这反映了村/社区的发展规划与现实存在一定的差距。

表 6-2 6 个村/社区最想大力发展的主导产业

| 村/社区 | 种植业 | 养殖业 | 农产品加工业 | 休闲旅游业 | 新型服务业 |
|---|---|---|---|---|---|
| 中所 | | | √ | √ | √ |

续表

| 村/社区 | 种植业 | 养殖业 | 农产品加工业 | 休闲旅游业 | 新型服务业 |
|---|---|---|---|---|---|
| 团结 | | | | √ | |
| 甸尾 | | | | √ | |
| 铁冲 | √ | | √ | | √ |
| 马军 | √ | √ | | √ | |
| 麦冲 | | | | √ | |

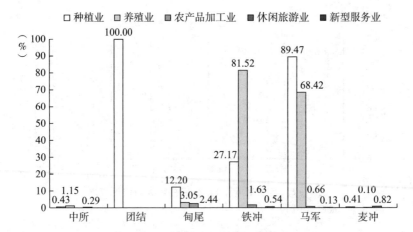

图6-3　盘龙区6个村/社区从事各产业的农户占比

资料来源：根据"中国乡村社会大调查"盘龙区调查数据整理而成。

## 四　集体经济相对薄弱

2022年，盘龙区6个村/社区的经济收入差异显著（见图6-4）。马军以617万元的总收入领先，其后是中所的380万元和甸尾的200万元，而团结的收入最低，仅为111万元。这些收入主要由补助/帮扶资金、集体经济收益和其他收入组成。所有村/社区均获得了补助/帮扶资金，其中马军最多，达501万元，而麦冲最少，为30万元。在集体经济收益方面，中所以300万元居首，占其总收入的78.9%；麦冲紧随其后，占比为76.9%；而马军此部分收入最低，只有2万元，占总收入的0.3%。显然，村/社区的总收入及其结构反映了当地的经济状况，与其产业发展水平密切相关。以团结和马军为例,由于主要依赖种植业和养殖业,集体经济收益相对较少。

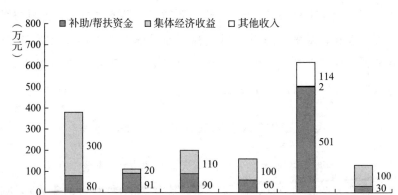

**图6-4 盘龙区6个村/社区总收入及构成**

资料来源:根据"中国乡村社会大调查"盘龙区调查数据整理而成。

## 五 针对基础设施和村民福利的投入不足

2022年,中所、团结、甸尾和铁冲4个村/社区均实现了收入高于支出(见图6-5),净结余分别为372万元、108.5万元、163万元和89万元。然而,马军和麦冲却面临较大的财务压力,分别出现了103万元和29.5万

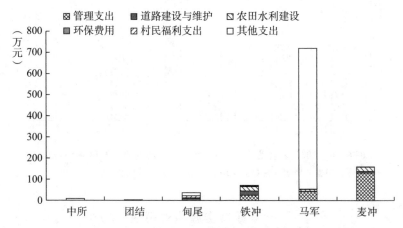

**图6-5 盘龙区6个村/社区总支出及其构成**

资料来源:根据"中国乡村社会大调查"盘龙区调查数据整理而成。

元的净赤字。在财务支出的构成中，铁冲、马军、麦冲 3 个村/社区都有管理支出，而其他 3 个村/社区则没有此项开销。值得关注的是，各村/社区在道路、农田水利等基础设施以及村民福利的投资上都显得较为保守。这可能意味着这些地区在公共设施和福利上的资金投入不足，这对当地居民生活和区域经济发展都可能产生影响。

## 六　人均收入没有超过盘龙区平均水平

2022 年，盘龙区农村常住人口的年人均纯收入已升至 1.9 万元。然而，根据乡村社会大调查的数据，除铁冲外，其余 5 个村/社区的年人均纯收入均未达到此标准。铁冲、甸尾和中所三村在 2022 年的年人均纯收入较高，分别为 1.9 万元、1.5 万元和 1.3 万元。而其他 3 个村的年人均纯收入均未破万，尤其是麦冲，其年人均纯收入仅为 3000 元。在困难户的占比上，按照各村/社区的标准，麦冲高达 20.0%，马军为 7.0%，铁冲和中所均为4.0%，而团结和甸尾则无困难户（见图 6 - 6）。

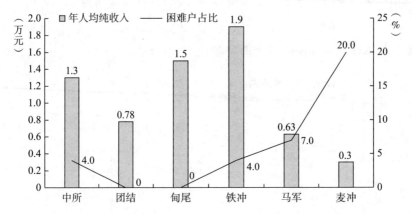

**图 6 - 6　2022 年盘龙区 6 个村/社区年人均纯收入及困难户占比**
资料来源：根据"中国乡村社会大调查"盘龙区调查数据整理而成。

## 十　教育资源相对短缺

乡村社会大调查揭示，盘龙区的 6 个村/社区均缺乏涵盖幼儿园至初中的完整教育体系。铁冲和马军设有小学，中所、甸尾、铁冲和马军均有幼儿园，但所有村/社区都没有初中（见表6-3）。尽管教育资源有限，盘龙区居民仍高度重视子女教育。近八成的受访者认为"读书是唯一出路"，并有近九成的人不认同"没必要上大学"。当提及与城市孩子的竞争时，超半数受访者感觉农村孩子处于劣势，而65.63%的人不赞成"砸锅卖铁供孩子上大学"（见表6-4）。这也反映了他们对教育资源不均的理性态度。2022年，团结、甸尾、铁冲和麦冲有学生参加高考，其中甸尾最多，有50名考生。最终，团结、甸尾和铁冲分别有2名、8名和7名学生被大学录取（见图6-7），这与各村/社区的经济状况呈正相关。

表6-3 各类学校分布

| 村/社区 | 幼儿园 | 小学 | 初中 |
| --- | --- | --- | --- |
| 中所 | √ | | |
| 团结 | | | |
| 甸尾 | √ | | |
| 铁冲 | √ | √ | |
| 马军 | √ | √ | |
| 麦冲 | | | |

表6-4 盘龙区受访者对教育的看法

单位：%

| 同意程度 | 读书是唯一出路 | 没必要上大学 | 很难和城里孩子竞争 | 砸锅卖铁供孩子上大学 |
| --- | --- | --- | --- | --- |
| 非常不同意 | 0.75 | 60.48 | 20.33 | 42.46 |
| 不太同意 | 13.56 | 28.05 | 21.38 | 23.17 |
| 一般 | 6.21 | 4.14 | 7.42 | 2.5 |
| 比较同意 | 29.23 | 5.72 | 34.86 | 13.3 |
| 非常同意 | 50.24 | 1.61 | 16.00 | 18.57 |
| 合计 | 100 | 100 | 100 | 100 |

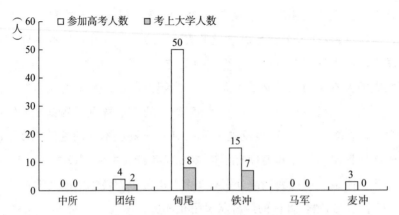

**图6-7  2022年盘龙区6个村/社区参加高考及录取人数**
资料来源：根据"中国乡村社会大调查"盘龙区调查数据整理而成。

## 八  产业发展人才不足

盘龙区农业产业的进步紧密依赖专业人才。根据乡村社会大调查数据，除铁冲外，其他5个村/社区都积极培养了产业发展人才，其中马军和甸尾产业发展人才数量相对较多，分别为262名和253名。尽管如此，与常住人口数量相比，各村/社区的产业人才数量依然不足（见图6-8）。从产业发展人才类型来看，数量最多的是获得职业技能等级认定的农民，农民合作

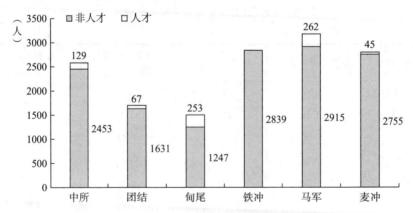

**图6-8  盘龙区6个村/社区产业发展人才数量及占比**
资料来源：根据"中国乡村社会大调查"盘龙区调查数据整理而成。

社带头人和农村创新创业带头人仍然稀缺（见表6-5）。截至2022年底，盘龙区成功培训了145名高素质农民，其中79名专注于经济服务，66名则深化了专业种植技能。这些培训项目旨在强化农资经营者的技能和法规意识，确保农业生产的持续和安全。

表6-5 盘龙区6个村/社区各类产业发展人才数量

单位：人

| 村/社区 | 产业发展人才类型 | | | | | | 合计 |
|---|---|---|---|---|---|---|---|
| | 获得职业技能等级认定 | 家庭农场经营者 | 农民合作社带头人 | 农村创业创新带头人 | 农村电商人才 | 乡村工匠 | |
| 中所 | 100 | 12 | 2 | 0 | 14 | 1 | 129 |
| 团结 | 51 | 0 | 0 | 0 | 0 | 16 | 67 |
| 旬尾 | 150 | 0 | 0 | 0 | 3 | 100 | 253 |
| 铁冲 | 0 | 0 | 0 | 0 | 0 | 0 | 0 |
| 马军 | 250 | 0 | 0 | 2 | 2 | 8 | 262 |
| 麦冲 | 5 | 20 | 5 | 5 | 5 | 5 | 45 |

## 九 文化资源潜力尚需进一步挖掘

盘龙区凭借其丰富的文化遗产和与"龙水文化"紧密相连的传统，已逐渐成为昆明乃至云南的文化焦点。尽管政府给予了大量支持，但根据乡村社会大调查（见表6-6），仅有45.11%的受访者深知本村的文化特色，但近八成的受访者认为这些特色文化具有显著价值。令人关注的是，59.52%的受访者认为本村的特色文化发展得很好。实际上，除麦冲之外，其他5个村/社区在旅游设施如旅社、酒店和农家乐等方面仍显不足（见图6-9）。这暗示了盘龙区的文化潜力尚待进一步挖掘，与其真实价值和市场需求仍存在差距。

表6-6 盘龙区群众对本村特色文化的态度

单位:%

| 同意程度 | 我了解本村的特色文化 | 我认为本村的<br>特色文化很有价值 | 我认为本村的<br>特色文化发展得很好 |
|---|---|---|---|
| 非常不同意（1） | 5.25 | — | 4.43 |
| 不太同意（2） | 8.62 | — | 12.78 |
| 一般（3） | 41.01 | 20.96 | 23.27 |
| 比较同意（4） | 24.22 | 46.07 | 37.93 |
| 非常同意（5） | 20.89 | 32.97 | 21.59 |

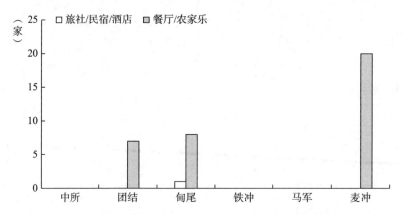

图6-9 盘龙区6个村/社区的民宿、农家乐等数量

资料来源：根据"中国乡村社会大调查"盘龙区调查数据整理而成。

## 十 生态环境与人居环境得到了明显改善

盘龙区凭借其丰富的生态资源，已逐渐成为昆明市的文化和生态中心。为了打造美丽乡村，政府制定并实施了一系列科学、系统的建设规划，使部分地区依托其独特的地理和生态优势，成功地发展成为生态旅游热点。根据乡村社会大调查数据，盘龙区的6个村/社区的居民普遍感受到，无论是生态环境还是居住环境，在近年都得到了显著的提升（图6-10）；这些地区的主要环境污染问题已得到有效控制（见表6-7）；大部分地方已经很少需要进行厕所改造和生活污水治理，但是在团结和铁冲，还有许多村民小组尚未建立垃圾处理站（见图6-11）。

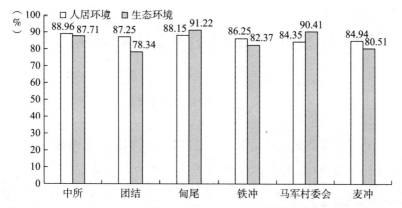

**图 6 – 10 盘龙区居民反映人居环境/生态环境有所好转的比例**

资料来源：根据"中国乡村社会大调查"盘龙区调查数据整理而成。

**表 6 – 7 盘龙区 6 个村/社区主要环境污染问题**

| 村/社区 | 空气污染 | 土壤污染 | 水污染 | 噪声污染 | 垃圾污染 |
|---|---|---|---|---|---|
| 中所 | 没有此类 | 不严重 | 没有此类 | 没有此类 | 没有此类 |
| 团结 | 没有此类 | 没有此类 | 没有此类 | 没有此类 | 不严重 |
| 甸尾 | 没有此类 | 没有此类 | 没有此类 | 没有此类 | 没有此类 |
| 铁冲 | 不严重 | 不严重 | 不严重 | 不严重 | 不严重 |
| 马军 | 没有此类 | 没有此类 | 没有此类 | 没有此类 | 没有此类 |
| 麦冲 | 不严重 | 不严重 | 不严重 | 比较严重 | 不严重 |

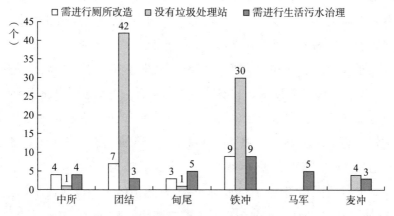

**图 6 – 11 盘龙区 6 个村/社区中需要进行人居环境改造的村民小组数量**

资料来源：根据"中国乡村社会大调查"盘龙区调查数据整理而成。

## 第二节　双龙街道麦冲社区乡村振兴调研报告

### 一　麦冲社区基本村情

麦冲社区隶属盘龙区双龙街道，主要为山区，目前共有 5 个自然村，5 个村民小组。麦冲社区距离盘龙区政府 5 千米，距离双龙街道办事处 6 千米。在设施建设情况方面，麦冲社区居民均饮用自来水，家家户户通电、通网络，社区有快递提货点。在辖区内机构建设情况方面，截至 2022 年底，麦冲社区有 5 个公共汽车站停靠点，2 个卫生室，1 条高速公路，10 个村超市，2 个菜市场，4 个可进行集体文娱活动的广场，5 个社区文化站，以及 3 座寺庙。

在麦冲社区人口情况方面，截至 2022 年底，麦冲社区户籍人口共 576 户 1542 人，常住人口共 976 户 2800 人。在常住人口中，16 岁以下的人口有 260 人，16～59 岁的人口有 2335 人，60 岁及以上的人口有 205 人。麦冲社区的少数民族人口有 500 人，社区内以汉族人为主。麦冲社区共有 75 名党员，其中，少数民族党员有 26 人，高中及以上文化程度的党员有 28 人。2021 年换届的社区干部队伍，总体上年龄偏大且学历层次不高。麦冲社区有返乡入乡创业人员大概 12 人，其中，有 1 位是返乡入乡创业大学生，返乡入乡创业人员从事的创业活动大多是种植业。

在土地方面，截至 2022 年底，麦冲社区总共有土地 15635 亩，耕地有 538 亩，未承包到户面积 28 亩；林地有 14569 亩，未承包到户面积 5369 亩；园地（如果园、茶园等）有 500 亩；养殖水面（如水库、鱼塘等）有 28 亩，未承包到户面积 28 亩。基本农田总共有 415 亩，没有闲置抛荒的土地。在土地流转工作开展中，农户参与土地流转的户数为 576 户，麦冲社区耕地中的平地流转的平均租金为 3000 元/亩，耕地中的山地流转的平均租金为 3000 元/亩。在麦冲社区承包到户的土地流转的情况方面，流转给本社区普通农户 500 亩，流转给本社区之外的个人、企业等经营者 4500 亩；在麦冲社区未承包到户的土地流转的情况方面，流转给本社区之外的个人、企业等经营者 1500 亩。

## 二 哈马者彝乡美食街：从马路市场到
## 乡村旅游产业的模范变革

哈马者彝乡美食街位于昆明市东郊双龙街道麦冲社区哈马者村一组村口，地处城郊，其以当地彝族美食、乡村生态采摘为特色，烟火气息浓郁，带动了周边农家乐、周末经济、体验式农场等业态发展，助推了农业、旅游业与集体经济的有效衔接和多元化发展。

哈马者小市场原型是马路市场，摊主沿路摆摊经营。1997 年，金浑公路双龙境内路段刚从沙石路改建为柏油路，哈马者乃至整个双龙整体经济开始好转，但群众家庭经济仍然比较困难，周边群众种植的蔬菜、水果及各种土特产销售渠道不畅。自金浑公路修好后，来往的车辆日益增多，2000 年，随着村民经商意识的提高，村民看到了商机，开始有少数村民将自己种植的水果、蔬菜等土特产拿到金浑公路边售卖。时间一长，到路边出售土特产的村民逐渐增多，除了售卖应季蔬菜、水果，路边还增加了炸洋芋、烧苞谷等各种小吃的摊位，部分村民收获了人生第一桶金。但好景不长，因路边摊无人管理、无序摆放不雅观、食品卫生不能保证、有一定环境污染，还容易造成道路交通堵塞、事故频发，过往行人、车辆利用媒体曝光、举报等方式要求相关部门进行监管整治。面对哈马者马路市场经营面临的问题，社区、小组多次召集会议积极探讨解决方案及市场发展模式。根据实际情况确定哈马者小市场引摊入市搬迁重建工程。在街道党工委的多方协调下，2009 年社区、小组租赁了金浑公路边农户土地约 10 亩用于哈马者小市场搬迁重建工程，新建小市场按功能划分为小吃区、餐饮区、蔬菜水果百货区，内设有停车场、公厕、洗车场、水电设施等基础设施。项目总投资 300 万元，其中，街道资金 8 万元、村级自筹 292 万元。经过街道、社区、村小组和当地村民的共同努力，哈马者小市场于 2012 年顺利建成，建成后通过公开招租出租给第三方管理。

哈马者小市场建成之初，村民担心因经营位置改变影响生意而不愿意搬迁至市场内。经社区、小组党员干部多方奔走、积极动员，通过免除一年半房租、摊位费，多次入户走访，大力宣传相关政策等措施成功动员所有路边摊位业主搬迁至新建小市场内。截至调查时，共有50余名摊位业主入驻哈马者小市场。哈马者小市场已经变身为哈马者彝乡美食街，每天有约1500人的客流量，其位于半山腰且结构简洁，采用U形设计，全长100多米。这里汇聚了10多家各具特色的羊肉专营馆，每家都有其独特的烹饪技术和口感，美食爱好者对美食街的评价是："这里的料理继承了传统手法，保持了长达10年的一贯口味。"如今，哈马者的村民利用小市场这一平台，家里的蔬菜水果、土特产在家门口就能销售一空，缩短了销售路径，在家门口就能实现就业和增收。村庄居住环境有了质的飞跃，小市场周边的农家乐、民宿、露营基地、采摘农场也得到迅速发展。哈马者小组每年能从市场租金中收入35万余元，为壮大村级集体经济提供了良好机遇。村民不仅有了稳定的收入来源，而且每年都能享受分红，真正实现了从贫到富、由无变有、人民安居乐业的蝶变。

纵观哈马者彝乡美食街的发展历程，我们可以得到以下启示。首先，地方特色与本土资源的挖掘对于乡村振兴至关重要。哈马者村成功地将当地彝族的美食文化与乡村生态采摘相结合，为游客提供了独特的消费体验。因此，各乡村在推动经济发展时，应深入挖掘本土文化、特色资源与当地的非物质文化遗产，并进行合理利用，使其成为乡村振兴的独特亮点。其次，经济和社区参与的有效结合在乡村振兴过程中扮演着关键角色。哈马者彝乡美食街的成功不仅仅基于地方特色，还基于村民、社区和小组的积极参与和共同努力。乡村振兴不仅仅是一个"项目"，而是全体村民、政府和相关机构共同努力的结果。当地政府与社区应当鼓励和引导村民参与乡村建设，从而使其更具有主人翁精神。再次，持续的管理与规划对乡村振兴的长远发展具有决定性意义。哈马者彝乡美食街初期的马路市场形式虽然带来了短暂的繁荣，但由于管理不善和其他问题，很快遭遇了困境。针对这些问题，当地社区及政府及时采取了调整策略，重新进行规划，将其发展成了今天的彝乡美食街。这一案例告诉我们，乡村振兴不是一次性的建设，而是持续的管理与规划，对存在的问题进行及时调整。最后，多元化发展与产业链的延伸可以为乡村带来更大的经济效益。哈马者彝乡美食街的成功带动了周边的农家乐、民宿、露营基地等相关产业的发展，形成了一个完整的乡村旅游产业链。因此，各乡村在振兴中不应仅仅满足于一两个经济点的开发，而应思考如何将其与相关产业相结合，延伸产业链，提高整体经济效益。

## 三 土地资源与集体经济的双重制约及治理挑战

麦冲社区所面临的难题，可以概括为土地资源的有限性与集体经济的薄弱性对乡村振兴产生的综合制约。首先，对于麦冲社区来说，土地资源的有限性成为产业发展的首要阻碍。截至 2022 年底，麦冲社区总共有土地15635 亩，耕地有 538 亩，其中，未承包到户面积 28 亩；林地有 14569 亩，未承包到户面积 5369 亩。园地有 500 亩。养殖水面有 28 亩，其中，未承包到户面积 28 亩。麦冲社区基本农田总共有 415 亩。可见，麦冲社区用于产业发展的土地资源极其有限，生态产业面临无地可用的困境。加之，麦冲社区辖区内有水源保护区，对水源的保护，各级部门相关政策规定的颁布和落实限制了地方土地资源的产业化利用和发展。有限的土地资源使社区在实现乡村振兴目标时面临较大挑战，特别是如何合理利用和分配这有限的土地。

其次，集体经济的薄弱性也对麦冲社区的经济增长构成了制约。从客观条件限制来看，麦冲社区农村集体用地资源紧张。在麦冲社区 15635 亩土地中，林地就占 14569 亩，类型以林地为主，可用于经济发展的耕地较少。而且，随着现代化进程的加快，居民个体性增强，异质性选择增多，生活期望不均，难以统筹规划。农民小商小贩个体经营小有成绩，较为分散。从土地征收制度层面来看，麦冲社区土地征收制度不合理。征收前期社区较为强势、群众思想工作不到位；征收时期合同年限与资金要求未与村民统一；征收后期土地使用规划不明确，往往荒废而不允许联合开发以促进集体经济发展。从社区领导班子战斗力层面来看，因集体经济薄弱，加之受疫情影响，村集体缺乏资金，领导班子在解决居民实际生活问题以及拉动村集体经济增长方面都面临困难，无法赢得群众的信任和支持，从而无法树立威信，这极大地影响了领导班子的凝聚力、号召力、向心力。

再次，尽管麦冲社区已在地方性产业方面做出选择并尝试努力，但由于土地、资金、技术和人才等多方面的制约，这些产业短期内难以为当地居民带来实质性的经济效益。近年来，在适应水源保护、生态环境整治和美丽乡村建设等相关政策和规定要求的背景下，麦冲社区不断寻求地方性产业发展道路，因地制宜探索出了以康养、生态种植（养殖）业为主的地方性产业，但该类产业在取得成效前需要一定的探索期，短时间内很难给当地农民带来收益，产业惠民效能还不明显。当前，麦冲社区地方性产业的发展和壮大涉及土地场地、资金、技术、人才、信息、市场和渠道等资源要素，人才和土地场地不足是麦冲社区在探索适合地方可持续性发展道路中面临的主要问题。可见，麦冲社区在提升产业惠民效能、探索惠民产业发展的道路上受到政策、土地场地、资金、技术、人才、信息、市场和渠道等要素的影响，这种情况下的产业富民效能还需进一步的提升。

最后，虽然麦冲社区在社区治理上已制定相关制度和机制，并努力引导群众参与，但群众在实际社区治理中的参与度依然不足，集体经济发展的限制和部分群众的消极心态都为社区治理投入了阴影。麦冲社区所属街道双龙街道制定了周调度、月督导、双月考核的督导问责机制，并要求各小组不定期召开工作会，研究解决社区治理工作中存在的问题，开展学习交流，强力推进美丽乡村建设。麦冲社区内部积极落实"五级治理"模式，发挥党员先锋模范作用，欲搭建起政府与居民沟通的桥梁。为推动全员参与治理型社区空间的形成，麦冲社区动员了各小组积极召开支委会、党员、村民代表大会、小组户主会，发动群众参与社区治理，以更好营造政府主导、党员带头、群众积极参与的良好氛围，提升城市基层管理和服务能力。但因集体经济发展收入有限、用于社区治理方面的开支有限以及群众传统固守思想的影响，部分群众存在事不关己、利己为上的心理。因此，实际的社区治理工作还是以街道领导班子、机关党员干部为主。地方大部分群众对于参与社区治理方面的意识十分薄弱，在参与社区治理的意愿度和治理方式的贡献度上都存在明显的不足。

## 四 麦冲社区振兴策略：整合资源与深化群众参与

麦冲社区的发展轨迹为我们展现了乡村振兴的巨大潜力与其背后的种种复杂性。哈马者村从最初的马路市场到现在的乡村旅游产业模范的变革，不仅仅是麦冲社区的一个亮点，更展示了乡村如何通过创新思维和资源整合，将传统资源转变为现代化、高附加值的产业链。然而，这样的变革并非一帆风顺。麦冲社区所面临的土地资源制约以及其集体经济的双重挑战是乡村发展中普遍存在的问题。这些问题不仅仅限制了社区的经济增长潜力，更在某种程度上影响了社区成员的生活质量和未来发展视野。正因如此，我们更需要深入研究麦冲社区的经验和教训，以期为类似的乡村振兴提供有力的参考。持续、健康的乡村振兴不仅仅需要政策和资金的支持，更需要对地方文化、资源和社区需求的深入了解与尊重。因此，以下的建议和展望，旨在为麦冲社区以及类似的社区提供一些思考和方向。

针对麦冲社区土地资源的合理利用，核心建议是推动多功能农林综合利用。在进行任何土地使用变革之前，麦冲社区必须深入评估其当前的土地资源状况。这意味着要组织一个专家团队，进行深入的土壤质量、生态平衡，以及与水源保护区的相对位置等因素的评估，确保任何土地利用变更都是基于充分的科学依据。为了实现这一目标，引入现代农林技术是至关重要的，它可以帮助社区将部分林地改造为多功能区域。例如，食用菌种植、中草药种植和休闲农业，这些都可以在维护生态平衡的同时为社区带来经济效益。此外，麦冲社区也可以考虑结合生态旅游开发，如设置自然徒步、野生动植物观赏等项目，为游客提供与自然紧密相连的休闲体验。为确保土地资源的有效利用，社区与政府及相关部门的沟通是关键。麦冲社区应该主动建立与政府和相关部门的沟通机制，确保所有的土地利用规划都符合政策要求，并努力争取更多的支持和资金。此外，麦冲社区还应该重视村民的持续教育与培训，为他们提供农林技术培训，确保村民在土地资源的合理利用方面具有足够的能力和知识。同样重要的是，环境监测是任何土地资源利用计划的关键组成部分。麦冲社区应确保有足够的机制来监测土地利用对生态环境的影响，并制定长期的土地利用规划，确保资源的持续、健康、高效利用。

针对麦冲社区集体经济的发展策略，有必要进一步探讨公私合作模式和土地流转方式在乡村振兴中的应用。传统的集体经济模式在当前的社会经济背景下遭遇了许多挑战，许多乡村地区的经济增速放缓，因此麦冲社区需要寻求新的经济增长点，确保集体经济持续发展。引入或合作外部资本将为社区带来新的机会和可能性。通过与企业或投资者建立合作关系，社区可以获得技术、管理和市场资源，进一步发展现代农业产业园或生态养殖项目。例如，高效农业种植技术、有机畜牧业等，这些都可以为社区带来经济效益并提升其集体经济实力。此外，土地流转方式也为麦冲社区提供了新的发展机会。通过合理的土地流转协议，社区可以充分利用其土地资源，引进现代化农业技术和模式，实现土地的高效利用。在此过程中，社区必须确保土地流转协议保障村民的权益，避免可能出现的争议。为了成功实施这些策略，麦冲社区需要与政府、企业、学术机构和其他相关组织建立密切的合作关系，共同努力，确保集体经济持续、健康发展。

哈马者村成功地将一个简单的马路市场转变为繁荣的哈马者彝乡美食街，不仅成功吸引了游客，而且为当地带来了经济效益，这为麦冲社区其他村落提供了宝贵的经验。美食是各地文化的一部分，也是游客体验目的地文化的重要方式。哈马者彝乡美食街的成功案例说明，麦冲社区的每个村落都可以根据自己的特色，开发一系列与当地风俗、文化和历史相关的美食产品。例如，某些村落可以考虑开展传统食材的种植与制作，如古法酿酒、手工糕点制作等，这样不仅可以吸引游客，而且可以为当地农民提供一个新的收入来源。麦冲社区可以设立一个专门的乡村旅游与文化挖掘小组，该小组负责收集和整理各村的传统文化、风俗和美食资料，然后根据这些资料开发一系列旅游产品和活动。这些活动可以包括食材采摘、传统烹饪技术培训、乡村美食节等。这不仅可以增加社区的旅游吸引力，而且可以为当地居民提供就业机会。同时，麦冲社区还可以考虑与高校或研究机构合作，对各村的文化和美食进行深入的研究和推广。这样既可以提升麦冲社区在乡村旅游市场中的知名度，又可以为当地的文化遗产保护提供支持。总之，要充分挖掘和利用当地的文化和资源，通过创新和持续努力，实现乡村的可持续发展。

麦冲社区的持续发展离不开全体村民的参与及协同努力。社区治理与群众参与是实现这一目标的关键环节。然而，社区治理不仅在于管理和决策，更在于发挥好群众的主体作用，让他们在日常生活中形成自我管理和自我服务的意识。首先，教育和引导是确保群众参与的第一步。麦冲社区可以通过定期组织各种培训活动，如农业技能培训、乡村旅游服务培训、文化传统保护培训等，帮助村民提高自己的能力和认识，进而更好地服务于社区的发展。此外，通过组织各种文化和娱乐活动，可以增进村民之间的交流和合作，培养他们的集体意识。其次，加强社区内部的沟通和协作是实现共建共治的关键。可以考虑建立一个社区决策咨询机构，由村民代表、乡村领导、外部专家等组成，为社区的重大决策提供咨询和建议。同时，鼓励村民参与各种社区服务和项目，如乡村旅游的策划与推广、环境保护与美化等，这样不仅可以提高村民的参与感和归属感，而且可以更好地调动他们的积极性和创造性。最后，形成共建共治的良好局面需要一个长期、系统的过程。麦冲社区在推进这一过程中，需要有耐心、决心和策略，确保每一步的推进都得到群众的理解和支持，从而确保社区的长远、健康发展。总之，麦冲社区的未来发展需要全体村民的共同努力和协作，而实现这一目标的关键在于更好地发挥群众的主体作用，形成共建共治的良好局面。

## 第三节　滇源街道甸尾村乡村振兴调研报告

### 一　甸尾村基本村情

甸尾村属盘龙区滇源街道，地处白邑坝子腹地，东至官渡区兔耳关村，北至中所村，西、南均与松华街道接壤，是松华坝水库的重要发源地、流经地和淹没区，是典型的半山区村。寻甸村与县政府的距离为 30 千米，距离镇政府 10 千米左右。目前，甸尾村有 5 个村民小组，每个村民小组的每户村民家均已通电，村民小组也铺设了硬化道路和网络。同时，村里有一个较为大型的菜市场，供村民进行买卖，还有文娱活动广场 2 个、村文化站 1 个、村图书馆 1 个。但也存在一些不足，如村里只有 1 个公共汽车停靠点，交通出行并不便利；没有快递提货点，寄取快递存在不便；没有公共食堂，供村里行动不便、生活困难的老人吃饭；没有相关银行、信用社等金融机构，村民获取金融服务也较为不便；还有 15 户村民家中不能饮用自来水。①

截至 2022 年底，甸尾村户籍人口共 814 户 2760 人。其中常住人口为 820 户 1500 人，16 岁以下人口 350 人左右，16 岁以下留守儿童 1 人，留守儿童人数较少。常住人口中 16～59 岁人口有 740 人，60 岁及以上人口 410 人，60 岁以上留守老人为 100 人左右，留守老人占全村常住老年人口的 25% 左右，人数较多。少数民族有 120 人，少数民族人口占比较少，约占全村人口的 4%。其中，人数最多的少数民族为彝族，有 78 人，其次为白族，有 20 人。外来人口入村居住人数较少，截至 2022 年底，居住半年以上的有 15 人，14 人来自本省，1 人来自国外。全村村民新农合的参保率为 96%，新型农村社会养老保险的参保率也是 96%。

从人才来看，目前甸尾村无农村高科技领军人才、科技创新人才、科技推广人才、科技特派员。但也有不少乡村能人，有 150 人获得职业技能等级认定，农村电商人才 3 人，乡村工匠 100 人，上述能人均接受过政府部门的教育培训。同时，村里还有 2 名医疗卫生人员。② 截至 2021 年，在农业生产经营人才情况上，甸尾村有从事农业生产经营人才 25 人，其中种植类人才 3 人、养殖类人才 2 人、加工类人才 5 人、服务类人才 15 人。在乡村治理人才情况上，党员 123 人，村组干部有 25 人，其中 35 岁及以下的 2

---

① 云南大学乡村社会大调查盘龙区课题组：《盘龙区滇源街道甸尾村村居问卷》，2023 年 2 月。
② 云南大学乡村社会大调查盘龙区课题组：《盘龙区滇源街道甸尾村村居问卷》，2023 年 2 月。

人，35 岁以上的 23 人。在公共服务人才情况上，各类公共服务人才有 7人。综合来看，乡村医生 2 人，村卫生室有床位 5 张；文化活动场所 2 个；农村厨师 3 人，农村客堂 2 个；农村理发师 2 人，农村理发室 1 个。在致富带头人情况上，农民企业家 0 人，个体工商户 0 人，规模种植户（种植面积20 亩以上）2 户。现有退役军人 51 人，返乡退休人员 14 人，没有返乡创业人员。①

在自然地理条件方面，甸尾村有水源保护区 1 个，森林覆盖率为 91%，生态环境较好，未遭到严重破坏，无空气、土壤、水、噪声以及垃圾污染。以村委会办公室为圆心，方圆 5 公里以内无化工厂、冶炼厂、造纸厂等高污染企业。甸尾村自然地理条件优越，具体表现为：气候条件好，冬无严寒、夏无酷暑、四季如春。年平均气温为 13.2℃，平均日照时间为 1927.6 个小时，一年内干湿分明。每年 11 月至次年 4 月为干季，5～10 月为雨季，正常年平均降雨量为 967 毫米，适合种植烤烟、蔬菜等农作物；水资源丰富，主要包括 3 个龙潭水源点、2 个水库、1 个坝塘，且有冷水河穿流而过；植被覆盖面广，呈现林多地少的特点，森林覆盖面积占总面积的 91%，森林面积为 16321.5 亩，种植的水杉有 16252 株。②

截至 2021 年，甸尾村有耕地 2340 亩，其中水田 800 亩、旱地 1540 亩，是典型的纯农业生产村，全村总人口 842 户 2072 人（其中松华坝水库扩建占地农转非 371 人）。③ 甸尾村的土地总面积为 23000 亩（1 亩 = 666.67 平方米），其中耕地面积为 3000 亩，林地面积为 17000 亩，园地面积为 250亩，草地面积为 50 亩，水养殖面积（如水库、鱼塘等）为 2300 亩，基本农田为 15000 亩。为了更好保护地方水源，政府实施退耕还林、"农改林"等措施，村里较多村民没有耕地，或者耕地面积较少，部分村民也因此从农业户口变为非农业户口。截至 2022 年底，村里被征地面积为 3000 亩，有

---

① 盘龙区滇源街道甸尾村委会：《滇源街道甸尾村人才振兴规划工作方案》，2021 年。
② 盘龙区滇源街道甸尾村委会：《盘龙区滇源街道甸尾村委会乡村文化振兴实施方案（2021—2025 年）》，2021 年 8 月。
③ 盘龙区滇源街道甸尾村委会：《盘龙区滇源街道甸尾村委会乡村文化振兴实施方案（2021—2025 年）》，2021 年 8 月。

257 户农民因征地而失去全部土地。① 同时，甸尾村还拥有 1819 亩生态湿地。② 甸尾村开展了土地流转，耕地中的平地流转的平均租金为 1600 元，价格水平合理，共有 577 户村民参与了土地流转，而甸尾村土地主要流转给本村以外的企业。③

实现乡村有效治理是乡村振兴的重要内容。近年来，甸尾村乡村治理工作始终坚持和加强党对乡村治理的集中统一领导，坚持把夯实基层基础作为固本之策，把治理体系和治理能力建设作为主攻方向。甸尾村不断推动党组织建设、党员发展以及党建工作，现阶段甸尾村共有党员 127 名，高中及以上文化程度党员有 50 名，村"两委"成员人数为 7 人，并配有专职的党务工作者。村民代表有 30 个，有 5 个村党支部，2 个大的村小组成员 3 人，另外 3 个村小组成员为 2 人。④

党的十八大以来，甸尾村委会大力推进乡村文化建设，公共文化服务设施基本建成，服务效能进一步提升，文化活动丰富多彩，群众的文化获得感和幸福感得到进一步提升。在文化资源方面，甸尾村拥有的历史文化资源较为丰富，拥有 3 位杰出的历史文化名人，分别为护国英豪刘国威、封疆大吏孔继尹、滇僧之杰出者本悟。在历史建筑方面，甸尾村有母亲河上的明代古桥甸尾大桥、清代乡土建筑代表永丰庵。同时，甸尾村还有甸尾万株水杉林，但目前文化资源丰富的甸尾村仍未形成文化产业以及文化旅游项目。在文化设施方面，滇源街道甸尾村综合文化服务中心位于甸尾村村南小组，建筑面积为 327 平方米，室外文体广场面积为 1069.48 平方米，并配有文化会演舞台，全中心无线网络信号全覆盖。中心每周对公众开放，提供免费服务，并免费向未成年人开放。中心内设有党员活动室、多功能活动室、图书阅览室、培训室、电子阅览室、娱乐室、排练室等服务区域，集宣传文化、党员教育、科技普及、普法教育、体育健身等多功

① 云南大学乡村社会大调查盘龙区课题组：《盘龙区滇源街道甸尾村村居问卷》，2023 年 2 月。
② 盘龙区滇源街道甸尾村委会：《盘龙区滇源街道甸尾村委会乡村文化振兴实施规划（2021—2025 年）》，2021 年 8 月。
③ 云南大学乡村社会大调查盘龙区课题组：《盘龙区滇源街道甸尾村村居问卷》，2023 年 2 月。
④ 云南大学乡村社会大调查盘龙区课题组：《盘龙区滇源街道甸尾村村居问卷》，2023 年 2 月。

能于一休。①

在文化建设和文化活动方面，甸尾村实施"文化赋能计划"，不断挖掘、提升乡村文化价值，把文化建设作为乡村振兴战略的重要工程抓紧、抓实、抓好，用文化赋能美丽乡村。措施主要为以下五点：一是成立以农家书屋、文艺宣传队、文化志愿者以及社会力量为补充的文化网格体系，在街道文化站的大力帮助和指导下，甸尾村以社区文化活动室和村小组活动室为基础，成立社区文化沟通协会，得到了群众的好评；二是推进各村小组文艺队建设，已形成文艺队伍5支，如舞龙队、老年人广场舞和花灯队等，丰富了群众文化娱乐生活；三是培养发展乡土文化骨干，重视发挥乡土文化骨干的领头作用，积极参与文化建设和文体活动；四是在乡村传统的基础上发展乡村集体文化活动，如在春节、敬老节、中秋等传统节日开展有历史基础的文化活动，通过公共文化活动增强凝聚力和认同感；五是进一步加强村史、村志编写与修订，追本溯源并关注变迁，在书写过程中加强意识形态建设和乡村凝聚力。② 在宗教信仰方面，甸尾村有信仰基督教、佛教、道教等的村民200多人，有民间信仰的村民大约40人。村里有道教教观1个，土主庙等民间信仰庙宇2座。③ 该村建有农家书屋1个，面积为36平方米，桌椅60套，藏书4000册；电子阅览室1个，面积为30平方米，电脑1台；私立幼儿园1个，没有小学、中学，甸尾村距离滇源镇中学13千米，村里学生上学较为不便。2022年，甸尾村共有50人参加高考，其中8人考上大学，升学率较低。

## 二 甸尾村的乡村振兴实践：党建引领与集体经济的创新

甸尾村巧妙地将党的建设与村庄的经济发展有机结合在一起，为乡村

---

① 盘龙区滇源街道甸尾村委会：《盘龙区滇源街道甸尾村委会乡村文化振兴实施规划（2021—2025年）》，2021年8月。

② 盘龙区滇源街道甸尾村委会：《盘龙区滇源街道甸尾村委会乡村文化振兴实施方案（2021—2025年）》，2021年8月。

③ 云南大学乡村社会大调查盘龙区课题组：《盘龙区滇源街道甸尾村村居问卷》，2023年2月。

振兴战略中的政策与实践提供了新的思考角度。党的建设在甸尾村真正转化为具体的行动与实践。通过党组织的组织和引领，甸尾村对其资源进行了高效整合，与外界的合作伙伴建立了清晰的合作关系，并明确了发展方向和策略。党组织成为推动村庄发展的中坚力量，成为村民心中的坚强后盾。更为关键的是，甸尾村深知单纯的经济发展是无法带动整体乡村振兴的，必须在经济增长的同时，确保文化传承、生态保护和民生改善等多方面都得到平衡与协同发展。正是在党组织的坚强领导与有序组织下，甸尾村才实现了这一目标，从而成为党建与集体经济结合、乡村振兴与传统文化保护相得益彰的典范。

甸尾村深知村级领导班子的重要性，在村"两委"班子运行上，严格执行民主集中制原则，群策群力研究推动工作，日常工作分工落实，他们严格执行民主集中制，保证了各项工作的高效与顺利开展。村内建成1000多平方米的多功能服务活动室和为民服务厅，村小组党支部全覆盖，建成党员活动室5个、村民活动场所2个，党群服务阵地不断完善。甸尾村严格落实"四议两公开"和村干部小微权力清单等制度，实行村干部坐班服务群众制度，党员教育管理不断加强；深入开展"五个先锋"创建活动，在前期成功创建"服务发展先锋"的基础上，积极争创"乡村振兴先锋"。

甸尾村明确了生态与经济发展之间的关系，强调生态福祉的重要性，并通过与多家农业公司合作，有效流转土地资源，大力发展有机蔬菜种植产业。此外，通过对大堰塘的生态修复与合理利用，村党委成功地将水资源转化为经济资源，为村民带来实实在在的利益。具体而言，甸尾村坚持"党委引领、村委会牵头"的原则，采取"党支部＋合作社＋农户"发展模式，引进芸岭鲜生、中如农业科技有限公司等有机蔬菜种植企业2家，流转土地1158.7亩，主要产业为有机蔬菜种植。村内45~65岁的富余劳动力中有120人在这两家公司务工，月工资均在3000元以上。滇源街道甸尾村大堰塘面积10余亩，近年来杂草丛生、塘水恶臭不堪。为改善大堰塘的水质，改善村庄环境，村党委于2022年2月开始放鱼苗养鱼，采购鱼苗3.3吨投放到大堰塘。村干部每天早上上班之前到大堰塘投喂。2023年春节，甸尾村在大堰塘开展"起塘分鱼"活动,将捕捞上来的鱼合理搭配,按每人一公斤分给甸尾村 2078 名村民。通过生态养殖方式,甸尾村将以水养鱼、以鱼治水作为水源保护的一项有效路径,推动生态环境保护和渔业养殖相结合,实现经济生态双赢。

甸尾村紧密围绕农村集体产权改革,努力建立和完善集体经济组织,充分利用村内的自然资源,并通过各种形式如公开发包、土地入股等,成功地将资源优势转化为经济优势。此外,它们还有效地盘活了村集体的闲置资产,确保每一分钱都为集体经济的发展做贡献。具体而言,甸尾村深入推进农村集体产权改革,建立健全农村集体经济组织,构建归属清晰、权能完整、流转顺畅、保护严格的集体产权制度,成立村级集体经济组织 1 个、组级集体经济组织 5 个;充分利用村集体自然资源,采取公开发包、土地入股、规模经营等形式,将资源优势转化为经济优势,壮大集体经济;通过租赁承包、联合开发等形式盘活村集体闲置的校舍、土地等资产,实现"闲"变"宝"、"死钱"变"活钱",盘活集体资产,2022 年村集体经济收入超 76 万元。

## 三 甸尾村转型时期的核心挑战:经济与生态、传统与现代的博弈

甸尾村正经历一个至关重要的转型过程,这一转型不仅涉及该村自身的变革,而且反映了当代中国农村在现代化进程中普遍遭遇的挑战与困惑。尤其在经济与生态、传统与现代这两对看似矛盾的二元关系中,甸尾村的转型挑战更加尖锐。首先,经济与生态之间的平衡问题,特别是像甸尾村这样拥有丰富自然资源的地方,都面临如何在维持经济增长的同时,确保生态环境的可持续性的挑战。这需要村社区、政府、企业和非政府组织等各方共同努力,通过科技创新、政策调整和社区教育等多种途径来实现。其次,传统与现代的融合更多地涉及文化和身份的认同问题。随着信息技术的普及和城市化进程的推进,传统乡村的生活方式、价值观念和文化传统都面临巨大的压力。如何在追求现代化、提高生活质量的过程中,保留

和发扬乡村的传统文化，已经成为一个亟待解决的问题。对于甸尾村而言，它所拥有的丰富的历史文化资源，如杰出的历史文化名人、古老的建筑和丰富的民俗文化，既是文化资产，又是其转型中的一大优势。甸尾村的转型挑战并不是孤立存在的，而是众多传统农村在追求现代化进程中普遍面临问题的具体反映。

甸尾村中经济与生态之间的挑战显然在于如何在保护生态的前提下有效发展经济。经济发展和生态保护有时是对立的，在当今的可持续发展理念下，两者之间的关系更加微妙与复杂。甸尾村的水源保护区和数万株水杉为该村带来了较好的生态环境，这也为乡村旅游创造了得天独厚的条件。生态的价值不仅仅体现在其本身，还在于其为人类和地球提供的服务。甸尾村的水源保护区和大量的水杉林为该村带来了优越的生态环境，这种环境对于维持地区的气候稳定、提供清洁饮用水、吸收碳排放等具有不可替代的作用。因此，生态的保护实际上是在为甸尾村的长期经济发展提供稳固的基础。然而，生态的价值常常难以量化，而经济的回报则更为直观和迅速。2019 年，万株红水杉由于短视频的传播，吸引了不少游客前来，并成为"网红打卡地"，但省内外游客前来打卡的人数众多，对环境造成了污染。基于环境保护，政府不允许村内继续开发旅游业，封锁了许多通往"网红打卡地"的道路。目前，村内虽拥有得天独厚的旅游资源，但无法通过发展旅游业带动经济。乡村旅游是一种典型的短期经济回报方式，为甸尾村带来了即时的经济利益。这种经济模式能够迅速改善村民的生活条件，提供就业机会，带动相关产业的发展。与此同时，过度的旅游活动可能会对甸尾村的生态环境造成不可逆的损害。由于生态保护的需求和乡村旅游的发展之间存在冲突，村里面临一个两难的选择：一方面，保护生态是长远之计，可以为村民留下绿色的家园；另一方面，乡村旅游是当前经济发展的重要途径，可以为村民带来即时的经济利益。政府为了生态保护而对旅游业的限制，使村民对生态保护感到不满，认为政府过于重视生态，忽略了经济发展，这也加剧了经济与生态之间的矛盾。

再论甸尾村中传统与现代之间的关系问题，甸尾村的历史文化资源不仅仅代表了一个村落的历史记忆，更是整个民族、国家乃至人类历史进程中的一部分。其中的历史文化名人、古建筑和民俗文化都蕴含着丰富的社会、经济、艺术和人文信息。这些资源的正确利用和传承对于村落的长远发展具有不可估量的价值。然而，在现代化的进程中，如何确保这些历史文化资源得到恰当的保护与利用，是一个充满挑战的事情。由于专业的文化资源管理和规划人员的缺乏，甸尾村的历史文化资源可能面临被忽视、误用甚至毁损的风险。与此同时，甸尾村在公共文化服务方面也存在问题，客堂、宣传栏和舞台等公共文化设施已经陈旧，无法满足现代化的文化需求，这也加剧了传统与现代之间的冲突。

基于这些挑战，甸尾村面临的转型问题是集体经济发展缓慢、人口外流严重、文化和旅游资源未充分利用。其中，集体经济的发展缓慢是由于村集体组织尚未找到适合本村集体经营的优势产业。而人口外流严重，是由于甸尾村的土地资源有限，产业结构单一。由于退耕还林等政策的实施，甸尾村人多地少，村里有 257 户农民因征地而失去全部土地，已经无地可种，不少村民也从农业户口转变为非农业户口。同时村里的主要产业为农业，以土地种植为主，第二、第三产业发展缓慢，无法容纳村民在村就业，多数劳动力只能外出务工，村里有 45% 的人外出打工，人口流动大。人口的外流对村里产业和集体经济发展也造成一定影响，村里包括村组长在内的主要干部、工作人员，无论是年龄还是学历对于推动乡村振兴都是不够的。产业惠民效果不佳是由于村里产业结构较为单一，第二、第三产业发展势能较差，第一产业虽有种植业作为主导产业，但竞争力不够、知名度不大，对农业农村发展的支撑作用不够。同时第一产业由外来企业主导，能够吸纳的村民就业人数有限。目前，甸尾村以农业为主，第二、第三产业规模较小，且发展缓慢。其中，甸尾村的农业以种植业为主。虽然甸尾村种植业发展较为不错，引进了芸岭鲜生、中如农业科技有限公司等有机蔬菜种植企业 2 家，流转土地 1158.7 亩，吸纳村内 120 名 45~65 岁的富余劳动力务工，其月工资均在 3000 元以上，但村里户籍人口有 2760 人，两家公司合计只吸纳了村里全部人口的 4% 在村就业，虽带动了部分村民的就业,提高了村民的收入水平,但远不能满足村里需要就业的劳动人口数。同时,现阶段的甸尾村第一产业存在较大的发展空间和较多的不足,主要有以下四点:种植的农产品不够标准化,尚未获得绿色食品、有机农产品等的相关认证;知名度不够,尚未形成具有影响力的品牌农业;农产品未形成集生产、加工、销售于一体的产业链;村民自己生产的农产品缺乏销售渠道。而上述这些因素也导致部分村民无法在村里生存,不得不外出务工。

## 四 甸尾村振兴策略:党建引领下生态与经济、文化与资源的深度整合

在对甸尾村的乡村振兴实践和面临的转型挑战进行深入分析后,我们可以看到一个传统村落在追求现代化、经济增长与维护本土文化、生态价值之间的复杂博弈。这样的博弈并不是孤立的,它既受到了甸尾村特有的地理、历史和文化背景的影响,又是全国众多乡村在转型时期普遍面临的问题的缩影。如何在保持甸尾村的独特性的同时,引导其走向一个可持续、有活力、富有创意的未来,成为我们思考的核心。为此,结合分析得出的结论,我们提出以下的建议和展望。

党组织在村级管理与决策中具有核心的领导作用,甸尾村应进一步重视并发挥党组织的领导核心作用,其中,提高党员的政策理解能力和执行力显得尤为重要。这需要通过系统的培训和教育,确保党员掌握先进的农村经济管理知识,成为集体经济创新的引领者和实践者。除了加强对党员的培训外,村级党组织还应促进党群关系的和谐,鼓励广大村民积极参与乡村振兴的各个环节,确保乡村振兴的策划与决策具有广泛的民意基础。这不仅可以提高策略的针对性和实施的有效性,而且有助于增强村民的归属感和满足感,形成一个积极参与、共同建设的良好氛围。此外,党建与经济创新应当紧密结合,以确保经济创新的方向与乡村振兴的总体策略相一致。这需要党组织定期组织经济工作会议,研究和解决在集体经济发展中遇到的实际问题,同时也要引导村民探索新的经济发展模式,打破传统

思维的束缚，真正实现集体经济的创新和发展。

甸尾村的独特生态环境是其价值所在，但在追求经济效益的过程中，如何确保这一生态的稳固与长远成为一个不容忽视的议题。因此，强调生态与经济的平衡、并行发展，已经成为甸尾村未来发展的首要任务。首先，乡村旅游的开发应基于对生态环境的尊重和保护。这要求甸尾村制定具有前瞻性的生态保护政策，并制定一套切实可行的措施。这些措施应涵盖从旅游规划、建设到运营的各个环节，确保每一个步骤都与生态环境的长远健康相适应。其次，甸尾村可以尝试推进生态旅游的模式。与传统旅游相比，生态旅游更注重对自然和文化的保护和尊重，强调可持续性。甸尾村可以通过组织游客参与植树、环境清理等公益活动，使他们从被动的旅游者转变为生态保护的积极参与者。这不仅能增强游客的环保意识，而且能为甸尾村带来更加可持续的经济收益。此外，为了加强游客对生态价值的认知，甸尾村还可以设计一系列生态教育项目，例如生态导览、环保讲座、亲子环保体验营等。这些项目旨在帮助游客深入理解生态旅游背后的意义，使他们在享受旅游服务的同时，也能为甸尾村的生态环境做出贡献。总之，通过上述措施，甸尾村不仅可以确保其生态环境得到良好的保护，而且可以在经济发展中获得更高的附加值，为村民带来更多的经济收益。

如何对其丰富的历史文化资源进行有效的整合和利用，将其转化为现实的经济和社会价值，是甸尾村面临的一个核心挑战。首先，对于历史文化资源，甸尾村应引入相关领域的专家和学者，进行深入的考察和研究，确保对其真实性和价值性进行准确评估。这不仅可以为后续的文化资源开发和整合提供科学依据，而且可以为甸尾村的历史文化资源保护提供专业的建议和指导。其次，基于对历史文化资源的研究，甸尾村可以尝试开展特色文化旅游项目。例如，甸尾村可以设计一系列历史文化主题旅游线路，结合甸尾村的历史人物、古建筑和民俗文化，为游客提供一个深入了解甸尾村历史文化的机会。最后，针对甸尾村在公共文化服务方面存在的问题，甸尾村应加大投入，更新和完善相关设施。例如，甸尾村可以考虑建设一座现代化的乡村图书馆或文化中心，为村民提供丰富的阅读和学习资源，同时也可以作为文化交流的平台，吸引外来游客和学者进行参观和交流。此外，为了更好地传承和保护甸尾村的历史文化资源，甸尾村可以考虑与当地的学校和教育机构合作，开展一系列文化教育项目，例如历史文化讲座、手工艺体验课程等，让更多的年轻人了解和保护甸尾村的历史文化遗产。总之，通过上述措施，甸尾村不仅可以为村民提供更加丰富和多样的文化服务，而且可以将其独特的历史文化资源转化为实际的经济和社会价值，为乡村振兴提供有力的支撑。

## 第四节　松华街道团结社区乡村振兴调研报告

### 一　团结社区基本村情

团结社区位于盘龙区中部，松华街道办事处东部，东接小河村，西邻大哨村，南邻松华坝水库，北与迤者社区相望；距松华街道办事处所在地约 15 千米，距盘龙区政府约 17 千米，属昆明市松华坝水资源重点保护区三级水源保护区范围。2021 年，盘龙区交通运输局对团结小组 1.7 千米的进村道路（社区居委会所在地和下辖 7 个居民小组群众出行的交通主干线）进行了全线修复，重新铺设了沥青路面，并在危险路段安装防护栏，使社区群众出行的交通安全隐患得到了根治，村容村貌也得到了全面提升。① 截至 2022 年底，团结社区的户籍人口共 583 户 1678 人；共有少数民族 36 人，均为苗族；外来居住超过半年的共 20 人，均来自本省。2022 年底，社区新型农村社会养老保险的参保率为 70%，社区新型农村合作医疗的参保率为 100%；所有医疗点一共有 3 名医疗卫生人员。

团结社区是一个农业社区，土地面积为 28312 亩，其中耕地 4320 亩、林地 23140 亩、园地 837 亩、养殖水面 15 亩。基本农田 4320 亩。团结社区

---

① 《匠人大代表说变化——人大代表说变化——徐才林："山清水秀生活好，父老乡亲笑嘻嘻"》，https://mp.weixin.qq.com/s?__biz = MjM5Njk3MzM2MA__&mid = 2652503676&idx = 8&sn = 7a46a08062502d812d1d9171aedd38c8&chksm = bd0c40238a7bc9359c468485ecf6d773a156d4be9e5b167fd6bf03946518cf7cd8b42fd5ad7b&scene = 27，最后访问日期：2024 年 3 月 18 日。

在地理上属于山区,一共有 7 个自然村,7 个村民小组,分别为团结、对面坡、磨刀箐、雷打石、獭猫箐、平地、段家。团结社区主要依靠蔬菜种植,主要作物有白菜、马铃薯、花菜、小瓜等,农作物主要种植玉米、小麦,村民年均收入较低。[①] 团结社区共有 583 户从事农业种植,无从事养殖业、农产品加工业、乡村休闲旅游业、乡村新型服务业的农户。截至 2022 年底,团结社区共有 1 个农业合作社——团结社区农业合作社,无家庭农场和企业。截至 2022 年底,村庄总收入为 111 万元,其中集体经济收益 20 万元,实际到账的各级各类补助/帮扶资金 91 万元,无负债。2022 年,团结社区总支出是 2.5 万元,其中村民福利支出 0.5 万元;社区的年人均纯收入为7800 元。

团结社区目前共有党员 67 人,2022 年没有配备专职的党务工作者。在 67 名党员中,无少数民族党员,高中及以上文化程度的党员有 34 人;2022 年共有 2 万元专门用于基层党建。团结社区居委会最近一次村委会选举在 2021 年,有选举权的村民参加投票的比例为 74%,共有 8 人当选村"两委"成员;2022 年,有 1 名临时聘用人员(不包括志愿者)。2022 年,团结社区有上级部门派来的帮助乡村振兴的干部 3 名。

在团结社区,没有独特的地方民俗节日,没有信仰宗教和民间信仰的居民,没有配备学校。截至 2022 年底,团结社区共有 51～100 名大学生。在团结社区 7 个居民小组中,只有 4 个小组有现成公共文化活动场所,其中团结小组公共文化活动场所约 400 平方米。社区现有农家书屋 1 个,面积为40 平方米,藏书 1800 册。社区只有 1 支文艺队,即团结小组文艺队,规模约为 15 人,平常表演唱花灯(以老年人为主,缺少传承人)、琵琶、唢呐、二胡、跳舞等节目。团结、对面坡、磨刀箐 3 个小组有客堂,这 3 个小组的客堂就是公共文化活动场所,且只有场地,没有相关设备,如桌椅板凳等。雷打石、獭猫箐、平地、段家 4 个小组无客堂,一是因为村里现在没有相关建设资金,二是因为獭猫箐、平地、段家 3 个小组没有可协调的场地进行建

---

① 《盘龙区松华街道团结社区乡村文化振兴实施方案》,2021 年。

设。民族以汉族为主，有部分少数民族（苗族）。

## 二 "一二一"与网格化：农村社区治理的创新模式

盘龙区松华街道团结社区结合松华坝水源保护区生产生活实际，积极发挥社区党组织在社会治理中的领导核心作用，探索农村社区治理新方法，营造社区共建共治共享新格局。

第一个"一"是指围绕一个工作核心，全面夯实群众基础。社区党总支统筹将"两委"、监委、居民小组、小组党支部、居民（党员）代表纳入团结社区"五级治理"的工作模式中，将每一个居民、每一户农户都划入相应的居民（党员）代表管理范围，居民（党员）代表负责了解掌握联系户的基本情况，走访入户协调处理不稳定因素，宣传党和国家的方针政策、法律法规，维护社会治安。居民小组长和党支部书记定期组织召开居民（党员）代表会议，及时听取社情民意，做好信息收集整理、应急处置等工作，并及时把处理情况上报社区党总支。社区"两委"及监委组织召开居民小组长和党支部书记会议，了解工作动态，按规定开展民主管理、村务公开。通过党员、居民代表、党支部书记、居民小组长和社区"两委"、监委的相互协调配合，准确把握社区发展情况，落实党和国家的方针政策，完成上级下达的任务指标，共同促进社区的全面发展及和谐稳定。

"二"是指依托二个模式，搭建为民服务平台。社区党总支推行"主题党日＋"模式，以"5＋X"为基准，结合实际开展"保护水源区志愿者在行动""清明文明祭扫""劳动最光荣""庆祝建党97周年"等主题党日活动，通过开展"主题党日＋学习培训""主题党日＋志愿服务""主题党日＋环境整治"等活动，引导社区党员学理论、做实事、讲奉献。推行"1名社区干部联系10名党员、1名党员联系10户群众，10户群众中至少包含1户困难群众"的党员干部联系群众"1＋10＋1"模式，使群众对社区工作有更多了解，社区及时掌握群众反映的问题，也便于群众监督党员，架起了党和群众的连心桥。活动开展以来，先后服务群众200余人次，并为社区的困难群众安排党员进行长期联系帮扶。

最后一个" "是指推行一个工作法，党员联系服务群众。社区党总支组织社区工作的党员结合"四访四问"工作和"三亮一树"活动，在社区工作中广泛推行"党员走进群众，零距离对话；党员走进服务对象，零距离办公；党员走进困难户，零距离排忧"的"零距离工作法"，时刻关注困难群众的生活变化、务实关心帮助他们解决实际困难，实现社区发展有人负责、社区群众有人关爱、社区困难有人解决。2023 年以来，社区党总支累计走访慰问党员 23 次，在春节和"七一"建党节开展集中慰问困难党员、群众 2 场，"零距离"为辖区居民服务 30 余次，帮助困难群众解决实际问题 26 个。

在现代社会治理中，网格化治理逐渐成为一种有效的微观管理模式。盘龙区松华街道团结社区的实践进一步证明了这种模式在农村社区治理中的应用价值。网格化治理最早起源于城市管理中的"网格化管理"，它将一个地区划分为若干个小网格，每个网格均有专人负责，确保信息流畅、任务明确、问题及时处置。这种管理模式的核心思想是，细化管理范围，将大的管理单元细分为小的管理单元，实现"小而美"的管理效果。在团结社区的实践中，该模式被进一步扩展和深化。首先，团结社区的四级网格员制度确保了网格化治理的层层递进与细化。从发现问题到解决问题，每一个环节都有明确的责任人。例如，当四级网格员在巡查中发现团结社区内道路存在乱堆乱放现象并劝说无果后，问题可以迅速上报到三级网格员处理。这种从微观到宏观的层级递进机制，确保问题可以在最短的时间内得到合理的分配和解决。其次，松华街道的"社区吹哨、街道报到"机制为网格化治理提供了政策支撑。该机制不仅加强了各级网格之间的沟通，更形成了社区与街道乃至整个盘龙之间的紧密联系。通过此机制，社区的问题得到了更高层次的关注和支持，进一步确保了社区问题的及时解决。然而，虽然网格化治理为团结社区带来了诸多益处，但在实际操作中也存在一些局限。如何确保每个网格的管理者都充分发挥其职能，避免出现"空网"或"失效网"现象，是网格化治理需要深入研究的问题。同时，如何更好地将这一模式与传统的农村社区治理方式相结合，形成一种融合现代化管理和乡土文化的新模式，也是值得进一步探讨的方向。总体而言，团结社区的网格化治理实践为农村社区治理提供了有益的借鉴。它既展示了网格化治理的实用价值，又提出了新的研究和思考方向。

### 三 资源配置与文化传承的双重挑战

在盘龙区松华街道团结社区的乡村振兴中，资源的问题显得尤为关键。首先，从产业资源方面考虑，社区的交通等基础设施都还十分不完善，社区居委会到各村小组的道路等级低、路宽窄、错车难。座谈会中村民反映，现有社区实际道路宽度与设计路宽不符，且大部分村小组至种植地的道路均未修建（机耕路也未修建），农户务农时间成本较高。由于社区农作物产品数量有限，所以均为各户自行售卖，农户使用面包车运输农产品常被当地交通警察查处，造成损失。这限制了农产品的流通和销售，增加了农户的生产成本，使当地农业的经济效益受损。

其次，尽管社区所处的地理位置拥有丰富的水源及保护区资源，但乡村现有的水源基础设施跟不上社区实际需求，水源点散，近水源点的村小组比远离水源点的小组发展好，每年旱季需要社区送水至用水困难小组。另外，关于如何在水源保护区内进行合理的产业发展，尽管水源保护区相关政策已经出台，但是社区居委会对乡村振兴哪些项目属于限制性的、哪些属于鼓励性的仍然不甚明了，政策导向仍然模糊，导致当地居民对于发展方向感到迷茫，且经常面临政策和法规的约束，以至于所推进的工作直至相关执法部门或职能部门予以叫停才知晓。在访谈中有村民说："我们认为现在就是不知道发展什么，发展方向不明确。只告诉我们不能干什么，没说我们可以干什么。到底我们可以种什么，或者是弄其他什么东西，政府也应该规定好，不然我们现在什么也干不了。"（访谈20230201TJSQ）由于处于松华坝水库三级水源保护区范围，团结社区工业、服务业发展受到限制，农业种植也受到一定的约束，不利于当地的发展，明确保护区在乡村振兴中能做什么、不能做什么，对于调动街道办事处和社区"二委"的积极性具有重要作用。

再次，社区的教育资源明显不足，团结社区没有幼儿园、小学及初高中，家中适龄子女需要到外地上学，最近的原小河乡小学距本村七八千米，且教育质量差。因此，一些村民选择将自己的子女送至昆明市区上学，但受限于户口，在涉及教育支出或其他惠民政策时，常出现"两个标准"的现象，在村民与居民身份认定上不明确（访谈20230201TJSQ）。现有教育资源无法满足当地村民对于教育的需求，进而导致一系列的户口和身份认定问题。

又次，在公共文化资源方面，团结社区在公共文化设施投入和文化活动上均表现得不够积极，致使村民对乡村文化振兴的认知仍旧停留在基本的物质需求上。具体而言，公共文化基础设施建设投入不足，一方面，公共文化服务内容陈旧，举办的文化活动较少，村民对于公共文化基础设施不了解，其对村民吸引力低。基层文化工作繁杂、收入低，严重降低了"两委"成员和各居民小组长对于乡村文化工作的积极性。另一方面，大部分居民仍局限于传统农业种植，认为乡村文化振兴仍是解决农村地区房屋破旧、村容不整、人们收入低等问题，[①] 因此社区文艺队少、文艺活动少、村民参加活动积极性低等问题普遍存在。

最后，虽然社区具有丰富的历史和传统文化资源，包括苗族文化和"一颗印"建筑等，但目前对这些资源的挖掘和利用都还不够。社区有2个小组有苗族，磨刀箐小组有7户苗族（总户数90多户），平地小组有10多户苗族（总户数40多户），虽苗族占比不算高，但团结社区是典型的苗汉聚居村落。另外，社区原来有花灯剧传唱，但因为年轻人不喜欢，缺少传承人，且缺乏剧本创作支持等，花灯剧正面临失传危险。团结社区团结小组现有20世纪五六十年代建成的"一颗印"建筑七八座，保存较为完整，夯土结构，圆拱门。这些建筑承载着传统文化的精华，是乡村历史、文化、自然遗产的"活化石"和"博物馆"，是留住乡愁的重要载体，但发掘力度不够，没有得到有效的发展。[②]

---

① 《盘龙区松华街道团结社区乡村文化振兴实施方案》，2021年。
② 《盘龙区松华街道团结社区乡村文化振兴实施方案》，2021年。

## 四　资源融合、政策明晰与文化传承：团结 社区乡村振兴的三大策略

随着我国乡村振兴战略的深入推进，各地农村社区都在寻找适合自身的发展模式与路径。团结社区是一个具有典型性的案例，不仅仅紧跟时代步伐，还在农村社区治理上积累了宝贵的经验。它成功实施了"一二一"与网格化的创新模式，不仅提高了村务管理的效率，还增强了社区的凝聚力和归属感，使居民更积极地参与到社区建设中来。然而，成功的背后往往伴随着挑战。团结社区在推进乡村振兴的过程中，也遭遇了一系列问题。资源配置上的困难，如交通不便、水源供应不足等，都限制了社区的进一步发展。而在文化传承方面，由于历史和传统文化的挖掘、保护与利用不够，一些宝贵的文化资源逐渐淡化或即将失传。这不仅仅是团结社区所面临的挑战，还是许多农村社区在乡村振兴过程中普遍存在的问题。如何在维护传统与推动现代化之间寻找到一个平衡点，如何更高效地配置资源，如何更好地挖掘和传承文化，都是团结社区乃至其他农村社区在未来需要面对和思考的问题。基于团结社区的经验和面临的挑战，提出以下的建议和展望，旨在为团结社区以及其他类似社区提供深入的启示和指导。

团结社区所处的位置和其独特的文化背景赋予了它一定的资源，但资源的有限性、分散性常常导致乡村社区在发展过程中面临瓶颈。因此，强调资源整合并不仅仅是提高资源利用率的问题，更是一个关乎乡村可持续发展的大问题。团结社区可以进一步探索与邻近乡村之间的合作模式，特别是在交通和水源等关键领域。这样不仅可以解决单一村落由于资源分散产生的浪费问题，而且可以通过资源共享，促进区域性的经济和社会发展。考虑到基础设施建设的资金和技术需求，引入公私合作伙伴关系（PPP 模式）或与政府相关部门合作会是一个非常明智的选择。这种合作可以带来更多的资金和技术支持，加快基础设施如道路等的建设速度，为乡村社区带来长期的利益。另外，教育不仅仅是知识和技能的传递，更是文化传承的重要方式。团结社区拥有丰富的文化传统，如何在现代教育中融入这些

传统，将是一个值得探索的话题。积极争取政府和社会各界的支持，使其投资教育基础设施的建设，如建立学前教育机构、更新教学设备等，都是迫切需要的。同时，社区还应注重提高教育质量，邀请有经验的教育专家为社区孩子提供培训和指导，确保每一个孩子在团结社区接受高质量的教育。通过上述的综合资源整合和教育深度挖掘，团结社区将有机会打破传统的发展模式，实现真正的可持续发展。

另外，明确的政策导向往往起到关键的作用，特别是在资源敏感地区，如水源区，明确的政策对于避免潜在的资源冲突、实现可持续利用和保障生态安全具有决定性的意义。团结社区位于水源敏感地带，与此相关的政策应当被高度重视。首先，明确的政策导向能够保证社区居委会在水资源管理和利用方面采取科学、高效的措施，使社区能够依据最佳实践和最新研究，规划和执行项目。这不仅提高了资源利用的效率，还有助于社区在环境保护和资源可持续性方面取得显著成就。其次，明确的政策导向不仅可以为社区居委会提供清晰的行动指南，而且可以加强其与相关政府部门的合作。通过与相关部门紧密沟通，团结社区可以主动参与政策的制定与完善，确保政策更加符合地方的实际情况和需要。最后，明确的政策导向还有助于吸引外部投资和合作。当外部机构、企业或个人了解到团结社区在水资源利用上有明确的政策支持时，他们更有可能进行投资或与社区进行合作。综上，为了确保团结社区在乡村振兴进程中有效、合理地利用水资源，与相关部门紧密沟通与合作，明确政策导向成为一项迫切且必要的任务。

文化传承不仅仅是对传统的保护和纪念，更是一种生态的建构和经济增长的新引擎。团结社区拥有丰富的文化遗产，如花灯剧和"一颗印"建筑，这些独特的文化元素在当前的时代背景下，已不仅仅是社区居民情感的寄托，也是其发展潜力的体现。首先，我们应当重视对花灯剧的系统性保护与挖掘。这不仅包括文献资料的收集与整理，而且涉及对老艺人的访谈、技艺的传承以及现场表演的记录。同时，为了确保花灯剧继续在新时代焕发生命力，需要与当代文化和艺术形式进行融合创新，让其更具吸引力。其次，"一颗印"建筑，则是团结社区独有的文化标志。这种建筑不仅仅在形式上体现了当地的建筑智慧，更在内容上积淀了社区的历史和文化记忆。对于这种建筑的保护，不仅要防止外部的损害，而且要避免时间的流逝而导致的自然衰败。此外，为了让更多的人了解和欣赏"一颗印"建筑，社区可以考虑设置解说点、出版图书或制作纪录片，与更广泛的受众分享其魅力。文化资源的真正价值在于它能够为社区带来实际效益。通过合理的开发与利用，团结社区完全可以利用花灯剧和"一颗印"建筑，发展以文化为主题的乡村旅游，吸引外地游客，实现文化与经济的双重效益。这不仅仅能为社区带来经济增长，更能为当地居民带来就业机会和生活品质的提升。综上所述，团结社区在追求乡村振兴的道路上，必须充分利用其独特的文化资源，并结合现代的发展思路，走出一条文化与经济并重的发展道路。

## 第五节　阿子营街道铁冲村乡村振兴调研报告

### 一　铁冲村的基本情况

铁冲村隶属昆明市盘龙区阿子营街道，位于昆明市松华坝上游，是昆明市饮用水的主要源头之一，全村大部分地区属于饮用水源保护区，境内水资源丰富，区域内主要河流有牧羊河、铁冲小河，牧羊河境内段河长2千米。① 村内有水库、坝塘8座，其中小型水库3座，坝塘5座，总库容为40万立方米。辖区内主要干道分别是7204公路、大木桥至苦岔村小组水泥道路一条，小牧场至铁下、铁上水泥道路一条，水泥道路贯穿各个村小组，交通较为便利。铁冲村被评为国家级清洁小流域治理示范点、云南省森林乡村、昆明市改善农村人居环境示范村及昆明市的都市驱动型乡村振兴美丽宜居示范村市级精品村。

全村面积为19.19平方千米，林地面积为21290.21亩，耕地面积为

---

① 《盘龙区阿子营街道铁冲村委会乡村文化振兴实施规划（2021—2025年）》。

2999 亩，农改林面积为 2992.37 亩，其中国家级退耕还林面积（沙沟、牧羊口）为 365 亩，市级退耕还林面积（海丹）为 186 亩，森林覆盖率为 77.08% 以上，铁冲地面种植有桃树、蓝莓、球花石楠等品种，该地块水、电、路基本达到三通，有坡地、平地、坡改梯等土地，土地类型多样，符合水源区土地现状。① 村内沿河建设生物缓冲带 76 亩、种植乔木 18000 余棵，建成湿地 339 亩。其中，300 多亩的湿地中有柳树、芦苇、狐尾藻、香蒲、满江红等植物。②

阿子营街道铁冲村委会下辖沙沟、牧羊口、铁下、火烧营等 9 个村民小组，全村户籍总人口 2873 人，常住人口 2839 人，农业人口 2873 人，其中汉族村民居多。③ 铁冲村设党委 1 个，党委委员 5 人，平均年龄为 48 岁。下设党支部 9 个，党员共 104 人，其中男性 74 人，女性 30 人；35 岁以下 23 人，60 岁以上 34 人。村"两委"班子成员共计 7 人，其中男性 5 人、女性 2 人；年龄最大的 54 岁，最小的 26 岁。村务监督委员会设成员 3 人，其中主任由村党委委员、纪委书记兼任。村级集体经济组织 1 个，管理层 5 人，其中负责人由党委书记兼任，组级集体经济组织 9 个，村级集体经济组织 1 个，有农村专业合作社 1 个，为诚启蔬菜种植合作社。④

铁冲村公共文化设施以综合服务中心为主，2011 年新建铁冲村村级文化活动室 550 平方米，农家书屋、电子阅览室、文化小广场等正常投入使用，农村图书馆公共服务藏书基本能满足农村群众看书需求，文艺队伍 5 支共 54 人，辖区内有七彩乐迪幼儿园 1 所、铁冲小学 1 所、卫生室 1 个，共有公益事业园 8 座。⑤

## 二 小流域综合整理的"铁冲"模式

近年来，以水源保护为核心，以恢复河道天然景观和人居环境综合整

---

① 《阿子营街道铁冲村重点项目简介》。
② 《盘龙区阿子营街道铁冲村委会乡村文化振兴实施规划（2021—2025 年）》。
③ 《盘龙区阿子营街道铁冲村委会乡村文化振兴实施规划（2021—2025 年）》。
④ 《盘龙区阿子营街道铁冲村组织振兴工作方案》。
⑤ 《盘龙区阿子营街道铁冲村委会乡村文化振兴实施规划（2021—2025 年）》。

治为重点，控制水土流失，构筑"生态修复、生态治理、生态保护"三道防线，实现源头防护的治理思路，政府对铁冲小流域实施了生态清洁小流域综合治理。如今的铁冲村，已实施坡地、耕地改造780亩，封禁治理土地1404亩，以砌石、生态木桩护堤、清淤及绿化河道3.6千米，种植大面积柳树、白杨、杉树、松树、雪松等林木，建成湿地339亩，村间绿化32亩，污水处理站3座，截污管道21千米，实施村庄环境美化、道路硬化、村间绿化、路灯亮化、墙体美化等，大幅度改善了人居环境。①

铁冲生态清洁小流域治理，包括水土流失治理、生态修复、河道综合整治、人居环境综合整治、生态农业建设、面源污染治理、水土流失和水环境检测7项内容。在"山、水、林、田、路统一规划，拦、蓄、灌、排、节综合治理"的基础上，铁冲村开展水土流失治理、生态修复、水系整治和人居环境改善等工作，提高了流域内的林草覆盖率，水土保持能力大幅度提高。同时，铁冲村加快农村环卫设施建设，加快农村无害化卫生厕所建设、新型能源推广、农村畜禽粪便资源化利用、农作物秸秆综合利用、农膜回收，以及生活污水和生活垃圾处理设施建设，村庄垃圾、污水得到有效治理。此外，铁冲村实施改路、改房、改水、改电、改圈、改厕、改灶和清洁水源、清洁田园、清洁家园"七改三清"，进一步改善了村容村貌，提高了流域生态质量和环境品位。

为了能让昆明市民喝上安全、清洁、优质的饮用水，2010年，盘龙区启动铁冲生态清洁小流域治理工程，转变传统的水土保持思路，多措并举筑牢三道防线，逐步实现"河畅水清、岸绿景美、人水和谐"的目标。第一道防线为"生态修复"，通过实施封禁治理1404亩，恢复生态植被，流域内的林草和森林覆盖率达77%。第二道防线为"生态治理"，发展节水灌溉，营造水土保持林；农村污水和垃圾集中处理，达标排放；调整农业种植结构，减少化肥和农药的施用量。第三道防线为"生态保护"，通过建设

---

① 《以生态宜居引领乡村振兴 盘龙区铁冲村破译"生态水密码"连通"绿色致富路"》，https://www.kunming.cn/news/c/2022 – 04 – 12/13530893.shtml，最后访问日期：2024年1月20日。

林草生物缓冲带,发挥植物的水质净化功能,维系河道及湖库周边的生态系统。如今全村的道路实现了硬化,生活垃圾、生活污水等方面有相应的处理设施,共建设垃圾收集房 18 座、小型污水处理站 3 个,生活污水除污截流工程完成。①

## 三 生态保护下的产业发展的经验与难题

铁冲村产业以鲜食玉米、蔬菜等粮食作物以及烤烟为主,村民年均收入 1.6 万元,无工业,无规模化养殖。② 规模化栽培示范与推广云南白灵芝种植,带动了周边 30 多户农户参与项目生产。同时,铁冲村将村内约 100 亩闲置土地进行整理,引进龙头企业、种植大户种植有机蔬菜,联合省级贫困村果东村共同开发,形成"村企共建、村村互助"模式,实现村企之间、村村之间组织上联合、发展上联动、利益上共享。在项目实施过程中,铁冲村采用封闭循环水系统,减少面源污染,实现了水源保护与经济发展的共赢。

通过产业的结构调整进一步带动农民增收,村民通过培训后到种植基地上岗,在增加了当地村民的收入的同时,这片"好山好水"种出的有机蔬菜也得以走进千家万户。铁冲村地处水源保护区,通过传统种养殖业等谋求发展的途径并不可行,对此,铁冲村"两委"通过引进企业投资,发展有机农业,推动传统农业向现代有机农业转变,在保护好水源的同时,也增加了群众的经济收入。

此外,铁冲村充分利用村集体闲置土地,大力发展优势特色农业产业,围绕环水有机种植技术,发展出了有机蔬菜、食用菌、白灵芝种植等几大特色产业,引进芸岭鲜生等知名企业,在一定程度上解决了百姓的就业问题,增加了农民收入,进而提升了村党组织服务能力,促进了基层党组织带领群众增收致富。截至 2022 年,铁冲村现有有机蔬菜种植大棚 200 余亩、

---

① 《盘龙区阿子营街道铁冲村委会乡村文化振兴实施规划 (2021—2025 年)》。
② 《盘龙区阿子营街道铁冲村委会乡村文化振兴实施规划 (2021—2025 年)》。

食用菌种植大棚 70 余亩、白灵芝种植基地 50 亩，日均提供岗位 80 余个，有效缓解了农村劳动力剩余问题。同时企业租用村集体土地，需付给村集体租金，租金又用于壮大村集体经济项目建设，形成了一套良性循环体系，村集体收入也逐年增加。

但是在生态保护背景下，铁冲村产业发展也面临一些难题和挑战。一是可发展的绿色规模化产业较少。受当地水源区保护以及土地情况的限制，铁冲村可种植作物的种类有限，而且除种植作物以外，畜牧业等产业无法开展。二是由于水源区保护，原有的当地品牌产业被禁止，例如百合花本是当地品牌，阿子营街道也曾经是著名的"百合之乡"，每天几十万株百合花供给世界各地，但是因水源区保护需要而被禁止种植。三是种植产品常变，例如苹果引进受到非磷化种植以及"农改林"政策的影响。"农改林"政策致使种植面积减少，非磷化种植方式在一定程度上减少了对环境的污染和对生态系统的破坏，但作物的产量和品牌影响力受到了影响。四是目前村民通过种植获得的收入较少，主要体现在蔬菜种植带来的收入不稳定，尤其受疫情的影响较大。五是自然灾害防治难，例如大面积种植的烤烟受到冰雹等自然灾害时，若保险制度不完善则需村民自行承担损失，风险性大。

## 四　水源区生产生活政策帮扶的执行难题

为健全完善生态保护补偿机制，加快松华坝水源区产业结构调整、农业产业绿色发展及农业基础设施建设，使松华坝水源区群众的生产生活得到有效保障，昆明市和盘龙区通过市级定额补助、以投代补等方式出台了一系列政策，但政策执行仍然面临许多难题。比如，针对移民搬迁的稳岗补贴本意是保障职工的权益，即对于集中搬迁户在昆明市区或是出省的外出务工，满足稳岗工作 3 个月以上且有劳动合同即可申请相关专项经费，但是执行时只提供 30% 左右的补贴，且区乡村振兴局在加强执行时亦出现矛盾，例如有职员频繁更换单位及地点的现象较为普遍，因此执行时存在条件不符等诸多问题。

有关村民了解资助政策的途径有待扩充。虽然政府出台了《盘龙区松华坝饮用水源保护区生产扶持补助办法》《盘龙区松华坝饮用水源保护区生活补助办法》《盘龙区松华坝饮用水源保护区生活补助办法"户口外迁生活补助项目"实施细则》《盘龙区松华坝水源保护区低保、殡葬、残疾人两项补贴等扶持补助实施细则》等许多政策，但是村民在面对因病致贫或教育困难等情况需要符合何种政策，可以获得何种政策帮助时，还是无所适从。这也要求政府和村"两委"需要根据本村情况拟定政策帮扶清单，真正解决村民的各类问题，提高帮扶效率。

## 第六节　阿子营街道马军村乡村振兴调研报告

### 一　马军村的基本情况

马军村隶属云南省昆明市盘龙区阿子营街道，地处山区，属昆明市松华坝饮用水水源保护区，有丰富的优质水源。马军村位于阿子营街道南面，距阿子营街道办事处所在地 7 千米，距昆明市主城区 37 千米，离昆明市嵩明县城 47 千米，东邻滇源街道苏海村，南接滇源街道迤者村，西接侯家营村，北邻者纳村。境内有嵩阿公路，无高等级公路、高速路及铁路，村里道路主要为水泥路。①

马军村地处梁王山支脉的山区和半山区地带，从南向北，海拔由马军河谷的 2060 米逐渐升高至果东老鸦山的 2643.8 米，是山地在坡、水田靠河的河谷地带。② 马军村面积为 22.64 平方千米，全村耕地面积为 9936 亩，林地面积为 18078 亩，有水库、坝塘 4 座，分别为黑泥沟塘坝、小罗锅水塘、马大冲塘坝、大石桥塘坝。全村总面积为 22.64 平方千米，无任何矿藏资源，总耕地面积为 9936 亩，是典型的山区农业村。其中，水田面积 973 亩，

---

① 《阿子营街道马军村乡村振兴规划调研报告》。
② 《昆明市"干部回乡规划乡村振兴行动"——乡村生态振兴方案》。

旱地面积 2037 亩，有林地 18078 亩。① 马军村处于河谷地区，年降雨量在 1000 毫米左右。故而在水源保护区和处于河谷地区的双重作用下，马军村的产业以无公害的种植业为主。

马军村设党委 1 个，党委委员 5 人，平均年龄为 47 岁。马军村下设党支部 11 个，党员共 126 人，其中男性 101 人，女性 25 人；35 岁以下 12 人，60 岁以上 50 人。村党委领导坚强有力，通过 2021 年村"两委"换届，选齐配强村党委班子成员 5 名，实现了年龄、学历"一降一升"。②

马军村现存不可移动文物 7 处：马军吉祥寺、仙人洞、马军张口洞、马军采石场古生物遗址、马军极乐寺、龙王庙、黑泥沟石桥功德碑。围绕这些文物，民间流传着各式各样的传说，例如，仙人洞与梁王山相通，曾经有一条狗，上午在滇源大哨梁王山坠入山洞消失，下午却在马军村附近的大石崖山上被发现，以及洞内有石碗、石筷、石田等。③

截至 2020 年，马军村下辖 8 个自然村，11 个村民小组，全村总户数为 777 户，农业人口 3135 人；18 岁以下 614 人、18~60 岁 2065 人、60 岁以上 474 人，劳动力人口占比为 65%，劳动力相对充足。马军村以汉族为主，也有苗族、彝族、哈尼族、白族、回族、傈僳族，少数民族占总人口的 9.38%，其中苗族主要分布在黑泥沟，是马军村内唯一的苗族部落。

## 二 较为薄弱的村庄集体经济

马军村虽然有一定的种植业基础，但经济总量小，难以为村集体经济创收。对于整个盘龙区而言，集体经济仍处于发展阶段，尚未有完全成熟的发展模式。许多村庄都对集体经济发展进行了探索，同时国家也颁布了一系列支持集体经济的政策，但仍存在发展规模较小、发展模式单一的情况，同质化现象、无序竞争的问题频发。马军村的产业以种植业为主，由于水源区保护条例的限制，村庄产业并不发达，集体产业发展十分薄弱。

---

① 《马军村委会产业振兴实施方案》。
② 《盘龙区阿子营街道马军村组织振兴工作方案》。
③ 《盘龙区阿子营街道马军村委会乡村文化振兴实施方案（2021—2025 年）》。

目前，马军村种植的作物有烤烟、玉米、马铃薯、大麦等，烤烟的种植面积为 2951 亩，玉米的种植面积为 1308 亩，马铃薯的种植面积为 282 亩。总体上来看，种植面积都未形成规模，加之抗风险能力较差，这也将直接影响集体经济的收入。

此外，马军村的耕地大多属于山地地区，农业机械和农业运输车辆难以到达，播种和收获的季节只能依靠农民自身的劳动力，缺少机械化的设备。再加上中国传统的小农经济观念影响，规模化的经营在马军村变得很难。目前，很多农民种植作物是为了自给自足，如此一来更难以形成规模化经营。马军村 2019 年村集体收入为 3.5 万元，2020 年村集体收入为 17.5 万元，2021 年村集体收入为 33.5 万元。集体经济薄弱的村庄发展与满足村民日益增长的物质文化需求之间还有较大差距。

## 三 人才流失和回引困难的多重困境

乡村振兴战略的不断推进需要源源不断的懂农业、爱农村的人才。一方面，由于城市巨大"虹吸效应"，马军村存在人才数量稀缺、产业和人才结构不合理、人才回引困难外流严重的问题。目前，马军村人才数量稀缺，实用人才存在老龄化、弱化和退化的"三化"现象，大批有文化、懂技术、会经营的劳动力因进城务工或经商而大量外流，人才分布不均衡。从年龄结构来看，35 岁以下的乡村实用人才 66 人，占比为 27.62%，45 岁以上的乡村实用人才 83 人，占比为 34.73%；外出务工 1707 人，占比为 65.58%；储的后备力量 322 人，占比为 12.37%。从文化程度来看，实用人才学历层次较低，大专及以上 391 人，占比为 15.02%；高中（中专、职高）782 人，占比为 30.04%；初中及以下 1430 人，占比为 54.94%。

另一方面，受水源保护区限制，村产业发展集中度不高，发展规模较小，对村集体经济及村民收入提升不大，导致高素质人才短缺，专业技术、基层管理人才质量不高，"人才饥荒"问题严重。村上只剩下老幼妇，青壮年劳动力外出打工。而很多农村实用技术人才大多数是农村种植、养殖方面的能手，文化程度不高，技术推广能力欠缺，难以起到推动乡村发展的实际作用。虽然马军村对专业人才开展了培训，但其针对性和实用性不强，不能满足当前农业发展需求。现阶段马军村开展培训种类只有 3 类（烤烟种植技术、蔬菜种植技术、西点制作技术），不足以支撑各类人才的培养，严重阻碍了马军村的发展。马军村共有农民企业家 0 人，个体工商户 20 人，规模种植户 60 人，自主创业者 15 人，创业实用人才占比较少，严重缺乏引领乡村发展的带头人。本村籍高校毕业生都把报考公务员、进入国有企事业单位或大中城市作为就业首选，青年人才流失严重。

## 四　教育对乡村振兴的赋能不足

振兴乡村教育是乡村振兴的重要方面，教育在乡村振兴中发挥着基础性的作用，有了高质量的教育就能赋能乡村振兴的肌理和实践模式，就能提出促进乡村教育振兴的政策建议。然而，改革开放以来，城乡二元结构逐渐分化，随之而来的是城市的巨大虹吸效应，许多教育高质量的人才往城市流动。从马军村"干部回乡"行动所反映的民意来看，大多数村民提到马军村的教学质量有待加强以及外出务工子女外地就学困难的问题。

马军村教育配置虽然较为完善，村域范围内有一所小学、电子阅览室和公共图书馆等，但仍存在教育质量不高、课后娱乐活动少的问题。教育质量不高体现在对人才的留不住，本村本籍的毕业生往往会选择考外地的公务员和编制，少有会留在本村任教。马军村产业单薄，经济发展速度慢，对外来人才的吸引力不够，这就导致本村教学质量不佳。目前，农村孩子的课余时间虽然多了，但回到家自己可支配的时间却少了，要帮助家里做力所能及的事情。本地学生往往存在课后、假期安全管理的问题，学生综合素质教育有待加强。对于外出务工的子女而言，在异地就学无非就两种，一是在市区的公立学校，二是在收费较高的私立学校。要想在公立学校就学，流入地的户籍是一大门槛，然而，许多务工人员只是暂时居住在流入地，并不会拥有当地的户籍，这就迫使他们不得不选择收费较高的私立学校，这无疑是笔巨大的经济开支。本村本籍的教育质量堪忧，外出务工的地方又需要付昂贵的教育费用，长此以往，势必会削弱教育对乡村振兴的赋能作用。

## 第七节 滇源街道中所村乡村振兴调研报告

### 一 中所村的基本情况

滇源街道中所村地处昆明市松华坝重点水资源保护区，属于半山区，海拔 1970 米，年平均气温为 13.5℃，年降水量为 430 毫米，辖区内植被茂密，白龙潭是松华坝水库主要水源点之 。中所村距离滇源街道办事处 8 千米，距离盘龙区 40 余千米，距离嵩明县城 21 千米；东邻老坝村，南邻甸尾村，西邻小营村，北邻南营村。中所村位于高原坝区，地势整体平坦，建设条件优，生态保护良好。中所村全村面积为 10.75 平方千米，耕地面积为 6330 亩，其中实施"农改林"耕地 2362.22 亩，林地 8539 亩。中所村土地土壤肥沃，地势平坦，土地成片。正如中所村村民所说："我们这里土地也比较好一点，比较适合种蔬菜"，"一个是水好，一个是地整片整片地，在我们这边也是最平整、最大的一片"。

截至 2022 年底，中所村共有常住人口 2582 人，其中 16 岁以下的人口为 600 人，16～59 岁的人口为 1500 人，60 岁及以上的人口为 482 人。① 中所村各村民小组主要经济来源有所不同，庄科、新发、中所村民小组土地收租后，村民主要经济来源为地租和劳务输出；皮家营村民小组以种植滇重楼、芍药、牡丹和茶花为主，各村民小组村民兼顾玉米、大麦、洋芋等。云岭鲜生流转中所村土地 1051.05 亩，主要种植和销售有机蔬菜；中所村辖区内现有农业专业合作社 2 个，主要从事符合水源区发展的中草药种植等；中所村党总支和村委会充分发挥村党组织的战斗堡垒作用，多方筹集资金，建设了中所村牡丹芍药种植示范园，种植牡丹芍药 30 余亩，带动本村群众 20 余户种植牡丹芍药。

---

① 根据"中国乡村社会大调查"盘龙区调查数据整理而成。

## 二 农业生态化转型发展"有机盒马村"模式

我国农村大部分农户仍处于零散经营状态,小部分耕地被荒废,阻碍农村土地统一集中管理以及农业集约化、规模化运作。因此,当下充分利用龙头企业的引领作用和联动效果,将农村荒地、分散农户组织起来发展并构建农业集约化、专业化、组织化、社会化农业经营体系,成为解决"三农"问题,全面推进乡村振兴的重要突破口。

2022年5月,全国最大、云南首个"盒马村"落户滇源街道中所村,并以全部实施订单农业的形式种植了4000多亩有机蔬菜,截至2023年其每亩产值达到了4万~6万元。作为"盒马村"的管理方,芸岭鲜生在中所村发展新型农业多年,开启了数字化有机蔬菜种植技术入驻农村的模式。随着新技术不断研发以及种植管理模式不断升级,芸岭鲜生在昆明松华坝基地得到了规模化发展。现"盒马村"发展规模化有机蔬菜种植比非订单农业的常规农业、管理等更科学,有机肥料和植保用品等生产性投入成本同比下降了20%左右,但产量却提升了10%~20%。"有机盒马村"现已形成完善的供应链和物流体系,为区域城乡统筹、可持续发展探索出新模式,解决了中所村面临的保护环境与发展经济之间的矛盾。滇源街道中所村"有机盒马村"的入驻,不仅创造了更多的就业机会和更高的收益,而且通过"零碳"种植技术,巩固了水源保护区的环境优势。

"有机盒马村"面积达到3000亩,已经完全实现生产、加工、物流一体化的整体业务,以订单农业的形式,将有机蔬菜进行精细包装,并大批量在全国盒马鲜生门店上架,不仅身价倍增,而且供不应求。品牌蔬菜每天供应量有100多吨,利润大且让利于农民,投产后收入每亩4万~6万元,带动了当地500~600户农户增收,个人收入从原来的1800~2000元,到现在的4000~5000元,部分能力突出、肯吃苦的农民月薪更是已突破8000元,"盒马村"的建立为农民提供了大量的就业机会,促进了当地部分年龄稍大的、干不了重活的农民,以及大部分妇女就业,每一户在岗家庭妇女年收入大约10万元。

值得借鉴的是,"盒马村"模式,可以最大限度地通过客户反馈达到精准供给与数字化生产。盒马鲜生将相关的销售大数据实时与合作社或公司等供应商共享,有助于合作社或供应商灵活调整生产和出货量,有效降低了供给和需求不匹配的风险,正如滇源街道"盒马村"负责人所说:"常常地还没耕,订单先来了。"这有效地避免了供过于求,而导致蔬菜烂在地里的情况,在一定程度上大大节约了仓储成本,降低了损耗。盒马鲜生从种植基地的物联网终端,到农产品供应链的数字化加工、分包,再到消费端的大数据营销,逐渐构建起产供销智慧衔接的新格局,并辐射到种植基地外的小农户,推动当地农户蔬菜供应的数字化进程。

## 三 "无讼村"示范点:法治赋能基层社会治理

"无讼村"示范点的创建是中国特色社会主义法治的积极创新与实践,也是多元化纠纷解决机制的重要组成部分。盘龙区人民法院与滇源街道在辖区内 18 个村委会挂牌成立诉源治理工作站,着力构建基层治理体系的新格局。2023 年 4 月,滇源街道中所村被评为"无讼村"示范点,"无讼村"示范点建设旨在进一步完善多元解纷机制,推进诉源治理,推动更多法治力量下沉乡村,实现矛盾纠纷的源头预防,就地化解,让人民群众切实感受到公平正义。

乡村治理现代化是基层治理现代化的基础和重要组成部分。新时代"枫桥经验"本质上是在法治轨道上推进基层治理体系和治理能力现代化建设的体系化基层治理方案。① 中所村成为"无讼村"示范点的建设亦是新时代"枫桥式人民法庭"的积极实践,在创建"无讼村"中,借助诉源治理工作站,将街道办事处下属各个村委会人熟、地熟、情况熟的天然优势与法院具备的专业法律知识相结合,以源头治理为切入点,通过靠前指导、靠前调解,把非诉讼纠纷解决机制挺在前面,将矛盾纠纷化解在基层、消

---

① 胡铭、仇塍迪:《新时代"枫桥经验"的法治基因与治理创新》,《学习论坛》2022 年第 6 期。

除在萌芽状态。自治、法治、德治"三治融合"是推进基层社会治理的基本方式，也是创新发展新时代"枫桥经验"的重要路径，法治赋能基层社会治理，对于引导中所村及周边农村社区走向法治轨道、促进农村基层治理法治化转型具有十分重要的现实意义。

## 四 社区治理的参与不足与民俗文化"后继无人"风险

农民是基层社区治理的主体之一，也是基层社区治理现代化成果的受益主体。基层社区治理要实现现代化，就一定要有农民广泛积极的参与，并使之从中获得持久的发展动力和内生动力。但近年来，中所村和全国大多数农村一样，青壮年劳动力的流出和乡村空巢化成为现实写照，造成乡村发展中的组织实践和运行困难。正如村负责人所说，缺少文化人和年轻人加入是村级治理的一大短板，想引进人才须先去动员，但部分年轻人不愿意干。此外，社区自治在组织动员方面有阻碍，"现在相对来说还出现了一些怪现象，不好组织了""就连开会班子成员有时候也不积极，虽然有罚款制度，但执行不严格"。简言之，原先以集体主义为先的行动逻辑被以个人私利为先的思想意识与行为方式取代，村民参与公共事务的意愿越来越低，村庄社会事务的治理难度逐步加大。①

随着年轻一代的大量外流，乡村文化的传承与创新便缺失了参与和传承的主体，村中民俗文化面临后继无人的风险。根据中所村村民介绍，村民有很多会玩舞狮等民间艺术的，但是因为忙于挣钱，人组织不起来（比如人数要 30 多人才可以）。不仅组织不起来，有的民间技艺还失传了，如当地的镰刀活动，街道虽然有资金支持组织这种民俗文化、武术传统，但就是组织不起来：一是活动需要相互配合，人少不能玩起来；二是村民年龄不合适，太大或太小都玩不了；三是年轻人都不愿意练，最终导致传承断裂。在管理方面，中所村存在分利不均的情况："当时还是在管理上出问

---

① 刘启英：《乡村振兴背景下原子化村庄公共事务的治理困境与应对策略》，《云南社会科学》2019 年第 3 期。

题，去表演了的就给他分钱，其他人不懂或参与少就不愿意给他分，所以到最后真的就散伙了。"

## 第八节 水源区保护下乡村高效发展的反思

### 一 生态保护与经济发展的平衡问题

生态保护和经济发展之间的平衡是盘龙区乡村振兴非常重要的议题。处于水源区的地理位置限制了乡村产业发展的多样性，生态保护和经济发展之间存在一定的张力。首先，水源区建设在土地生产资料上形成"进-退"矛盾。大力实施的退耕还林、植树造林、"农改林"客观上使农田减少，压缩了生产空间。其次，由于水源区保护政策限制，盘龙区农业产业结构较为传统、单一，绿色有机产业发展空间有限，生态资源价值实现面临困境，如今，脱贫攻坚战取得决定性进展，农民生活水平明显提高，但是，在农民持续增收方面仍然面临较大压力。盘龙区水源区以外的农村为"城市拓展区"，经济条件较好，那么相比之下，水源区农民的人均收入远低于其他城市周边的非水源区农民。再次，水源区有相当部分的村级集体经济受产业发展制约。受限于相关政策要求，水源区的产业发展受到较大的限制，很多产业被禁止开展，社区、居民小组集体经济薄弱，收入主要来源为政府"农改林"集体土地收租租金，创收能力较弱。集体经济薄弱制约了农村公益事业发展和精神文明建设，也影响了基层治理能力和水平的提高。因此，水源区新农村建设效果不明显，群众致富内生动力不足，亟待通过改革，明确水源区产业发展规划，创新思路发展壮大集体经济。最后，水源区相关配套政策的滞后性问题。例如，自 2008 年水源区对建房和人口实行"双控"以来，农村建房审批存在"一刀切"现象，给新增住房和居民危房改造带来困难，村容村貌改善不大，城乡二元对比落差较大，科学制定和实施促进农村美丽宜居家园建设的政策措施具有现实必要性。

## 二　农民增收与经济发展

水源区按照法律法规和政策要求,实行严格的产业准入和产业发展限制。当前,水源区基本没有第二产业,经济主体为受限的第一、第三产业,产业结构相对单一。第三产业受人员流入限制和严格的土地管控,旅游服务业等发展欠缺。第一产业也受到多种因素限制,首先,土地减少,水源区耕作条件最好的牧羊河和冷水河沿河农田被收租用于"农改林"和建设湿地以涵养河道,其他域内田地分散、地势较高、坡地较多,农业设施配套要求较高,第一产业增收相对困难。其次,产业发展受限,域内限制发展畜牧业、渔业,"禁花减菜",限制发展"大水大肥"面源污染大的种植业。最后,产业传统,在耕作方式方面,农民以传统种植业为主,低端农产品供应过剩,种植面积最大的是玉米、烤烟和蔬菜。农业产业规模化程度低,生态、绿色产业未形成规模,优质农产品供给不足,产品附加值不高。自然条件与政策的双重制约,导致以传统生产方式为主的水源区发展困难加剧,经济社会发展滞后,城乡差距明显。整体来看,松华坝水源区的保护政策不够完善,补偿资金使用不够科学,效益发挥不充分。在水源区保护政策的硬约束下,辖区内部分村集体经济组织尚未找到政策允许的产业发展方向。

盘龙区乡村振兴核心的产业发展方向是打造绿色有机品牌和生产基地。当前盘龙区在绿色有机产业发展方面也取得了一些进展:截至2022年,盘龙区"三品一标"企业有9家,获绿色、有机产品认证产品达190个(绿色产品26个、无公害产品5个、有机产品159个),区内有机种植面积为5062亩。2021年,盘龙区组织完成8家企业的8个品牌申报省级品牌目录,8个品牌均已进入2021年云南省"绿色食品牌"品牌目录;其中5个品牌入围"十大名品"第一轮初选名单,云南六大茶山茶叶股份有限公司的"六大茶山普洱茶"获"十大名茶"第6名,芸岭鲜生的"芸岭鲜生有机蔬菜"获"十大名菜"第2名,昆明中如农业科技有限公司的"归辛有机当归"获"十大名药材"第10名,并分别获得100万元、160万元、100万元的奖励资金。芸岭鲜生在滇源街道中所村的有机种植基地还获评省级"绿色品牌"基地。通过"中国乡村社会大调查"我们发现,在水源区的政策框架下,建设绿色、有机农业生产基地,打造水源区绿色品牌,是振兴水源区农业产业的必经之路。通过引进有机农业和现代农业技术以及与企业合作,村庄叮以实现生态和经济的双赢。这种模式可以作为其他水源区乡村发展的参考,帮助其寻找适合自己且符合生态保护要求的经济发展路径。

### 三 生态补偿机制问题

实施生态补偿是调动水源区各方积极性、保护生态环境的重要手段,是生态文明制度建设的重要内容。近年来,盘龙区积极推进生态补偿机制建设,取得了一些成果,但存在以下两个方面的问题。首先,生态补偿机制落实不到位。在现行体制下,水源区保护实行的是上级政府补贴、属地政府负责的政策。按照《昆明市主城饮用水源区扶持补助办法》,每年市级财政以定额补助资金方式返还盘龙区1.2亿元,不足部分和核定项目以外新增事项由盘龙区负责。现在,城市收取自来水费,未充分考虑对水源地的补偿,水源区有保护水源的责任,但没有成为分配水资源利益的主体,水源保护与供水收益分离,没有建立起城市用水对等补偿水源保护的机制,导致生态保护补偿的范围偏小、标准偏低,在一定程度上影响了水源区农民开展生态保护的积极性和效果。其次,区级财政负担较重,省、市资金除主要用于生产生活补助、土地收租补助外,其他扶持政策偏少。盘龙区对水源区经济社会发展、生态保护的责任较重。党的十八大以来,全区共投入"三农"资金18.5362亿元,其中,上级补助资金4.2311亿元,区级资金14.3051亿元。[①] 以新农村建设、生态建设、扶贫工作为例,市级按照第一板块给盘龙区下达任务,但没有按照第三板块配套专项资金,而2009

---

① 《盘龙区落实生态补偿助力水源保护》,http://www.kmpl.gov.cn/c/2022 - 01 - 04/5697994.shtml,最后访问日期:2024年1月20日。

年托管阿子营、滇源街道以前，两个街道本为第三板块。这导致盘龙区管理范围扩大，刚性支出急剧增加，保护与发展任务加重。水源区一级核心区移民搬迁项目总投资达 10.29 亿元，其中直接投资 6.397 亿元，均通过农投公司贷款由区级财政承担。在搬迁过程中，区财政又承担了移民及合法新增人员的困难生活补助和医疗保险、养老保险等费用 1.5 亿元。省、区、市共同负责水源区居民生活保底和动态参与经济社会发展的机制尚未确立。

# 参考文献

蔡昉：《农村剩余劳动力流动的制度性障碍分析——解释流动与差距同时扩大的悖论》，《经济学动态》2005 年第 1 期。

陈永森、贺振东：《中国"厕所革命"的成就与经验及其对社会文明的促进作用》，《福建师范大学学报》（哲学社会科学版）2023 年第 1 期。

胡铭、仇滕迪：《新时代"枫桥经验"的法治基因与治理创新》，《学习论坛》2022 年第 6 期。

黄小明：《收入差距、农村人力资本深化与城乡融合》，《经济学家》2014 年第 1 期。

李晓亮、吴克宁：《耕地占补平衡约束下实现乡村振兴战略的土地资源管理》，《土壤通报》2019 年第 2 期。

李周：《中国农业绿色发展：制度演化与实践行动》，《求索》2022 年第 5 期。

林元城、杨忍、葛语思：《农村土地综合整治助力乡村振兴的内在逻辑与传导机制》，《规划师》2023 年第 5 期。

刘启英：《乡村振兴背景下原子化村庄公共事务的治理困境与应对策略》，《云南社会科学》2019 年第 3 期。

卢志朋、洪舒迪：《生态价值向经济价值转化的内在逻辑及实现机制》，《社会治理》2021 年第 2 期。

王俊程、窦清华、胡红霞：《乡村振兴重点帮扶县乡村人才突出问题及其破解》，《西北民族大学学报》（哲学社会科学版）2022 年第 4 期。

杨世伟：《绿色发展引领乡村振兴：内在意蕴、逻辑机理与实现路径》，《华东理工大学学报》（社会科学版）2020 年第 4 期。

于法稳、胡梅梅、王广梁：《面向 2035 年远景目标的农村人居环境整治提升路径及对策研究》,《中国软科学》2022 年第 7 期。

曾欢、朱德全:《新时代民族地区职业教育服务乡村人才振兴的逻辑向度》,
《民族教育研究》2021 年第 1 期。

张灿强:《聚焦四大目标推进生态振兴》,《理论导报》2021 年第 1 期。

张文翔、明庆忠、牛洁、史正涛、雷国良:《高原城市水源地生态补偿额度
核算及机制研究——以昆明松华坝水源地为例》,《地理研究》2017 年
第 2 期。

张晓山:《实施乡村振兴战略的几个抓手》,《人民论坛》2017 年第 33 期。

张燕、卢东宁:《乡村振兴视域下新型职业农民培育方向与路径研究》,《农
业现代化研究》2018 年第 4 期。

David S. Lee. "Training, Wages, and Sample Selection: Estimating Sharp Bounds
on Treatment Effects," *The Review of Economic Studies* 2009 (3): 1071 – 1102.

Inedrjit Singh, Lyn Squire, John Strauss. "A Survey of Agricultural Household
Models: Recent Findings and Policy Implications," *World Bank Economic
Review* 1986 (1): 149 – 179.

Orazio Attanasio, Adriana Kugler, Costas Meghir. "Subsidizing Vocational
Training for Disadvantaged Youth in Colombia: Evidence from a Randomized
Trial," *American Economic Journal: Applied Economics* 2011 (3): 188 –
220.

Theodore W. Schultz. *Transforming Traditional Agriculture*. New Haven CT: Yale
University Press. 1964.

William Arthur Lewis. "Economic Development with Unlimited Supplies of Labor,"
*Manchester School of Economics and Social Studies* 1954 (22): 139 – 191.

# 后 记

　　中国乡村社会大调查盘龙区课题组于癸卯年（2023 年）正月初十正式开拔，深入乡村开展田野调查，其间历经 50 余日，完成前期问卷和文本资料的收集工作。随后即刻开始全书的撰写，课题组在云南、北京先后召开了 10 余次线下讨论会，不断提炼总结乡村调查经验与发现。中共中央办公厅于 2023 年 3 月印发《关于在全党大兴调查研究的工作方案》，在此号召之下，乡村社会大调查执行领导小组计划运用生成式人工智能大模型，以乡村社会大调查的数据资料为基础，建立乡村振兴领域的专项人工智能数据分析和文本生成系统"DATGS"，力图更有专业性、更具创造性地开展调查研究工作，响应党和国家关于"大兴调查之风"的方略。为此，课题组在法雨科技（北京）有限责任公司的技术支持下，进行"DATGS"数据库的开发，计划将生成式人工智能大模型应用于乡村社会大调查数据分析和文本自动生成的过程中。盘龙区由于前期扎实的工作基础和团队交叉学科的人才优势，入选为"DATGS"乡村振兴专项模型系统的"内测样板"，在成书过程中，课题组与相关算法工程师和技术开发人员进行了大量的沟通与研讨，最终借助"DATGS"专项模型系统，团队成员齐心协力，用时 3 个月，完成书稿的撰写工作。在撰写书稿和参与"DATGS"专项模型系统的研发过程中，课题组得到了云南大学特聘教授谢寿光的大力支持和指导，共同开展线下研讨 10 余次，谢寿光教授全程指导书稿的撰写和"DATGS"的研发工作，在此，特别表示感谢！

　　课题组成员及相关参与者所做贡献如下。

　　特邀专家顾问：谢寿光，全程指导本书的撰写。

　　绪论撰写者：柯尊清（云南大学民族学与社会学学院）、杨曦（郑州大学政治与公共管理学院）。

第一章撰写者：杨曦、蒲威东（中央民族大学民族学与社会学学院博士研究生）、王燊嵘（清华大学公共管理学院博士研究生）、王誉梓（清华大学社会科学学院博士研究生）。

第二章撰写者：蒲威东。

第三章撰写者：柯尊清、陈瑞（云南中医药大学）。

第四章撰写者：姚红（中央民族大学民族学与社会学学院）、王誉梓。

第五章撰写者：胡那苏图（内蒙古师范大学民族学人类学学院）、柯尊清。

第六章主要撰写者：侯亚杰（中国人口与发展研究中心）、杨曦、蒲威东、柯尊清。

此外，柯尊清、杨曦负责全书编稿，蒲威东、姚红、侯亚杰参与了全书讨论。北京航空航天大学马克思主义学院王海宇博士参与了全书的讨论及部分调研工作，云南大学硕士研究生陈雨果、段云莎、汤灿、巫期什吉、晏冰冰、晏文心、张天梅、胡成玉参与了资料收集整理以及第五章、第六章等章节的初稿撰写工作。

在此，对盘龙区农业农村局（乡村振兴局）等政府部门，阿子营街道办事处、滇源街道办事处、双龙街道办事处、松华街道办事处，6 个样本村（社区）甸尾村、马军村、麦冲社区、铁冲村、团结社区、中所村"三委"，云南芸岭鲜生农业发展有限公司等单位有关同志对本书的支持表示衷心感谢。

盘龙区乡村社会大调查课题组

2023 年 9 月 27 日

**图书在版编目（CIP）数据**

水源保护区乡村如何振兴：来自云南昆明市盘龙区
的调研报告 / 柯尊清等著. -- 北京：社会科学文献出
版社，2024.5
（民族地区中国式现代化调查研究丛书）
ISBN 978 - 7 - 5228 - 3530 - 3

Ⅰ.①水…  Ⅱ.①柯…  Ⅲ.①农村 - 社会主义建设 -
研究 - 昆明  Ⅳ.①F327.744

中国国家版本馆 CIP 数据核字（2024）第 080079 号

民族地区中国式现代化调查研究丛书

# 水源保护区乡村如何振兴
—— 来自云南昆明市盘龙区的调研报告

著　　者／柯尊清　杨　曦　等

出 版 人／冀祥德
责任编辑／孙海龙　　庄士龙
文稿编辑／王　敏
责任印制／王京美

出　　版／社会科学文献出版社·群学分社（010）59367002
　　　　　地址：北京市北三环中路甲 29 号院华龙大厦　邮编：100029
　　　　　网址：www. ssap. com. cn
发　　行／社会科学文献出版社（010）59367028
印　　装／三河市龙林印务有限公司

规　　格／开　本：787mm × 1092mm　1/16
　　　　　印　张：14.25　字　数：209 千字
版　　次／2024 年 5 月第 1 版　2024 年 5 月第 1 次印刷
书　　号／ISBN 978 - 7 - 5228 - 3530 - 3
定　　价／99.00 元

读者服务电话：4008918866